O PROBLEMA NÃO É VOCÊ

Ramani Durvasula, Ph.D.

O PROBLEMA NÃO É VOCÊ

Como identificar NARCISISTAS e se proteger deles

Traduzido por Livia de Almeida

SEXTANTE

Título original: *It's Not You: Identifying and Healing from Narcissistic People*

Copyright © 2024 por Dr. Ramani Durvasula
Copyright da tradução © 2025 por GMT Editores Ltda.

Publicado mediante acordo com The Open Field, selo da Penguin Publishing Group, uma divisão da Penguin Random House LLC.

THE OPEN FIELD é marca registrada da MOS Enterprises, Inc.

Todos os direitos reservados. Nenhuma parte deste livro pode ser utilizada ou reproduzida sob quaisquer meios existentes sem autorização por escrito dos editores.

coordenação editorial: Alice Dias
produção editorial: Livia Cabrini
preparo de originais: Ângelo Lessa
revisão: Hermínia Totti e Juliana Souza
diagramação: Ana Paula Daudt Brandão
capa: Lynn Buckley
adaptação de capa: Natali Nabekura
impressão e acabamento: Lis Gráfica e Editora Ltda.

CIP-BRASIL. CATALOGAÇÃO NA PUBLICAÇÃO
SINDICATO NACIONAL DOS EDITORES DE LIVROS, RJ

D965p

Durvasula, Ramani
    O problema não é você / Ramani Durvasula ; tradução Livia de Almeida. - 1. ed. - Rio de Janeiro : Sextante, 2025.
    256 p. ; 23 cm.

    Tradução de: It's not you
    ISBN 978-85-431-1039-4

    1. Narcisismo. I. Almeida, Livia de. II. Título.

25-96216   CDD: 155.2
                 CDU: 159.923

Gabriela Faray Ferreira Lopes - Bibliotecária - CRB-7/6643

Todos os direitos reservados, no Brasil, por
GMT Editores Ltda.
Rua Voluntários da Pátria, 45 – 14º andar – Botafogo
22270-000 – Rio de Janeiro – RJ
Tel.: (21) 2538-4100
E-mail: atendimento@sextante.com.br
www.sextante.com.br

*Para minha mãe, Kai Kumari Durvasula –
e a história ainda por vir.*

*Em memória de minha bisavó Gunupudi Venkamma
e das avós que vieram antes dela.*

*Para todos os sobreviventes de
relacionamentos emocionalmente abusivos.*

Em meio a lágrimas, encontre a risada oculta.
Busque tesouros entre ruínas, com sinceridade.
Rumi

Cada traição contém em si um momento perfeito, uma moeda cunhada com cara ou coroa que contém a salvação do outro lado.
Barbara Kingsolver

Sumário

Prefácio	9
INTRODUÇÃO: Como chegamos aqui?	11

PARTE I: O relacionamento narcisista

1. Definindo narcisismo	23
2. Desgaste constante: o relacionamento narcisista	49
3. As consequências: o impacto do abuso narcisista	81

PARTE II: Reconhecimento, recuperação, cura e crescimento

4. Compreenda seus antecedentes	107
5. Abrace a aceitação radical	137
6. Luto e cura após relacionamentos narcisistas	161
7. Como se tornar resistente a narcisistas	175
8. A cura e o crescimento quando você mantém o relacionamento narcisista	201
9. Reescreva sua história	225
Conclusão	245
Agradecimentos	247
Recursos disponíveis	250
Notas	251

Prefácio

Era uma vez uma menina de 8 anos, sentada no chão da cantina abafada de uma escola primária da Nova Inglaterra, assistindo à apresentação de uma trupe de artistas circenses de Nova York. Corria a década de 1970, época anterior a qualquer tipo de consciência multicultural, e a menininha com nome estrangeiro, pele escura e duas tranças apertadas havia aprendido sozinha a ser invisível. O circo escolhia voluntários em meio àquele bando de crianças: um garoto para ser o elefante, uma menina para ser a assistente do malabarista e a mais sortuda de todas para assumir a função de mestre de cerimônias.

Ela era a mais sortuda porque usaria uma fantasia de cetim roxo vivo com franjas e lantejoulas. Todas as meninas ficaram fascinadas, inclusive a de tranças. Todas ergueram as mãos, menos ela. "Me escolhe, por favor, *por favor!*", gritavam. *Como elas têm essa coragem?*, pensava a menina de tranças. *Por que não estão com medo?* O chefe da trupe ignorou a criançada com as mãos erguidas e escolheu a menina de tranças. Ela estremeceu, baixou a cabeça com os olhos marejados e murmurou: "Não, senhor, obrigada." Ele a olhou e perguntou com delicadeza: "Tem certeza?" E ela assentiu discretamente. A garota sentada a seu lado agarrou a oportunidade e vestiu a fantasia com orgulho. O homem então perguntou à menina de tranças que papel ela gostaria de desempenhar, e ela respondeu que ficaria satisfeita em usar parte da fantasia de cavalo, que a manteria escondida. Ela passaria anos pensando em qual teria sido a sensação de usar aquele vestido roxo maravilhoso de lantejoulas, mas naquele dia temeu a zombaria dos colegas... e a simples possibilidade de ser vista.

Desde o início da vida a menina internalizou a mensagem de que seus desejos, sonhos e necessidades não eram dignos de atenção e de que ela não tinha valor. Os sonhos de sua mãe – uma mulher gentil e compassiva – tinham sido frustrados e silenciados, e a menininha sentia que também não tinha direito a eles.

Até que passou a ter.

Embora eu ainda não tenha um vestido roxo fabuloso de lantejoulas, reconheço que podemos nos libertar das histórias das pessoas narcisistas que nos definiram, nos silenciaram, cortaram nossas asas, nos fizeram crer que nossos sonhos eram grandes demais, nos preencheram com vergonha e, por um tempo, roubaram nossa alegria. E reconheço também que podemos viver histórias de amor, ter sucesso e alcançar a felicidade, mesmo sabendo que nossa alma ainda viverá noites de trevas e que a sombra das inseguranças pessoais vai se manter perto de nós. E podemos ajudar o próximo, mostrando a ele que tudo que aconteceu foi real e que todos têm seu valor. Foi o que fiz, e a cada dia que passa vejo mais pessoas fazendo o mesmo. É hora de começarmos a interromper os ciclos intergeracionais de desvalorização, invalidação e de automutilação psicológica. Essas histórias precisam ser contadas.

Ainda não sei se teria coragem de agarrar aquele vestido de lantejoulas hoje em dia, mas gosto de imaginar que, no fundo, aquela menininha de tranças, olhos castanhos arregalados e nome impronunciável era capaz de arrasar no papel de mestre de cerimônias.

E digo do fundo do meu coração de menina a todos vocês: eu sei que vocês também são.

INTRODUÇÃO

Como chegamos aqui?

A neutralidade ajuda o opressor, nunca a vítima.
O silêncio encoraja o torturador, nunca o torturado.
Elie Wiesel

9h

Carolina tem dois filhos, e ao longo dos vinte anos de casamento foi traída e enganada diversas vezes pelo marido, que chegou a ter caso com amigas e vizinhas. Após negar inúmeras vezes e ter acessos de raiva, dizendo que ela estava ficando "paranoica", o marido confessou, mas disse a Caroline que ela era a culpada pelas traições, por fazê-lo sentir-se sem importância.

Caroline havia deixado a carreira em segundo plano para que ele se sentisse "seguro". Sentia falta da vida e da família que acreditava ter formado com o marido, desenvolveu o sentimento de que não era boa o bastante e acreditava que talvez não tivesse compreendido bem o marido e a situação. Estava de coração partido com as críticas e as traições. Não entendia como a relação havia chegado a esse ponto. Seus pais tiveram um casamento feliz por 45 anos, até a morte de seu pai. Ela acreditava na família, mas ali, prestes a passar por um divórcio, sentia que havia fracassado. Também sofria com constantes ataques de pânico e ansiedade debilitante, e às vezes ruminava sobre uma reconciliação.

10h30min

Há alguns anos, Nataliya teve o diagnóstico de câncer. É casada há cinquenta anos com um homem que, ao receber a notícia, disse que ela estava sendo "ridícula" por esperar muita coisa dele e explicou que se sentia "perturbado" e desestabilizado porque agora deveria ficar triste por ela e mudar sua agenda lotada para buscá-la ao final das sessões de quimioterapia. Após algum tempo, Nataliya desenvolveu uma neuropatia e passou a ter dificuldade para caminhar, e ele a humilhava por isso, chamando-a de "Imperatriz" porque ela passou a pedir que ele a deixasse na porta dos lugares em vez de ir caminhando sozinha. Eles têm filhos adultos e netos, e uma vida cheia de viagens e momentos alegres em família. Nataliya não quer ser a responsável por estragar esse estilo de vida e reconhece que, em grande parte do tempo, gosta da companhia do marido – eles ainda têm uma vida sexual razoável e uma longa história compartilhada. Embora Nataliya seja formada em medicina e direito, o marido a trata como uma secretária. Os problemas de saúde persistentes a fizeram se sentir culpada e envergonhada. Com isso, ela foi se isolando das pessoas, exceto de seu núcleo familiar mais próximo.

13h

Desde que Rafael era pequeno, seu pai o compara negativamente ao irmão. Rafael vive fantasiando que, quando tiver dinheiro, será notado. Seu pai o enxergava como uma pessoa fraca e sentia prazer em contar a ele as vitórias mais recentes do irmão (do qual Rafael se distanciou há muito tempo). Além disso, tinha um relacionamento emocionalmente abusivo com a esposa, mãe de Rafael. Isso causou um enorme impacto psicológico nela, e, para Rafael, esse foi o motivo da morte prematura de sua mãe. Ele sabe que seu avô fazia o mesmo com seu pai – para eles, era algo cultural –, mas dava um desconto porque tanto um quanto o outro sofreram muito preconceito racial e muitas limitações ao longo da vida. Rafael não consegue manter relacionamentos íntimos e vive dizendo a si mesmo: "Se eu puder mostrar ao meu pai que tenho sucesso, ficarei bem e estarei pronto para começar o resto da minha vida." Rafael trabalha o dia inteiro, precisa tomar vários remédios para dormir – e também para se manter acordado – e raramente socializa. Anseia por contato social, mas diz que tirar férias ou sair com pessoas parece um ato de "autocomplacência", tendo em vista que há muito trabalho a ser feito.

Digamos que esse seja um dia hipotético no meu consultório. Ao longo dos anos, após ouvir muitas dessas histórias, ficou claro para mim que, em quase todos os casos como os de Rafael, o pai continuaria a tratá-lo mal, e pessoas como Carolina e Nataliya continuariam sendo culpabilizadas pelo parceiro. Mas não adiantaria nada eu dizer de cara a Rafael, Carolina e Nataliya que as pessoas de seu convívio provavelmente continuariam com esses comportamentos prejudiciais. Em vez disso, meu trabalho é mostrar a eles o que é aceitável e o que não é em termos de comportamento, e explicar como funcionam os relacionamentos saudáveis. Ao mesmo tempo, crio um espaço seguro para que explorem seus sentimentos e descubram quem são de verdade. Procuramos dar sentido à confusão e entender por que eles se culpavam por algo que não fizeram ou por que se sentiam mal mesmo quando não faziam nada de errado. Como terapeuta, para mim seria mais fácil ignorar o contexto e me concentrar apenas nas questões de saúde, no tratamento contra ansiedade, depressão, confusão, insatisfação, frustração, desamparo, isolamento social e tendências obsessivas no trabalho. Isto é o que nos ensinam a fazer: focar nos padrões mal-adaptativos do indivíduo no consultório, em vez de no que está acontecendo ao redor dele. (Comportamentos mal-adaptativos são ações ou reações ineficazes para lidar com problemas ou desafios. Por exemplo: procrastinação, abuso de substâncias, automutilação.)

No entanto, havia algo mais acontecendo. Semana após semana, o pânico e a tristeza dos meus pacientes aumentavam ou diminuíam conforme o funcionamento de suas relações. Ficou claro que os relacionamentos eram o cavalo e a ansiedade que os conduzia à terapia era a carroça. Fiquei impressionada com as semelhanças dos relatos, embora meus pacientes fossem pessoas muito diferentes, com histórias distintas. O que não variava era que todos se sentiam culpados pelas situações que viviam – duvidavam de si, ruminavam sobre os problemas, sentiam-se envergonhados, psicologicamente isolados, confusos e desamparados. Cada vez mais, eles se autocensuravam dentro do relacionamento e se tornavam mais apáticos e contidos para evitar as críticas, o desprezo ou a raiva das pessoas que lhes faziam mal. Estavam tentando mudar a si mesmos na esperança de que isso transformasse a outra pessoa e o relacionamento.

Mas havia outra similaridade marcante nos comportamentos presentes em seus relacionamentos. Meus pacientes me contavam histórias nas quais, independentemente de quem fosse a outra pessoa – cônjuge, parceiro, pai, outro parente, filho adulto, amigo, colega, chefe –, se sentiam invalidados ou humilhados por terem uma necessidade, se expressarem ou simplesmente por serem quem são. Suas experiências, percepções e a própria realidade eram desafiadas a todo momento. Eles eram culpabilizados pelo comportamento problemático dessas pessoas. Sentiam-se perdidos e isolados.

Ao mesmo tempo, porém, todos eles afirmavam que o relacionamento não era tão ruim o tempo todo. Às vezes havia risadas, sexo bom, experiências prazerosas, jantares, interesses e histórias compartilhadas – até amor. Na verdade, justo quando parecia que a situação estava ficando insustentável vinha um dia decente, e isso bastava para meus pacientes duvidarem de si. Eu oferecia a eles a mesma coisa que me ajudou em minha própria cura – validação e conscientização. Focar na ansiedade sem conscientizá-los dos padrões existentes nesses relacionamentos era como consertar um motor enchendo os pneus do carro. E os problemas sempre pareciam ter origem no mesmo lugar: relacionamentos narcisistas.

Existe um adágio que diz: "A história é contada pelos vencedores." Aquele que detém a narrativa detém o poder. Até agora, contamos apenas a história dos vencedores. Os livros sobre narcisismo tendem a falar sobre os narcisistas. Temos profunda curiosidade sobre essas pessoas enigmáticas que apresentam diversos comportamentos ruins e prejudiciais mas parecem se safar praticamente ilesos. Somos compelidos a entender por que eles são tão bem-sucedidos e por que fazem o que fazem. Por mais avessos que sejamos ao narcisismo em si, glorificamos indivíduos com esses traços de personalidade – eles são nossos líderes, heróis, artistas e celebridades. Mas infelizmente também são nossos pais, parceiros, amigos, irmãos, filhos, chefes e vizinhos.

E quanto aos vencidos? O que acontece com quem é alvo do narcisista?

Boa parte do que se escreve sobre esse assunto tende a deixar de lado a parte mais importante da história: *o que acontece com aqueles que estão no caminho do narcisista?* Como somos afetados por pessoas com personalidade e comportamento narcisista? Quando alguém se machuca, existe uma preocupação de compreender o motivo, como se isso, de algum modo, diminuísse a dor (não diminui). Da mesma forma, ficamos curiosos em relação ao vencedor, num zelo quase obsessivo para compreender por que fazem o que fazem. Por que alguém seria tão desprovido de empatia, praticaria gaslighting, manipularia ou mentiria com tamanha habilidade ou teria um acesso de fúria tão repentino? O problema é que, quando nos concentramos no que leva o narcisista a agir como age, perdemos de vista o que acontece com quem se apaixona por ele, tem filhos com ele, é criado por ele, tem parentesco com ele, trabalha com ou para ele, se divorcia dele, divide apartamento com ele, faz amizade com ele, é responsável pela criação dele, etc. O que acontece com essas pessoas?

Em poucas palavras, nada de bom.

Essa é uma conversa desconfortável. Ninguém quer acusar uma pessoa que ama, admira, respeita, uma pessoa com quem se importa. É mais fácil nós mesmos assumirmos a responsabilidade pelos relacionamentos difíceis ou atribuí-los aos altos e baixos da vida, em vez de aceitar que alguém que você ama ou respeita está impondo padrões comportamentais previsíveis, imutáveis e prejudiciais. Como psicóloga que trabalhou com centenas de sobreviventes de abuso narcisista, que mantém um programa para milhares de outros sobreviventes e que escreveu livros e produziu milhares de horas de conteúdo sobre esse tópico, eu me questiono se é realmente válido centrar toda conversa no narcisismo, porque o cerne do problema é o dano causado pelo comportamento do narcisista.

Este livro busca explorar algumas questões complexas: é possível dissociar a personalidade e o comportamento, tendo em mente que a personalidade do narcisista provavelmente não mudará? Que diferença faz se o comportamento prejudicial é intencional ou não? É possível se curar sem entender o narcisismo? E a mais importante: é possível se recuperar desses relacionamentos?

Sinto uma resistência nas pessoas que me perguntam: "Como você sabe que meu parceiro/pai/chefe/amigo é narcisista?" Boa pergunta. Quando estou trabalhando com um paciente na terapia, em geral nunca me encontro com as outras pessoas que fazem parte da vida dele, mas recebo um histórico detalhado, muitas vezes lendo e-mails e mensagens de texto que foram enviados pela pessoa que lhe causa sofrimento e testemunhando o impacto de tudo isso em sua vida. Uso o termo *estresse relacional antagônico* para descrever o que acontece com os sobreviventes desses relacionamentos, e prefiro caracterizar o comportamento da pessoa "psicologicamente prejudicial" na vida dos meus pacientes como *antagônico*, termo mais amplo e menos estigmatizado do que narcisista. Esse é o termo que emprego ao ensinar outros profissionais sobre esses padrões, porque ele captura a amplitude dos comportamentos e táticas antagônicos que observamos no narcisismo – manipulação, busca de atenção, exploração, hostilidade, arrogância –, mas também em outros estilos de personalidade antagônicos, como a psicopatia. Dessa forma, o estresse relacional antagônico é visto como um estresse único evocado por esses tipos de relacionamento. Hoje, porém, o narcisismo é um tema em voga, e a maioria das pessoas conhece o termo *abuso narcisista*, embora eu também use o termo *antagônico* ao longo deste livro para capturar toda a amplitude desses padrões de comportamento.

NINGUÉM SE ENVOLVE com esse tipo de trabalho a menos que tenha motivos pessoais, e, sim, para mim, é uma questão pessoal. Fui alvo de invalidação emocional, acessos de raiva, traição, desdém, manipulação e gaslighting de fundo narcisista em relacionamentos familiares, íntimos, no local de trabalho e nas amizades. Eu sofria quando ouvia os relatos de dor dos meus pacientes e depois tinha que ir para a minha própria terapia e expor minha dor, percebendo lentamente que aquela também era a minha história. O abuso narcisista mudou o curso da minha carreira e da minha vida. Sofri tanto gaslighting que desaprendi a diferenciar o certo do errado, passei a achar que era sempre a culpada, a ter certeza de que minhas expectativas para as pessoas não eram realistas e a achar que não era digna de ser vista, ouvida ou notada.

Esses sentimentos me moldaram, e o medo de pegar o vestido roxo de lantejoulas se transformou no sentimento de não ser digna de sucesso, amor ou felicidade na vida adulta. Não houve um momento em que a ficha caiu de repente, ou um relacionamento especialmente definidor. O abuso narcisista aconteceu em muitas situações diferentes e de várias maneiras na minha vida, então eu acreditava que o problema era comigo, e não com todas essas situações. Nunca tive aulas sobre abuso narcisista; não achava que esse comportamento confuso e abusivo sequer existia até finalmente enxergá-lo com clareza.

Passei anos lamentando e depois desejando poder recuperar o tempo que desperdicei ruminando e me arrependendo. Comecei a observar parentes e pessoas amadas e me sentia culpada e desleal por considerá-las narcisistas. Aos poucos fui estabelecendo limites e aceitando que nenhum desses comportamentos mudaria. Parei de tentar mudar as pessoas antagônicas na minha vida e me desvinculei delas e de seus comportamentos. Perdi relacionamentos que eram importantes para mim e enfrentei críticas por violar normas antigas sobre lealdade familiar e normas atuais sobre a necessidade de encontrar uma forma de manter boas relações com pessoas que parecem um rolo compressor. Hoje sei que quem convive com rolos compressores acaba atropelado.

Há pouco mais de vinte anos, eu supervisionava assistentes de pesquisa que produziam relatos sobre pacientes de ambulatório que enlouqueciam enfermeiros, médicos e outros profissionais da saúde com posturas arrogantes, desequilibradas, desdenhosas e presunçosas. Esse trabalho me levou a fundar um programa de pesquisa voltado para o estudo da personalidade, em especial para os casos de narcisismo e antagonismo, com foco nas consequências disso para a saúde.

Ao mesmo tempo, tive o privilégio de ouvir as histórias de milhares de pessoas que suportaram esses relacionamentos. Em muitos desses relatos, os parceiros, familiares, amigos, colegas e até terapeutas recriminavam a pessoa que sofre o abuso narcisista por ser sensível demais, por não se esforçar o suficiente, por ser ansiosa demais, por não ser mais compreensiva, por ficar no relacionamento, por terminar o relacionamento, por ser considerada ríspida ao usar o termo *narcisista* e por não se comunicar com mais clareza. Li descrições de programas de treinamento para terapeutas que criticavam os pacientes que consideravam que sua família ou seus relacionamentos eram tóxicos ou que acreditavam que quem fazia terapia para falar sobre relacionamentos manipulativos era apenas um resmungão. Tive contato com diversos livros e artigos escritos sobre personalidades narcisistas e sobre como conduzir a terapia com narcisistas, mas não havia praticamente nada sobre o que acontecia com os envolvidos nesses relacionamentos ou sobre como conduzir a terapia com pessoas que estavam em relações desse tipo, mesmo que todos no campo da saúde mental soubessem que esse tipo de relacionamento não é saudável. Diante desse quadro, transformei minha raiva em foco na educação, não só para pacientes e sobreviventes de abuso narcisista, como também para profissionais da área.

Os pacientes com quem trabalhei passaram por divórcios que se arrastaram por anos; foram desacreditados pelos chefes quando fizeram denúncias de assédio e abuso e viram o perpetrador narcisista ser transferido para um novo cargo em outro local; foram isolados pela família quando estabeleceram limites; foram afastados dos netos como forma de punição; viram seus irmãos cometerem abuso financeiro com os pais idosos; sobreviveram à invalidação na infância e tiveram que passar pela mesma situação na vida adulta; sofreram na mão de narcisistas que começaram campanhas de difamação on-line quando não conseguiram algo que queriam; e foram manipulados por pais narcisistas que estavam no leito de morte.

Trabalhei em organizações em que o gaslighting era o modo de comunicação padrão e testemunhei as pessoas mais tóxicas recebendo reconhecimento pelos sistemas em que trabalhavam, em detrimento dos profissionais mais competentes e brilhantes. Ainda hoje evito bairros e ruas de Los Angeles porque não tenho capacidade emocional para lidar com as recordações. Sofri ameaças à minha segurança, me senti compelida a deixar empregos e vi familiares mais preocupados em proteger a reputação de um parente do que em consolar alguém em sofrimento. Demoro bastante para conseguir confiar em pessoas.

A primeira coisa que você precisa entender é que, em quase todos os casos, esse padrão de personalidade já existia *antes de você entrar na vida da pessoa narcisista* e continuará lá depois que você sair. Esses relacionamentos mudam você, mas com essa mudança você cresce, adquire uma nova perspectiva de vida e aprende a ter um maior discernimento interpessoal. Reconhecer e abandonar esses relacionamentos pode servir como ponto de partida para você desencavar seu verdadeiro "eu", sacudir a poeira e trazê-lo ao mundo. O objetivo terapêutico tradicional, que é ensinar os pacientes a entenderem seu papel e suas responsabilidades num relacionamento e aprenderem a pensar de maneira diferente sobre situações que não estão funcionando, não leva em conta que lidar com um narcisista é jogar um jogo de cartas marcadas. Como enxergar de outra forma alguém que está manipulando você e negando sua individualidade? Em vez de aprender a pensar de maneira diferente sobre o outro, é hora de começarmos a aprender sobre o que constitui um comportamento inaceitável e tóxico.

Espero que este livro esclareça uma premissa simples: os padrões e comportamentos narcisistas não se alteram, e você não deve se culpar pelos comportamentos invalidadores de terceiros. Quero que você internalize uma verdade simples, mas profunda:

O problema não é com você.

Ouvi todo tipo de gente dizer que bastou ler uma descrição simples sobre o narcisismo e sobre o que esses relacionamentos causam para se sentir normal pela primeira vez em anos. A questão aqui não é rotular o narcisista, e sim identificar comportamentos e padrões de relacionamento prejudiciais. É receber permissão para se afastar. É aprender que inúmeras coisas (boas e ruins) podem ser verdadeiras em um relacionamento. É entender que você não precisa cortar relações ou se afastar das pessoas com quem tem relacionamentos complicados, mas pode interagir com esses indivíduos de maneira diferente. É entender que ser visto e ter sua própria identidade validada – expressando suas necessidades, seus desejos e suas aspirações e sendo reconhecido por eles – são direitos humanos básicos. É se conscientizar de que, em vez de mudar a forma de pensar sobre si, está na hora de mudar a forma de encarar o comportamento de alguém que você ama ou respeita, mas que está prejudicando sua vida ou sua saúde emocional. É entender de uma vez por todas que você nunca será capaz de mudar o comportamento do outro. Quando seguimos esses passos, lançamos luz sobre o problema e descobrimos como parar de sofrer com ele.

Este livro é para você, sobrevivente de relacionamentos com narcisistas que deslegitimaram seus sentimentos. Não é um livro sobre como funcionam essas pessoas, e sim sobre como você pode se recuperar. No início farei um breve resumo geral sobre o narcisismo, para garantir que estamos na mesma sintonia, mas depois o livro passa a ser *para* você e *sobre* você. Veremos quais são os efeitos do comportamento narcisista e como é possível seguir em frente, se recuperar e se curar adotando uma postura de perdão, sabedoria, compaixão e força. Este livro é escrito tanto com minha mente quanto com meu coração.

Muitas vezes, quando saímos de um relacionamento abusivo, pensamos nisso como um fim, mas, na verdade, é o começo da cura e de tudo que vem depois dela. Este é o início da sua história. É o momento em que você vai sair das sombras da invalidação e finalmente vai se permitir ser você mesmo.

PARTE I

O relacionamento narcisista

1
Definindo narcisismo

A personalidade suscetível aos sonhos de liberdade infinita é também propensa à misantropia e à raiva, caso o sonho azede.
JONATHAN FRANZEN

Carlos é aquele sujeito que ajuda todo mundo na vizinhança. É devotado à sua mãe enferma, um pai muito presente para o filho que teve um breve relacionamento com uma antiga ex-namorada e se descreve como uma "criança grande" que adora seus brinquedos e esportes. Todos, inclusive sua namorada de longa data, dizem que ele é empático e se preocupa com os outros. Ele pode até se esquecer de um aniversário ou data comemorativa, mas se lembra do dia em que você vai fazer aquela entrevista de emprego importante e envia uma mensagem desejando boa sorte. Num fim de semana, foi a um festival de música com um grupo de amigos, bebeu demais e beijou outra mulher. Triste e envergonhado, voltou para casa e confessou tudo à namorada porque não queria esconder nada. Na sequência, ela foi às redes sociais e fez várias postagens acusando Carlos de ser "narcisista".

Joanna é casada com Adam há cerca de cinco anos. Ele trabalha duro, mas sua carreira não decolou, e Joanna o incentiva a perseguir o que ele realmente quer enquanto ela sustenta a casa. A princípio, Joanna se sentia atraída pela disciplina, lealdade e ética de trabalho de Adam. Ele, por sua vez, costuma menosprezar a carreira dela, disse que ela estava fazendo "drama" por estar triste após um aborto espontâneo e tem acessos de raiva se ela pede ajuda em casa, no entanto a critica por "jogar dinheiro fora" contratando uma faxineira. Muitas vezes, ele desdenha quando Joanna diz que quer passar tempo com amigos e parentes. Adam chama os amigos de Joanna de "parasitas" e diz que a família dela é um tédio. Isso a magoa profundamente, e ele usa o próprio tempo de forma muito egoísta. Por outro lado, ele se lembra de aniversários e datas comemorativas e faz questão de festejar com pompa e circunstância, mesmo que não possa bancar tudo. Joanna se sente culpada porque os sonhos de Adam nunca se realizaram e atribui a falta de empatia do marido ao fato de que a vida dele não deu certo como queria. Quando as coisas melhorarem, pensa Joanna, ele será mais gentil. E daí que ele não lava a louça? Todos os anos ele se esforça muito na comemoração do aniversário de Joanna – embora ela preferisse que ele participasse das tarefas domésticas e fosse mais gentil com seus amigos.

Quem você acha que é o narcisista? Carlos, o descuidado, ou Adam, o irritado?

Narcisismo é a palavra da moda, mas é profundamente mal compreendida. Seria mais fácil se os narcisistas fossem apenas farsantes egocêntricos que passam o dia todo se olhando no espelho, mas eles são bem mais que isso. São a mulher emocionalmente abusiva que espezinha o marido, mas com quem ele às vezes se diverte. É o chefe tóxico que repreende você na frente dos colegas, mas cujo trabalho você admira. É um pai que tem inveja do sucesso do filho, mas comparece a todos os jogos de futebol do menino na infância. É a amiga que vive se vitimizando e só fala da própria vida e acompanha você desde os 13 anos, mas nunca pergunta como você está. Essas descrições resumidas não capturam a complexidade do que é o narcisismo. É bem provável que você já tenha se relacionado com um ou mais narcisistas sem ter sequer percebido.

Mas como identificar o que é narcisismo e o que não é? E será que isso realmente importa? Este capítulo explica por que o narcisismo é mal compreendido e desmascara os mitos que o cercam. Você também descobrirá por que saber exatamente o que é o narcisismo pode até complicar a situação.

O que é o narcisismo?

O narcisismo é um estilo de personalidade mal-adaptativo que se manifesta nas relações interpessoais e engloba um amplo espectro de traços e padrões comportamentais. Apresenta-se de diferentes maneiras, que vão de leves a graves, de vulneráveis a malignas. O que difere o narcisista de alguém que é apenas egocêntrico, vaidoso ou que se sente merecedor de privilégios é a consistência e o grande número desses traços em uma única pessoa. Ser superficial não significa necessariamente ser narcisista.

Os traços narcisistas servem para proteger o narcisista. Trata-se de uma pessoa frágil e insegura, que compensa essas características praticando gaslighting e sendo dominador e manipulador para se manter no controle dos relacionamentos. A empatia do narcisista é instável, e ele não tem uma autoconsciência forte. Portanto, não é capaz de perceber como seu comportamento é prejudicial aos outros. O problema não são os traços em si, e sim como eles dão origem a comportamentos consistentemente prejudiciais.

Como esses traços não se alteram – ainda mais porque o narcisismo é um estilo de personalidade rígido, em que não há autopercepção –, também é improvável que o comportamento venha a se alterar. E como o espectro do narcisismo é amplo, indo do leve ao grave, é possível viver experiências muito distintas na relação com pessoas que têm esse estilo de personalidade. Muita gente fica presa a narcisistas que estão no meio desse espectro – ou seja, o narcisista moderado, que tem dias ruins em número suficiente para prejudicar sua vida e dias bons em número suficiente para manter você preso no relacionamento. O foco deste capítulo está nesse tipo de narcisista.

A seguir, vamos analisar alguns desses traços.

Necessidade de suprimento narcisista

Narcisistas precisam de validação e admiração, e essa necessidade motiva grande parte do comportamento desses indivíduos. Eles procuram status, elogios, reconhecimento constante e atenção, muitas vezes por meio de ostentação, aparência física, amizades bajuladoras e popularidade nas redes sociais, etc. A validação alheia, seja qual for a forma que assuma, é chamada de *suprimento narcisista*. Quando o narcisista não recebe a validação ou o suprimento que sente que merece, pode ficar mal-humorado, irritado, ressentido ou carrancudo. Quem está perto dele tem uma escolha: ou supre sua necessidade ou enfrenta sua ira.

Egocentrismo

Narcisistas são egocêntricos, mas seu comportamento não se limita ao egoísmo. É um egoísmo acrescido de depreciação. Exemplo: quando você vai comer fora com um egoísta, ele escolhe o restaurante que prefere sem se importar com a sua opinião. O narcisista fará o mesmo, mas também *dirá* que isso foi necessário porque você é ignorante demais para escolher um bom lugar. As necessidades do narcisista sempre vêm em primeiro lugar, em qualquer relacionamento.

Inconsistência consistente

O narcisismo é consistente. No entanto, há uma consistência que pode fazê-lo parecer inconsistente. Quando o narcisista se sente bem regulado, no controle da situação e suprido (por exemplo, está indo bem no trabalho, vem recebendo elogios, começou um bom relacionamento ou acabou de comprar um carro), ele pode se mostrar menos antagônico e mais agradável. Mas o suprimento narcisista rapidamente perde a graça, então ele está sempre precisando de mais elogios, de um novo relacionamento, de um carro melhor. Eu me lembro de trabalhar com um narcisista que certa tarde me disse: "Estou tendo o melhor dia da minha vida! Fechei um baita contrato! Eu sou o cara. Sempre arraso, né?" À noite, no mesmo dia, me mandou uma mensagem dizendo que estava com raiva e que a vida era injusta. Dias depois descobri que essa mudança de estado emocional ocorreu porque a pessoa com quem tinha começado a namorar precisou remarcar um jantar.

A maré do narcisista pode mudar num estalar de dedos.

Inquietação

O narcisista é inquieto por natureza. Está numa busca constante por novidades e emoção, o que explica comportamentos como infidelidade ou troca frequente de parceiros, gastos excessivos e compras impulsivas, ou atividades frenéticas. Por outro lado, quando não se sente interessado e envolvido o bastante em alguma situação, ele costuma demonstrar tédio, desencanto ou desprezo.

Grandiosidade delirante

Uma característica marcante do narcisista é a grandiosidade, que se manifesta na forma de crenças exageradas sobre a importância dele no mundo, fantasias sobre histórias de amor idealizadas, sensação de superioridade em relação aos outros, de ser singular, especial, diferente. A grandiosidade leva o narcisista a crer que é melhor que os outros. É "delirante" porque, na maioria dos casos, há pouca ou nenhuma evidência que apoie essa crença – que o narcisista mantém apesar de incomodar ou prejudicar quem o cerca.

Máscaras mutáveis

O narcisista confunde quem está próximo porque oscila: num momento se mostra envolvente, divertido e carismático – ou pelo menos normal e regulado –, e logo depois é abusivo, fica carrancudo e tem acessos de fúria. Sua percepção de si é elevada quando as coisas dão certo, mas, ao menor sinal de dificuldade, ele transfere a culpa para o mundo e assume a postura de vítima. Assim, nem sempre é possível saber de antemão com qual versão do narcisista você vai lidar – a grandiosa e alegre ou a abatida, vitimizada e raivosa. A interação é sempre imprevisível e desconfortável.

Convicção do merecimento de privilégios

Esse é um padrão central do narcisismo, e também um dos mais problemáticos. As teorias sobre o narcisismo sugerem que esse sentimento pode ser o principal pilar desse estilo de personalidade, e todas as outras dinâmicas estão ligadas a essa.[1] Narcisistas acreditam que são especiais, que merecem tratamento diferenciado, que só podem ser verdadeiramente compreendidos por outras pessoas especiais e que as regras não se aplicam a eles. Quando as regras *são aplicadas* ou quando eles são responsabilizados por seus atos, reagem com irritação, porque *essas regras só valem para pessoas comuns*! Se precisam seguir as regras, então não são especiais. Eles se sentem no direito de fazer e dizer o que querem, quando querem. A convicção de que merecem privilégios cria uma realidade na qual os narcisistas podem exercer essa qualidade especial e estimula sua raiva quando não se sentem tratados como pessoas importantes.

A maioria das pessoas já passou por uma ocasião em que se sentiu constrangida quando um narcisista disse merecer privilégios. Certa vez, uma mulher me contou que se sentia péssima quando seu marido gritava com garçons. Disse que nessas situações morria de vergonha e aprendeu a ficar cabisbaixa para não ter que fazer contato visual com as pessoas que cruzavam o caminho de seu marido. Ela se sentia uma cúmplice do marido, mas se tentasse impedi-lo teria que aguentar as birras e os silêncios ressentidos dele por dias.

Compensação das inseguranças

Isso nos leva à pedra fundamental do narcisismo, que é a insegurança. O narcisismo *não* está ligado ao nível de autoestima, e sim a uma autoavaliação imprecisa, inflada e instável. O narcisista sempre abriga um profundo sentimento latente de inadequação, pois é incapaz de refletir sobre como os outros enxergarão ou serão impactados por seu comportamento. Isso nos confunde: como alguém que parece tão seguro de si pode ser tão frágil? Todo esse aparato – a grandiosidade, a certeza de merecer privilégios, a arrogância, o carisma – é, na verdade, uma armadura projetada para se proteger, uma espécie de capa de super-herói que o narcisista pode usar ao redor de sua psique frágil.

Suscetibilidade excessiva

Narcisistas podem falar tudo o que pensam, mas não conseguem lidar com críticas. Quando você faz a menor crítica ou dá um leve feedback, deve estar preparado para reações furiosas e desproporcionais na hora, o que pode ser duplamente confuso, pois com frequência o narcisista retalia criticando você com termos muito mais pesados que os utilizados por você. Essa reação costuma se justapor à sua necessidade crônica de reafirmação: o narcisista jamais vai pedir, mas, apesar de sua fachada arrogante, fica nítido que ele precisa ser reconfortado e ouvir que tudo ficará bem.

E nem sempre é fácil tranquilizar a pessoa narcisista, pois, se você deixar suas intenções evidentes demais, ela vai continuar os ataques porque você a fez se lembrar da própria fraqueza. Trabalhei com uma mulher que era obcecada pela aparência. Para sua festa de aniversário, ela decorou a casa de forma impecável, mas não levou em conta as restrições financeiras ou de tempo dos outros. Quando os parentes avisaram que estariam ocupados com trabalho, filhos pequenos, doenças ou coisas da vida, ela se sentiu diretamente atacada e reclamou que ninguém a valorizava. O filho tentou reconfortá-la. "Não se preocupe, mãe. Vamos fazer de tudo para chegar na hora certa e vamos levar aquele bolo que você adora, sorvete e muitos presentes. Vai ser um jantar ótimo, o melhor de todos os tempos." Ela reagiu com agressividade: "Não me trate como se eu tivesse 6 anos de idade. Você faz parecer que eu sou maluca." O narcisista é reativo ao feedback, sente necessidade de reafirmação e é vitimista. Tudo isso, somado à vergonha e à raiva que ele sente por ser como é, aponta para a essência dos relacionamentos narcisistas: *Você não tem a menor chance de vencer.*

Incapacidade de autorregulação

Narcisistas não conseguem gerir suas emoções. Não sabem expressá-las – pois seria vergonhoso e demonstraria vulnerabilidade –, por isso não conseguem regulá-las. Não dizem com todas as letras "Vou disfarçar minhas inseguranças com exibicionismo moral". Não esfregam as mãos enquanto planejam como prejudicar você. Seus ataques ferozes são respostas não processadas, e é por isso que uma leve crítica ou crise pode fazê-los sentir vergonha das próprias vulnerabilidades ou imperfeições. Essas feridas no ego desencadeiam a raiva e os levam a transferir a culpa que sentem para o outro. Com isso, reduzem a própria tensão, mantêm a fachada de pessoas virtuosas e se sentem seguros. Por não terem empatia e serem impulsivos, não conseguem refletir sobre o efeito de seus ataques sobre os outros. Se você tenta responsabilizá-los pelo que dizem e fazem, eles pedem desculpas vazias e se mostram frustrados.

Necessidade de dominância

Narcisistas são motivados por dominância, status, controle, poder e desejo de ser especial, e não pelos sentimentos de pertencimento, intimidade e proximidade. Portanto, eles precisam ter a vantagem em qualquer relacionamento. Assim, quem *não* é narcisista e busca fazer uma conexão emocional profunda ou ter intimidade no relacionamento está dançando uma música bem diferente da do narcisista. Para ele, os relacionamentos são, acima de tudo, uma forma de se beneficiar e obter prazer. Ele não está interessado nas necessidades dos outros nem na reciprocidade que faz parte de um relacionamento saudável.

Falta de empatia

Não é correto dizer que narcisistas são totalmente desprovidos de empatia. A empatia deles é superficial e variável. Eles têm *empatia cognitiva* – são capazes de entender o que é empatia e por que alguém se sente de certa maneira, e podem usar esse conhecimento para conseguir o que querem. Assim que conseguem ou que perdem o interesse, porém, a empatia some. A empatia narcisista também pode ser performática (ele é capaz de parecer uma pessoa boa na frente dos outros, para conquistá-los) e pode ser interesseira (ele a usa para obter o que precisa). Esses comportamentos podem ser especialmente frustrantes, pois demonstram que eles sabem o valor da empatia mas só a utilizam para tirar vantagem.

   Narcisistas tendem a ser mais "empáticos" quando se sentem seguros e supridos. Por exemplo, num dia em que tudo corre bem, eles são capazes de voltar para casa, ouvir você falar do seu dia ruim no trabalho e até oferecer consolo, dizendo que tudo vai ficar bem. Uma semana depois, você pode pensar: *Ele foi tão solidário semana passada quando falei nesse assunto que vou tentar falar hoje de novo.* Mas pode ser que dessa vez ele não tenha recebido a validação necessária ao longo do dia, portanto, quando você fala, ele rebate: "Quando você vai parar de reclamar do trabalho? Estou cansado de ouvir suas lamentações."

Desprezo pelos outros

Narcisistas precisam das pessoas, mas se ressentem dessa necessidade, porque isso significa que as pessoas têm poder, e eles não toleram pensar que dependem de alguém. Isso pode gerar algo comum no narcisismo: o desprezo pelas outras pessoas e pelos sentimentos, vulnerabilidades e necessidades delas. No caso do narcisista, a vulnerabilidade alheia é como um espelho involuntário de suas inseguranças. Em vez de abraçar o indivíduo que está passando por um mau momento, o narcisista sente desprezo pois é lembrado de suas próprias fragilidades. Esse desprezo pode se manifestar de forma direta, mas muitas vezes surge na forma de alfinetadas e provocações passivo-agressivas.

Vergonha projetada

A projeção também é um padrão comum do narcisismo. Trata-se de um mecanismo de defesa – algo que opera inconscientemente para proteger o ego – e se manifesta quando alguém projeta aspectos inaceitáveis de si no outro. Por exemplo, uma pessoa que está mentindo acusa outra de mentir, e, ao atribuir seu comportamento ao outro, "o autor da projeção" continua se enxergando como um indivíduo honesto. Narcisistas projetam as partes vergonhosas de sua personalidade e seu comportamento em terceiros. Assim, mantêm a visão grandiosa de si mesmos e evitam sentir vergonha de suas características. Isso confunde a pessoa que está no relacionamento com o narcisista, na medida em que ele pode atribuir a ela os comportamentos prejudiciais que ele mesmo está tendo (exemplo: você está num café com o narcisista quando ele acusa você, do nada, de flertar com um atendente, quando na realidade é ele quem está traindo você).

Charme irresistível

Por que não enxergamos de cara que os narcisistas são arrogantes, manipuladores e invalidadores e nos afastamos deles? Porque eles são bons de lábia. São pessoas encantadoras, carismáticas, confiantes, curiosas – e normalmente se vestem bem e são inteligentes. Talvez você não considere a arrogância uma qualidade, mas em geral se presume que pessoas arrogantes e seguras de si têm qualidades para justificar esse comportamento. Ao mesmo tempo, as pessoas costumam ser mais propensas a desculpar muitas manifestações de mau comportamento quando acreditam que quem errou com elas é inteligente ou bem-sucedido. É comum confundir narcisismo com sucesso. Assim, em vez de ser visto como um padrão tóxico e prejudicial, o narcisismo é encarado como ousadia e ambição desenfreada. Narcisistas são mestres em mudar de forma, são como camaleões. Têm alta capacidade de se camuflar e se aproximar, e então ter comportamentos tóxicos.

O espectro do narcisismo

A maioria das pessoas acha que o narcisismo é oito ou oitenta: ou você é ou não é narcisista. Esse ponto de vista é equivocado, pois nos leva a achar que existe uma forma de identificar claramente o narcisista e evitar pessoas que têm esses traços. A questão, porém, é que nada no mundo da psicologia ou da saúde mental é tão simples.

A realidade é que o narcisismo existe em um espectro. No extremo mais brando, temos os narcisistas superficiais das redes sociais, presos a uma adolescência perpétua e emocionalmente atrofiada, o que pode ser irritante, mas não necessariamente é prejudicial. No extremo grave, observamos comportamentos de crueldade, exploração, dominação e até violência física, sexual, psicológica ou verbal, o que pode ser aterrorizante e traumático. Em geral, porém, a maioria dos narcisistas é moderada, e é desse tipo de narcisismo que vamos tratar neste livro.

Marcus é casado há 25 anos com Melissa, uma pessoa gentil, autodepreciativa e que se esforça para agradar e estar disponível para os outros. Eles têm dois filhos. As pessoas enxergam Marcus como um trabalhador incansável e um pilar da comunidade, mas ele quer tudo do seu jeito em casa, que gira em torno de sua agenda. Melissa tem um trabalho exigente e bem remunerado, que a mantém ocupada, porém Marcus espera que ela largue o que está fazendo para atender às suas necessidades, mesmo que ela tenha problemas no trabalho. Apesar de tudo, o relacionamento é pontuado por dias e momentos bons. Quando Marcus está satisfeito e contente com a vida, sugere passeios em família, jantares fora. Justo quando Melissa estava prestes a contratar um advogado porque está cansada de viver no "Show do Marcus", ele sugere que saiam de férias para se reconectar. Ela se sente culpada por não ter enxergado a situação da forma correta e não reconhecer a sorte que tem. Mas quando voltam das férias os problemas recomeçam.

O narcisismo moderado não é a superficialidade imatura do narcisista leve nem o terror coercitivo do narcisista maligno, violento. O moderado oferece dias bons o suficiente para manter o parceiro envolvido e dias ruins o suficiente para feri-lo e confundi-lo. Narcisistas moderados têm empatia cognitiva, então às vezes parecem "entender". Sentem-se superiores, buscam validação e têm uma arrogância que não chega a ser ameaçadora. São hipócritas e acreditam que as regras que se aplicam ao resto do mundo não valem para eles. Frequentemente se sentem vítimas em situações que não saem do jeito que queriam. Não se responsabilizam pelos próprios comportamentos e transferem para os outros a culpa por qualquer coisa que arranhe sua imagem. São profundamente egoístas e dão preferência ao que funciona para eles, deixando em segundo plano os desejos de qualquer outra pessoa.

Narcisistas moderados têm discernimento para saber que seu comportamento é inaceitável, mas não têm autorregulação emocional, consciência ou empatia suficientes para se deter. Como sabem que seu comportamento é inadequado, agem às escondidas, deixando você sem apoio. Como resultado, muitas vezes são um demônio em casa e um anjo na rua. Podem elogiar você em uma reunião na frente de colegas e depois humilhá-lo a portas fechadas em seu escritório. Esse comportamento de duas caras, mascarado, é uma marca registrada do narcisista moderado. As pessoas enxergam um indivíduo relativamente seguro e charmoso em público, mas no particular ele é outra pessoa.

Os diferentes tipos de narcisismo

Existem vários tipos de narcisismo. Os traços principais são os mesmos em todos, mas a maneira como se manifestam e como nos afetam varia. Como grande parte do conteúdo sobre narcisismo é sobre o narcisista clássico (ou grandioso), talvez você se sinta frustrado ao lidar com alguém cujo comportamento não se alinhe totalmente com o que costuma ser considerado narcisismo. Em geral, há predominância de um dos tipos de narcisismo, mas ele também pode ter características de mais de um tipo. Dentro de cada tipo há um espectro de gravidade – por exemplo, um narcisista comunitário leve pode ser alguém muito falante, obcecado por exercícios e saúde, que espalha positividade, mas é muito crítico com amigos e familiares, enquanto um narcisista comunitário grave pode se tornar um líder de seita.

Clássico (ou grandioso)

> *Serei bilionário aos 30 anos, e o mundo verá que sou um gênio. Vou criar um legado inimaginável. Nada pode me deter. Não me importo com a vida medíocre das pessoas que não são sonhadoras – elas só me colocam pra baixo, e eu mereço estar cercado de gente que me coloque pra cima o tempo todo.*

O narcisismo clássico é a representação típica do estilo de personalidade narcisista. São aqueles personagens carismáticos, encantadores, arrogantes, "brilhantes", que estão sempre em busca de atenção e que associamos a sucesso, glamour e fama. Parecem ótimos quando tudo corre bem, mas, quando surgem decepções, as rachaduras logo aparecem, e eles ficam furiosos e projetam a culpa nos outros. É exaustivo tentar viver na realidade enquanto eles vivem no mundo da fantasia. A grandiosidade é a armadura desse tipo de narcisista contra os sentimentos de inadequação e insegurança profundamente enraizados. Eles acreditam nos próprios exageros num nível aparentemente delirante, embora convincente, o que pode fazer com que nos deixemos levar por suas ideias. Esses relacionamentos, com seus altos e baixos, seus dias bons e ruins, nos empolgam, mas ao mesmo tempo nos deixam exaustos e completamente confusos.

Vulnerável

> *Sou tão inteligente quanto esses donos de startups, mas não tive os relacionamentos ou o dinheiro do papai pra subir. Não vou perder meu tempo fazendo faculdade ou trabalhando num empreguinho qualquer. Prefiro não fazer nada a trabalhar para esses palhaços com diploma das melhores universidades. A culpa é dos meus pais, por não me darem mais dinheiro e não me deixarem em uma posição mais favorável. Se eles tivessem feito isso eu seria o melhor.*

Narcisistas vulneráveis são vitimistas, ansiosos, socialmente desajeitados, carrancudos, irritáveis, tristes e ressentidos. Esse tipo às vezes é chamado de *narcisista encoberto* (*covert*). *Encoberto*, aqui, é o oposto de *declarado* (*overt*), numa referência a padrões que podemos ou não enxergar. São exemplos de comportamentos abertos, gritos e manipulações, e, de comportamentos encobertos, pensamentos e sentimentos narcisistas. Certas pessoas também empregam o termo *narcisista encoberto* para se referir à capacidade do narcisista de se passar por uma pessoa agradável quando quer impressionar alguém – nessas situações, eles escondem o narcisismo (mas são desagradáveis quando não estão diante de uma plateia). O narcisista vulnerável não manifesta a grandiosidade como um tagarelar carismático e pretensioso e sim como vitimização (*Nunca tenho uma chance justa, porque o mundo é estúpido demais para reconhecer que sou um gênio*) e um sentimento de vitimização com merecimento de privilégios (*Por que eu tenho que trabalhar quando os outros ganham dinheiro com investimentos financeiros?*). Narcisistas vulneráveis dizem que o sucesso que você obteve foi questão de sorte e atribuem a própria falta de sucesso às injustiças da vida. Vivem insatisfeitos com tudo. Podem ser contestadores e argumentativos e não gostam de atender a pedidos – é como tentar convencer um adolescente a guardar as roupas no armário. Também sofrem com a sensação de abandono, têm dificuldades para lidar com rejeições e esgotam as pessoas próximas com sua constante raiva carregada de vitimismo. Alguns não são bons em situações sociais e compensam a ansiedade e a insegurança criticando ou desvalorizando as pessoas, ou zombando delas quando estão se divertindo com outras, tendo experiências positivas ou alcançando algum sucesso. Como os narcisistas vulneráveis não têm o exterior carismático e encantador do narcisista clássico, a maioria das pessoas, inclusive os terapeutas, acredita que eles têm baixa autoestima, ansiedade, depressão ou simplesmente estão passando por uma maré de azar. Mas, mesmo que esses outros problemas sejam tratados, o sentimento de vitimização permanecerá.

Comunitário

Estou salvando o mundo. Sou um humanitário que entende as pessoas reais e os problemas reais. Francamente, fico cansado de ouvir as pessoas reclamando da vida, sendo que há tanta coisa a se fazer. Essa gente poderia estar salvando o mundo. Preciso que vejam todo o bem que estou fazendo e sei que quem não presta atenção nas minhas ações está apenas com inveja porque não faz nada de bom para ninguém em suas vidas mesquinhas.

Normalmente, narcisistas obtêm sua validação e resolvem suas necessidades focando em si mesmos ("Sou tão rico/atraente/incrível/inteligente"). Mas os narcisistas comunitários satisfazem essas necessidades de maneira coletiva, resultando numa identidade grandiosa baseada no que fazem pelos outros ("Sou tão altruísta, sempre coloco os outros em primeiro lugar"). Participam de atividades que parecem generosas: arrecadam fundos por uma boa causa, fazem voluntariado, organizam eventos beneficentes, participam de viagens humanitárias, ajudam vizinhos e até fazem postagens positivas nas redes sociais, mas agem assim para manter uma visão grandiosa de si mesmos, se enxergarem como pessoas superiores e receberem validação por isso.[2] Suas "boas ações" podem variar de pequenos gestos, como participar de um mutirão de limpeza de praia (sempre postando o que fazem nas redes sociais), a coisas muito maiores, como criar grandes fundações sem fins lucrativos (mas destratando os funcionários). Independentemente de quais sejam suas ações humanitárias, eles se esforçam para fazer o mundo saber de todo o bem que estão fazendo, adoram os elogios e o reconhecimento que recebem e ficam indignados quando são ignorados.

O narcisista comunitário também ocupa espaços espirituais e sectários, onde pode discursar sobre autodesenvolvimento e positividade. Isso vale para comunidades religiosas, de nova era ou de ioga, onde ele comete abusos e humilha qualquer um que contradiga ou se oponha à narrativa que ele criou, no papel de líder comunitário carismático. Quem cresce com um pai narcisista comunitário vive ouvindo que ele era um pilar da comunidade, mas, a portas fechadas, precisa lidar com desinteresse e acessos de raiva.

Virtuoso

Existe uma forma certa e uma forma errada de fazer tudo, e fico enojado com quem não entende isso. Eu trabalho duro, guardo meu dinheiro, respeito as tradições e não tenho tempo nem paciência para quem não consegue viver de maneira responsável. Quando ouço pessoas dizendo que estão enfrentando dificuldades, sei que é porque fizeram más escolhas. Não tenho responsabilidade de ajudá-las. Se você não pode fazer do meu jeito, então não me faça perder tempo com seus problemas. Vire-se sozinho.

O narcisista virtuoso é ultramoralista, julga o próximo, mantém uma lealdade distante, desafetuosa, é extremamente rígido e tem uma visão de mundo e um sistema de crenças que é quase oito ou oitenta. Sua grandiosidade se manifesta na crença quase delirante de que sabe mais do que todos, e ele realmente acredita que suas opiniões, seu trabalho e seu estilo de vida são superiores aos dos outros. Ele se coloca acima das pessoas e manifesta desprezo por elas. Zomba de tudo e de todos – de escolhas alimentares a estilo de vida, passando pelas escolhas de parceiro e carreira. Espera uma obediência quase robótica às suas crenças, critica erros e desvaloriza as emoções, as fragilidades humanas e a alegria.

O narcisista virtuoso espera que você faça as coisas do jeito dele e não tolera variações. Muitos levam uma vida organizada nos mínimos detalhes: acordam cedo, seguem uma rotina matinal rígida, comem refeições semelhantes todos os dias, seguem um cronograma exato e são altamente organizados (e esperam que todos façam o mesmo). Reservam pouco tempo para alegria, risos, brincadeiras ou para outras pessoas. Têm uma ética de trabalho obsessiva e desdenham de qualquer um que reserve tempo para o "tipo errado" de lazer ou que, segundo eles, não seja dedicado. Também podem ser obsessivos em relação às atividades de lazer – se querem jogar golfe, tem que ser no lugar certo; se querem fazer spinning, tem que ser na academia certa, com o professor correto.

Negligente

Se eu precisar de você, você vai saber. Caso contrário, vou cuidar da minha vida e não tenho tempo para me preocupar com você.

Narcisistas negligentes são completamente desinteressados. Sua falta de empatia se manifesta no total desprezo pelos outros. Também são arrogantes, acreditam que são bons demais para ter que lidar com relacionamentos humanos. A busca de validação pode ocorrer em espaços públicos, como no trabalho, mas quase nunca dentro dos limites de um relacionamento íntimo. Eles praticamente não interagem quando são abordados por alguém pelo qual não têm interesse. O narcisista negligente faz os familiares se sentirem fantasmas dentro da própria casa, como se não existissem. Ele não gosta de entrar em discussões nem de argumentar com as pessoas. Se discutisse, pelo menos estaria falando com você.

Maligno

Estou sempre no controle porque as pessoas têm medo de mim, e a meu ver está ótimo assim. Se alguém mexer comigo, farei com que essa pessoa e todos a seu redor se arrependam pelo resto da vida. Se alguém atrapalhar meus planos ou não me der o que quero, vou conseguir de qualquer maneira.

O narcisismo maligno representa a "tétrade obscura", conjunto de quatro características negativas que se interpõem: narcisismo, psicopatia, sadismo e maquiavelismo. Essa soma de traços se manifesta como uma disposição para usar e explorar outras pessoas.[3] O narcisista maligno só se diferencia do psicopata porque é inseguro e se sente inadequado, atributos que compensa através da dominação, enquanto o psicopata não experimenta a ansiedade observada no narcisismo. Quando se sentem ameaçados ou frustrados, os narcisistas malignos expõem sua raiva vingativa, que pode ganhar corpo e se tornar barulhenta e bombástica, ao passo que o psicopata consegue manter a calma e a compostura mesmo furioso.

Os narcisistas malignos sentem uma alegria quase sádica ao se vingar. Não pensam duas vezes antes de difamar pessoas ou acabar com sua reputação. São extremamente manipuladores, calculistas e julgam todos com base na utilidade que têm – seja para obter poder, lucro, prazer ou validação. Resumindo, o narcisista maligno é maldoso, ameaçador e implacável. Essa é a forma mais perigosa de narcisismo – uma espécie de último passo antes da psicopatia. Narcisistas malignos têm um desprezo intencional pelas necessidades e a segurança do outro e exploram e manipulam praticamente todo mundo a seu redor. Sua agressividade pode se manifestar fisicamente, através de violência e demonstrações abusivas de raiva, insultos e crueldade. Eles têm um senso de desconfiança elevado, que beira a paranoia, e acreditam que as outras pessoas estão "contra eles", o que alimenta sua agressividade.

Narcisismo × Transtorno da Personalidade Narcisista

Tem havido uma reação negativa ao uso do termo *narcisista* para descrever pessoas. A palavra tem sido aplicada a políticos, celebridades, parentes e ex-parceiros tóxicos. No entanto, o narcisista é muito mais do que um sujeito desagradável. Muitos terapeutas, jornalistas, juízes, advogados e pessoas de diversas áreas consideram o termo rotulador, derrotista ou simplesmente maldoso, sobretudo quando é usado sem fazer distinção entre traço e comportamento. Entendo esse medo de rotular o próximo: ao fazer isso reduzimos a complexidade de uma pessoa a uma única palavra. Em geral usamos termos relacionados à personalidade para descrever pessoas – *introvertido, humilde, neurótico* –, mas o termo *narcisista* desperta reações mais fortes.

De fato, existe um perigo no uso indiscriminado do termo *narcisismo*, não só porque sempre é possível rotular um indivíduo de forma equivocada, mas porque, ao fazermos isso, o termo perde seu poder descritivo. Muitos o usam para falar de pessoas exibicionistas, que buscam atenção, são superficiais ou infiéis, mas que no fundo não são narcisistas. Rotular as pessoas aleatoriamente é perigoso por diversos motivos. Em primeiro lugar, subestima o sofrimento daqueles que realmente estão em relacionamentos narcisistas – pessoas que precisam de apoio ou empatia. Em segundo lugar, deixamos de compreender plenamente o que é o narcisismo. Assim, perdemos a chance de nos proteger dele e nos tornamos mais propensos a nos culpar pelo comportamento do narcisista. Em terceiro lugar, simplificamos as dinâmicas sutis da experiência da pessoa narcisista no mundo, estimulando ainda mais mal-entendidos. Portanto, é importante empregar o termo de maneira correta, com moderação e critério, mas também é importante chamarmos esses traços, padrões e comportamentos pelo nome certo.

Quando denominamos as coisas da forma certa, sabemos como interagir, mantemos expectativas realistas e entramos nas situações de olhos bem abertos. Se alguém que costuma ser empático e compassivo fica irritadiço no dia em que perde o emprego, mas depois se desculpa e volta a ser respeitoso e gentil, não se trata de um narcisista, e sim de uma pessoa que teve um dia ruim. Quando alguém tem uma fachada encantadora, mas não demonstra empatia, se sente superior e desrespeita as pessoas, então num dia ruim chuta o balde e não pede desculpas nem se recrimina, é mais provável que se trate de um narcisista. Entender que o narcisismo engloba uma série de traços que se traduzem numa série de comportamentos prejudiciais nas relações interpessoais, não só num dia ruim, é crucial para não perdermos tempo tentando consertar esses relacionamentos e para não permanecermos em situações difíceis.

Existe também a ideia generalizada, mas enganosa, de que o narcisismo é um diagnóstico ou uma doença. Muitas comunidades on-line e terapeutas acreditam que não é possível diagnosticar pessoas sem a devida formação e avaliação (e existe um fundo de verdade nisso). Essa postura constrange sobreviventes de relacionamentos narcisistas pois parte da ideia de que, se uma pessoa tem um "transtorno", é errado caracterizar o comportamento dela como abusivo, porque ela não consegue controlá-lo – mesmo sabendo que narcisistas são plenamente capazes de agir de forma premeditada ao mostrar suas diferentes faces. Isso levou alguns sobreviventes de relacionamentos com narcisistas a crer que talvez não tenham o direito de achar que os padrões em seus relacionamentos são tóxicos ou abusivos, e que talvez a culpa seja deles mesmos.

Isso é problemático sob diversos aspectos. Primeiro, o narcisismo é um estilo de personalidade, não um transtorno. Um estilo de personalidade é a soma de traços que representa a personalidade de um indivíduo e está associado à forma como a pessoa se comporta e encara a vida. Sim, existe um diagnóstico chamado *transtorno da personalidade narcisista* (TPN), que é caracterizado por todos os padrões que observamos em um narcisista. Mas, para haver diagnóstico, é preciso que um psiquiatra faça uma observação abrangente, estável e consistente. Além disso, os padrões devem acarretar prejuízos significativos no funcionamento social e ocupacional da pessoa, ou causar sofrimento a ela. Não podemos diagnosticar um paciente com base no depoimento de outras pessoas, mesmo que elas relatem sofrimento e prejuízos consideráveis. O TPN é uma condição paradoxal: pode prejudicar mais as pessoas com quem o narcisista interage do que o próprio narcisista. Poucas pessoas com estilos de personalidade narcisista procuram um profissional para passar por uma avaliação, e, mesmo quando o fazem, são necessárias semanas, ou até meses, para determinar com precisão a existência de TPN. Se um narcisista procura terapia, pode ser porque está vivendo seus próprios estados de humor negativos (por exemplo, ansiedade ou depressão), devido a questões concomitantes (como uso de drogas ou problemas de saúde mental que se sobrepõem ao narcisismo), porque está sendo obrigado a ir para manter as aparências ou porque sua vida tomou um rumo de que não gostou (por exemplo, o fim de um relacionamento). Narcisistas não necessariamente procuram ajuda porque se sentem culpados por fazer mal a outras pessoas (na verdade, em geral eles são mais propensos a pensar que a outra pessoa é que tem um problema, não eles).

A meu ver, o diagnóstico deveria ser abolido, pois há poucas evidências de um tratamento acessível para o narcisismo e falta consistência entre os profissionais ao fazer esse diagnóstico. Os detalhes do diagnóstico estão além do escopo deste livro, mas a verdade é que o termo *transtorno da personalidade narcisista* tem complicado a conversa sobre o narcisismo. Todos nós temos uma personalidade, e é mais fácil conviver com algumas do que com outras.

Para os propósitos deste livro, não importa se alguém foi "diagnosticado": o termo *narcisismo* refletirá um estilo de personalidade, e não um diagnóstico clínico. Muitos sobreviventes de relações com narcisistas minimizam a experiência com base no pressuposto de que "Bem, meu pai/parceiro/amigo/colega/chefe/filho não foi diagnosticado, então talvez eu esteja exagerando, e o problema seja comigo". Talvez você esteja se curando de um relacionamento com alguém que foi diagnosticado com TPN, talvez esteja se curando de um relacionamento com alguém que manifestou seu narcisismo a ponto de lhe causar problemas, ou talvez esteja se curando de um relacionamento com alguém que tenha recebido esse diagnóstico, mas nunca procurou um profissional para acompanhar isso. Seja como for, os efeitos são os mesmos em todos os casos.

Mitos sobre o narcisismo

Quando tentamos simplificar o narcisismo ou reduzi-lo a um único traço, estamos ignorando algo importante: alguns padrões e comportamentos narcisistas estão se tornando cada vez mais normalizados. Por exemplo, é bastante comum vermos demonstrações de grandiosidade delirante ou crueldade, que para o narcisista é apenas "sinceridade total". Com isso, cada vez mais pessoas têm sofrido nas mãos de narcisistas, o que torna fundamental aprender a identificá-los. A seguir, vamos analisar e desmascarar alguns mitos comuns para evitar cair em armadilhas narcisistas.

Só os homens são narcisistas

Filhos de mães narcisistas sabem que isso não é verdade. Embora as pesquisas mostrem que a maioria dos narcisistas clássicos é homem, o narcisismo pode ser encontrado em todos os gêneros.[4] Talvez o protótipo do macho alfa grandioso perpetue esse mito, mas se trata de um estereótipo enganoso que nos leva a ignorar ou duvidar de padrões tóxicos.

O narcisista está apenas se gabando e sendo arrogante

O arrogante é o indivíduo pretensioso e com ar de superioridade. É a pessoa que parece não enxergar você durante a conversa porque acha que não vale a pena perder tempo com os outros, ou que só demonstra interesse nas pessoas que acha que estão "no nível dela" ou que têm utilidade para ela no momento. Todo narcisista é arrogante, mas o narcisista não se contenta em acreditar que é melhor do que todo mundo – em geral, também precisa fazer com que o outro se sinta inferior (lançando mão do desprezo, de críticas ou da soberba) e confuso (utilizando, para isso, a manipulação e o gaslighting). Arrogância é derrubar a pessoa; narcisismo é rir quando ela cai. Um indivíduo arrogante pode ser simplesmente privilegiado ou alguém que se sente especial, ao passo que o narcisista tem uma psicologia mais complexa, é alguém que se sente inseguro e frágil. Nas relações interpessoais, a arrogância é desconfortável e desagradável, enquanto o narcisismo é prejudicial.

O narcisista não consegue controlar o comportamento

Você já esteve numa festa com um narcisista com quem mantém uma relação próxima? Com os outros, ele se mostra encantador e carismático, e você se surpreende quando ele não reage a uma brincadeira mais provocativa. Talvez você pense: "Posso ter me enganado, todos o adoram e ele se controlou bem." No fim da noite, porém, você entra no carro e ele despeja toda a raiva em você. Você se dá conta de que, na verdade, ele se incomodou com a brincadeira, mas escolheu não reagir para não ficar mal na frente dos outros, assim como escolheu descarregar em você quando não havia testemunhas por perto.

A verdade é que narcisistas *são capazes* de controlar o comportamento. Podem perder o controle diante das pessoas com quem têm intimidade (parentes, por exemplo), mas em geral isso não acontece na frente de pessoas "importantes" ou novas, cujo reconhecimento desejam. Certa vez, um homem me contou que, quando sua irmã narcisista ligava e ele estava no carro, a primeira coisa que ela perguntava, sempre num tom suave, era se ele estava sozinho. Ela sabia que, no carro, ele atenderia no viva-voz. Quando ele respondia que não estava acompanhado, ela despejava toda a sua raiva. Isso é uma escolha. Ela não queria que outras pessoas soubessem de seu comportamento, portanto sabia perfeitamente que demonstrar raiva não pega bem. Ao contrário de pessoas com estilos de personalidade que são desregulados em todas as situações e gritam com você na frente de amigos, clientes e desconhecidos, os narcisistas tendem a agir de maneira muito mais estratégica e organizada. Eles sabem o que pega mal e sabem escolher a plateia para manter uma boa imagem pública enquanto, em particular, usam os mais próximos como saco de pancadas.

Narcisistas podem mudar da água para o vinho

Reflita por um minuto sobre sua própria personalidade. Você é introvertido? Caso seja, conseguiria se transformar em alguém que quer começar a sair toda noite e passar boa parte do tempo em grandes grupos? Ou você é uma pessoa afável? A afabilidade, um estilo de personalidade caracterizado por empatia, altruísmo, humildade, confiança e disposição para seguir as regras, está associada a uma melhor saúde mental e uma melhor regulação emocional.[5] Vamos supor que você seja afável. Você quer mudar isso? Acha que *consegue* mudar? Acredita que amanhã pode deixar de ser empático, humilde e ético e se tornar um indivíduo arrogante, manipulador, que busca atenção e é egocêntrico? Provavelmente não, e talvez você se pergunte: "Por que eu iria querer uma coisa dessas? Não seria bom para mim e faria mal às pessoas ao meu redor."

Não é fácil mudar de personalidade. Na verdade, em geral a personalidade é vista como algo estável e relativamente imutável. Alguns pesquisadores acreditam que uma experiência marcante – como um grande trauma, ou mesmo um trauma físico, como uma lesão na cabeça ou um derrame – pode causar uma mudança de personalidade.[6] Mas, mesmo para provocar o menor dos impactos, a pessoa deve estar comprometida com a mudança e acreditar que ela resultará em algo desejável, e mesmo assim, num momento de estresse, a personalidade original virá à tona. O narcisismo é considerado um estilo de personalidade *mal-adaptativo* porque costuma colocar o narcisista em conflito com os outros. No entanto, quanto mais mal-adaptativa a personalidade, *mais resistente à mudança ela é*. Narcisistas não querem mudar, sobretudo porque muitos deles estão se saindo bem tanto na vida financeira quanto na profissional e, como têm pouca autoconsciência ou capacidade de autorreflexão, não entendem a experiência dos outros e de que forma contribuíram para ela. No entanto, quando algo dá errado, culpam todo mundo e mantêm a convicção de que estão com a razão. Se o narcisista não acredita que há motivos para mudar – e, aliás, talvez ele acredite que isso seria prejudicial ou que o faria perder um diferencial –, então não há motivos para ele querer ou tentar mudar e se tornar uma pessoa afável ou autoconsciente. A chance de o narcisista fazer essa mudança é a mesma de você querer fazer o caminho inverso: deixar de ser uma pessoa afável e se tornar desagradável. Não é impossível mudar a personalidade, mas isso exige um comprometimento enorme. Por exemplo, alguém que realmente queira ser mais responsável por achar que com essa mudança se tornará um estudante melhor pode estar disposto a fazer o esforço, mas mesmo assim seria dificílimo.

Todos adoram uma história de redenção. O mito é de que se todos podem mudar, o narcisista também pode. Se você amá-lo o suficiente, não instigar as inseguranças dele e descobrir a melhor maneira de se comunicar – ou se *você* é o tipo de pessoa que se basta –, o relacionamento funcionará. Mas na realidade isso é quase impossível, e as histórias de narcisistas que se transformam por completo – de tirano a docinho de coco – são falsas. Poucas pesquisas apontam que o narcisista é capaz de alcançar uma mudança comportamental definitiva, clinicamente significativa. Assim, é melhor apenas reconhecer que é muito improvável que as pessoas narcisistas em sua vida sejam uma exceção à regra.

Questões de saúde mental que se sobrepõem ao narcisismo

Quem convive com narcisistas moderados talvez tenha dificuldades para diferenciar o estilo de personalidade de outras questões de saúde mental, pois o narcisismo pode ampliar outros padrões ou se assemelhar a eles. Infelizmente, o narcisismo complica muito o tratamento de outras questões.

É comum haver sobreposições e associações entre narcisismo e transtorno de déficit de atenção e hiperatividade (TDAH),[7] vícios,[8] ansiedade, depressão,[9] transtorno bipolar,[10] transtornos do controle de impulsos[11] e transtorno de estresse pós-traumático (TEPT). Em certos subtipos de narcisismo essas sobreposições são mais nítidas. Por exemplo, pessoas com narcisismo vulnerável costumam sofrer de ansiedade social.[12] Às vezes, a grandiosidade, as variações de humor, a irritabilidade e a reatividade do narcisismo têm como causa o transtorno bipolar ou a hipomania (um nível baixo de mania em que o indivíduo afetado se mantém capaz de trabalhar e ser funcional).

O transtorno bipolar é completamente distinto do narcisismo. No entanto, é comum que o narcisista tenha também transtorno bipolar,[13] e essa combinação pode fazer com que a grandiosidade persista por muito tempo após o episódio de mania ter sido superado. A irritabilidade é uma característica da depressão muito comum entre narcisistas. Mesmo sabendo que existe uma associação entre narcisismo e depressão,[14] é normal que a depressão observada no narcisismo vulnerável seja tão pronunciada que o terapeuta perca de vista os padrões narcisistas. Então, mesmo que a depressão melhore, o narcisista continua se vitimizando e se sentindo irritado e apático.

Narcisistas também costumam ter TDAH ou apresentam problemas de atenção.[15] Essa dupla condição é desafiadora porque o TDAH pode explicar por que eles são impulsivos ou não prestam atenção quando você está falando (embora sejam capazes de se concentrar quando a conversa é sobre eles ou quando estão focados em algo que lhes importa), mas o TDAH em si não está associado ao comportamento manipulador, ao sentimento de superioridade ou à falta de empatia.

O narcisismo complica o tratamento de dependências químicas, aumentando a probabilidade de recaída, e a grandiosidade faz com que o narcisista pense que não precisa de terapia, abandone o tratamento ou nem sequer o busque.[16] O vício do narcisista impede que a outra pessoa perceba com quem está lidando, pois ela acredita que o comportamento dele vai melhorar quando ele estiver sóbrio ou que o fim do relacionamento vai fazê-lo ter uma recaída.

Não é incomum que pessoas que desenvolvem personalidade narcisista tenham sofrido experiências traumáticas, caóticas ou de negligência na infância, e pesquisadores como Tracie Afifi e colegas sugerem que o narcisismo (especialmente a impulsividade e a raiva) está relacionado a experiências negativas na infância.[17] Por outro lado, grande parte dos narcisistas não sofreu grandes traumas, e a maioria dos que sofreram não desenvolve personalidade narcisista. Assim, se você sabe que o narcisista em sua vida carrega traumas do passado, talvez se sinta culpado e até mesmo acredite que não é justo responsabilizá-lo pelo seu comportamento, já que o comportamento dele é de natureza pós-traumática.

Essas sobreposições nos confundem e nos levam a justificar o comportamento do narcisista ("Vai ver ele só está ansioso...", só que a maioria dos ansiosos não comete abusos). É sempre bom lembrar que a personalidade é consistente, não sofre grandes alterações ao longo da vida. Outros padrões de saúde mental emergem apenas em certos momentos ou são controláveis com medicação e intervenção. Muitos narcisistas alegam que seus comportamentos são provocados por questões de saúde mental, mas não buscam tratamento para lidar com isso. E, para piorar, temos mais dificuldades em estabelecer limites ou nos afastar do relacionamento quando atribuímos os padrões narcisistas da pessoa a outras condições de saúde mental. A ironia é que quem quase sempre busca terapia são as pessoas que se relacionam com narcisistas, enquanto eles próprios raramente se dispõem a fazer o mesmo.

O narcisismo ainda é um terreno nebuloso e frustrante no mundo da saúde mental. Profissionais da área vêm abdicando da responsabilidade de entender e explicar o narcisismo; talvez não vejam muita utilidade nessa empreitada, mas isso não serve de desculpa. No fundo essa é uma questão rara no mundo da saúde mental: entender um estilo de personalidade presente em um conjunto de pessoas para proteger outras.

E quanto a Carlos e Adam, os homens dos exemplos que citei no começo do capítulo? Qual deles é narcisista? Depois de ler este capítulo, provavelmente está claro que Adam apresenta os padrões crônicos, prejudiciais, invalidadores e inflexíveis típicos do narcisismo, embora, para o mundo, ele possa parecer um sujeito legal. O comportamento descuidado e egoísta de Carlos causou dor na namorada, mas ele se mostrou consciente e arrependido do que fez. E em geral ele é um sujeito que demonstra empatia pelo próximo e tem comportamentos mais saudáveis. Assim, que fique claro: ninguém é narcisista porque um dia teve uma atitude ruim.

O narcisismo é resultado de uma série de traços. O problema não está nos traços em si, e sim nas táticas e nos comportamentos que derivam desses traços. Os danos causados pelo narcisista nascem dos comportamentos que ele emprega para dominar as outras pessoas e proteger a própria fragilidade. É possível que você se sinta culpado ao acreditar que uma pessoa próxima é narcisista e com isso evite identificar o comportamento como danoso, porque a situação como um todo parece desconfortável. A verdade é que nos sentimos culpados e desconfortáveis ao usar a palavra *narcisismo*, e, se esse é o seu caso, não perca tempo dando nome aos bois e concentre-se em observar e compreender claramente o comportamento.

A maioria de nós não está lidando com um narcisista vilão, e sim com pessoas que estão em algum lugar do espectro. A questão é: como esse comportamento se manifesta em seu relacionamento? Agora que você sabe o que é narcisismo e conhece os tipos de narcisista, está na hora de desvendar os relacionamentos e comportamentos que fazem parte dele. Ao compreender o ciclo do abuso narcisista, você vai saber como parar de se culpar e começar o processo de cura.

2
Desgaste constante: o relacionamento narcisista

*Imagine como seria mais fácil aprender a amar
se partíssemos de uma definição partilhada.*
bell hooks

Jordan se sentia mal por ainda querer agradar o pai. Enxergava-se como um homem adulto tentando fazer o pai jogar bola com ele. Sua infância tinha sido uma montanha-russa. Os bons momentos pareciam um dia quente despontando em pleno inverno. Jordan os valorizava, queria que não acabassem, porque sabia que levaria uma eternidade até que outro chegasse.

Para Jordan, seu pai era como um peixe grande na cidadezinha onde viviam: passeava em carros antigos pelas ruas, era tratado como rei nos estabelecimentos locais. Por outro lado, tinha acessos de raiva quando algo não acontecia como ele queria. Ir a um restaurante era uma experiência angustiante. O pai gritava com qualquer um que não o tratasse com deferência e chegava a dizer coisas como: "Sabe com quem está falando? Eu poderia fechar este lugar se quisesse." A família girava em torno dos interesses do pai. Os fins de semana tinham que ser adaptados à sua agenda dos campeonatos de golfe, e ele esperava que a família fosse torcer por ele. Os pais de Jordan estavam casados havia cinquenta anos, e sua mãe se tornara uma sombra de si mesma – vivia triste, ansiosa e nervosa. Jordan não conseguia conceber que um dia ela havia tido uma carreira de sucesso. Para ele, era doloroso ver o pai ser tão insensível com a mãe, e ele passou muitas noites ouvindo o choro dela.

Jordan notou que o pai dava mais atenção aos filhos dos amigos do que a ele e sua irmã. Então, com o tempo aprendeu a evitá-lo, embora ainda ansiasse por sua atenção. Ele se perguntava: *O que há de errado comigo? Por que não sou bom o suficiente para ele?* Jordan era um excelente aluno, um dos melhores violinistas da orquestra da escola e uma pessoa gentil, mas seu pai zombava de sua habilidade musical ("O que você vai fazer? Virar *violinista* profissional?") e de suas emoções. Nunca se esforçou para conhecer o filho a fundo. A mãe estava tão infeliz e exausta por tentar agradar um homem impossível de ser agradado que mal percebia as necessidades do filho. Jordan até tentou aprender a jogar golfe para se conectar com o pai, mas odiou o esporte. Na única vez em que jogaram juntos, o pai passou o tempo todo o criticando.

À medida que Jordan foi crescendo e entrando na vida adulta, rodou por uma série de subempregos e se relacionou com pessoas que queria "consertar". Seu primeiro casamento com uma mulher difícil terminou em divórcio, e desde então ele vinha tentando reencontrar o equilíbrio. Ainda sentia que não podia se afastar de vez da família e que tinha a obrigação de proteger a mãe (embora sentisse raiva por ela tolerar o comportamento de seu pai), ao mesmo tempo que inexplicavelmente tentava conquistar a aprovação do pai. Jordan se culpava pela carreira medíocre, pelo casamento fracassado e por não conseguir "entender" o pai.

A história de Jordan ilustra o que o narcisismo faz com as outras pessoas. A personalidade do pai se traduziu em comportamentos prejudiciais para a família inteira. Com acessos de raiva, prepotência e a expectativa de que a família servisse como plateia para sua validação e como alvo para seu desprezo, o pai prejudicou não só Jordan, mas também a esposa. Esse comportamento é chamado de *abuso narcisista*.

Muitas vezes, os padrões e traços do narcisismo se traduzem em comportamentos prejudiciais e nada saudáveis, como invalidação, manipulação, hostilidade, arrogância e sentimento de merecer privilégios, que permitem que o narcisista mantenha o poder e o controle da relação. Tudo isso tem outros traços narcisistas como pano de fundo, como a busca de validação, o que significa que o narcisista se mantém encantador pelo tempo necessário para obter a validação. Assim, enquanto você vivencia padrões dolorosos no relacionamento, talvez o mundo exterior ainda esteja vendo a máscara carismática que o narcisista usa para lidar com os outros, e isso gera confusão e conflito na sua cabeça.

Neste capítulo, vamos detalhar o abuso que acontece nesses relacionamentos.

O que é abuso narcisista

O abuso narcisista pode ser definido como os padrões e comportamentos interpessoais prejudiciais, enganosos e invalidadores, e como as alternâncias entre quebras de confiança e de segurança e períodos de normalidade e até mesmo de prazer, que existem em qualquer relacionamento com pessoas com estilo de personalidade narcisista ou antagônica. Essa definição é baseada em pesquisas, práticas clínicas, teorias e milhares de pessoas (incluindo pacientes) com quem conversei e que foram alvo de comportamentos narcisistas na família, em relacionamentos íntimos, amizades, ambientes de trabalho e comunidades. Esses comportamentos prejudiciais permitem que o narcisista/antagonista obtenha o controle e o domínio do relacionamento e mantenha uma avaliação grandiosa e distorcida de si – protegendo, assim, sua vulnerabilidade, sua insegurança e sua fragilidade, suprimindo sua vergonha. Isso resulta em danos psicológicos significativos para a(s) outra(s) pessoa(s) no relacionamento. Os comportamentos abusivos se alternam com períodos de conexão e conforto, e em geral o narcisista tem um repertório comportamental específico para cada situação. (Em público, ele socializa, tem um comportamento gregário, mas em ambientes privados, diante de parceiros, familiares ou outras pessoas cuja validação não é importante, ele se comporta de maneira antagônica e manipuladora). Em outras palavras, narcisistas fazem você se sentir pequeno para que possam se sentir seguros.

Uma forma de entender o abuso narcisista é refletir sobre a seguinte pergunta: "Do que a pessoa narcisista precisa?" A resposta é controle, dominação, poder, admiração e validação. O abuso narcisista está na forma como ele consegue o que quer.

Como o narcisismo, o abuso também existe num espectro. Quem sofre o abuso narcisista leve pode ter, por exemplo, a sensação de estar sendo subestimado ou ignorado, enquanto nos casos graves pode haver violência, exploração, perseguição e controle coercitivo.[1] Mas em geral as pessoas que sofrem abuso narcisista não lidam apenas com a distração e o incômodo de um adulto narcisista obcecado por redes sociais, nem estão no extremo oposto, sofrendo violência e coerção. Elas enfrentam o abuso narcisista moderado: invalidação sistemática, minimização dos sentimentos, manipulação, raiva, traição e gaslighting, entremeados com períodos "normais" e "bons". O resto do mundo pode ter a impressão de que seu relacionamento é ótimo enquanto você vive em um estado de confusão e desconforto.

A seguir, veremos algumas táticas, estratégias e comportamentos que narcisistas costumam empregar para satisfazer as próprias necessidades. Você verá também como esses ciclos se desenrolam e os padrões enraizados que podem manter você preso a eles, mesmo quando se conscientiza de que são prejudiciais. No somatório, os padrões que compõem o abuso narcisista corroem nossa identidade, intuição e sensação de bem-estar.

Gaslighting

O gaslighting é um elemento central do abuso narcisista. Trata-se de um padrão sistemático que visa gerar dúvidas sobre as experiências, memórias, percepções, julgamentos e emoções da pessoa que o sofre. Quando prolongado, nos leva a questionar a própria realidade – e isso caracteriza o abuso emocional. Nesse processo, o narcisista nega eventos que aconteceram, comportamentos que teve, experiências que você está vivendo ou palavras que ele mesmo disse. Há situações em que ele chega a mudar a posição de objetos dentro de casa e depois nega ter feito isso. São frases típicas do gaslighting:

- "Isso nunca aconteceu, nunca fiz/disse nada disso."
- "Por que você vive com raiva?"
- "Você está exagerando. Não foi tão ruim assim."
- "Você não tem o direito de se sentir assim."
- "Isso é coisa da sua cabeça."
- "Tanta gente enfrenta problemas piores do que os seus – pare de se vitimizar."

O gaslighting é um processo gradual. Requer que você tenha confiança ou crença na experiência do manipulador, como costuma acontecer com alguém por quem estamos nos apaixonando, com um familiar ou com o patrão. Quem comete gaslighting se aproveita dessa confiança e a utiliza para desestabilizar você, mantendo o poder.[2] Ele semeia dúvidas ("Isso nunca aconteceu / você não tem o direito de sentir isso") e questiona sua sanidade mental ("Você deve estar com algum problema de memória. Tem certeza de que não sofre de alguma doença mental? Acho melhor eu intervir e cuidar desse assunto, porque você com certeza está sem condições"). Ao praticar gaslighting, o narcisista preserva sua narrativa e sua versão da realidade, protegendo o próprio ego e ao mesmo tempo prejudicando o outro, que passa a enxergar a versão do narcisista como realidade. Isso dificulta muito o término do relacionamento.

Pais narcisistas cometem gaslighting negando os abusos que cometeram em casa e encobrindo o bullying dos irmãos uns com os outros. Quando os filhos crescem e perguntam sobre essas experiências, os pais narcisistas voltam a negar que tenham acontecido. Ou seja, ao crescer numa família assim a pessoa não apenas sofre abuso emocional, como é levada a crer que suas experiências da infância são invenção da própria cabeça.

O gaslighting não é um simples desentendimento ou uma mentira. Qualquer um que já tentou mostrar ao narcisista uma "evidência" de que está falando a verdade – como mensagens de texto ou vídeos – sabe que isso não leva o narcisista a assumir a própria responsabilidade. Em vez disso, ele desvia o foco das evidências e começa a questionar sua aptidão mental, ou continua repetindo a narrativa distorcida. Ele diria algo como: "Não vou ficar perdendo meu tempo com alguém que escolhe me espionar e olhar meu celular. Você é uma pessoa mesquinha." Ele também pode distorcer a situação, transformando-a num confronto de realidades. "Bem, talvez essa seja a sua realidade", diz, mesmo que você mostre um documento assinado ou o e-mail que desmente a versão dele.

Se você se mantiver firme, é possível que o narcisista diga: "Se você se sente assim, talvez não esteja tão comprometido com esse relacionamento." Ou seja, em última análise, para que o relacionamento com um narcisista possa durar, você deve se submeter à realidade dele. Quando o narcisista insinua que seu desejo de ser respeitado significa que você não quer continuar no relacionamento, você acaba recuando, guardando as provas de que está falando a verdade e cedendo para evitar o conflito.

A Dra. Jennifer Freyd, psicóloga renomada e conhecida por seu trabalho sobre traição, oferece uma boa estrutura para entender o gaslighting. Ela criou o modelo DARVO para explicar a resposta que qualquer agressor – e qualquer pessoa que pratique gaslighting – dará quando for confrontado por conta do seu comportamento. DARVO é uma sigla formada pelas palavras *deny* (negar o comportamento), *attack* (atacar a pessoa que questiona) e *reverse victim and offender* (inverter vítima e agressor; quem comete gaslighting se põe no papel de vítima, dizendo coisas como "Todo mundo está contra mim", e acusa o outro de ser o abusador: "Você vive reclamando e me criticando").[3] O modelo DARVO é uma marca registrada do gaslighting e ajuda a entender por que as pessoas se sentem não só confusas, mas também "loucas" e até mesmo "cruéis", quando na verdade sofreram gaslighting por muito tempo.

SINAIS DE QUE VOCÊ PODE ESTAR SOFRENDO GASLIGHTING

- Sentir necessidade de enviar longos e-mails explicativos ou mensagens de texto para quem comete o gaslighting.
- Apresentar "provas" de sentimentos (por exemplo, mostrar antigas mensagens de texto).
- Gravar conversas com ou sem consentimento de quem comete o abuso, para ter provas do que foi dito.
- Depender do feedback alheio para determinar como você está se sentindo.
- Fazer longas introduções antes de dizer alguma coisa.
- Sentir-se compelido a se comunicar sempre por escrito, para ter "provas".
- Aceitar a versão dos fatos contada por quem comete o gaslighting, para evitar conflitos.

Os padrões DIMMER

Desdém, invalidação, minimização, manipulação, exploração e raiva.

Trata-se de padrões comportamentais específicos que englobam a desvalorização que sentem as pessoas presas a relacionamentos narcisistas. Eu uso o acrônimo DIMMER para descrever esse conjunto de padrões porque o relacionamento narcisista pode ser visto como uma espécie de interruptor que diminui seu senso de individualidade e de bem-estar, como faz um dimmer para controlar a iluminação de um ambiente.

Quem sofre nas mãos de um narcisista tem necessidades, sentimentos, crenças, experiências, pensamentos, esperanças e até mesmo o senso de individualidade *desdenhados* e *invalidados*. Pode ser algo demonstrado de formas muito simples, como acontece quando o narcisista não ouve ou despreza o que você fala ("Isso é ridículo, ninguém se importa com o que você está dizendo"). Com o tempo, porém, você passa a se sentir desumanizado, porque tudo o que diz é considerado desimportante ou é ignorado, e aos poucos começa a ter a sensação de que está deixando de existir. Essa experiência pode ocorrer de forma gradual: o que no começo parece ser uma diferença de opinião evolui e se transforma numa rejeição em larga escala.

Muitas vezes o desdém é o primeiro passo daquilo que no futuro se tornará um desprezo absoluto e uma desconsideração total por você e por qualquer coisa que você considere importante. A invalidação surge quando o narcisista não enxerga, não sente, não ouve nem tem consideração pela outra pessoa. O desdém é uma rejeição, enquanto a invalidação é uma negação. Desprezo é ignorar uma preocupação ou necessidade que você possa ter; invalidação é quando suas necessidades são constantemente ridicularizadas e negadas ("Você parece uma criança me obrigando a perder o dia sentado esperando suas consultas médicas. Não posso fazer nada quanto à sua doença e não suporto hospitais."). Com o tempo, a invalidação rouba sua voz e, em última análise, seu senso de individualidade. Nas primeiras vezes você fica confuso e se pergunta: *Será que essa pessoa ouviu o que eu falei?* Quem cresceu com pai narcisista sabe como funciona a invalidação: às vezes a pessoa não é notada, e, quando é, costuma ser humilhada, desprezada ou deixada de lado. Com o tempo, muitas vezes parece mais seguro simplesmente não ser visto.

A minimização se dá quando o narcisista faz pouco-caso de sua experiência a ponto de negá-la por completo. Ele pode dizer coisas como: "Isso que você está vivendo não tem importância" ou "Não entendo por que você se incomoda com essa bobagem". Ele minimiza não só seus sentimentos e experiências, mas também suas realizações – por exemplo, quando você recebe uma promoção ou alcança um ótimo resultado na escola ou faculdade. O narcisista é hipócrita a este ponto: quando alcança um grande feito, sente-se no direito de botar a boca no trombone, mas, quando isso acontece com você, ele não dá a menor bola. Na minimização, o narcisista pode até pôr a saúde da outra pessoa em perigo, ao ignorar uma situação de emergência, levando a atrasos no acesso a tratamentos necessários.

O narcisista manipula para exercer controle ou influência sobre as pessoas e alcançar seu objetivo, mesmo que não seja do interesse delas. Em vez de jogar limpo sobre o que deseja ou por que precisa de ajuda, ele apela para as emoções vulneráveis das pessoas (como os sentimentos de culpa, obrigação, baixa autoestima, confusão, ansiedade ou medo), as envolve e as convence a fazer o que ele quer. Qualquer um que tenha pai ou mãe narcisista já ouviu algo como: "Não tem problema se você não vier participar da ceia de Natal com a gente. Não sei se vou conseguir cozinhar mesmo, ando com muita dor nas costas e todo ano me pergunto se será o último em que vou conseguir fazer uma grande ceia, mas entendo que você tem coisas mais importantes a fazer."

Exploração é o processo de tirar vantagem injusta de outra pessoa. Envolve explorar vulnerabilidades ou criar novas – por exemplo, isolar um indivíduo ou torná-lo financeiramente dependente e se aproveitar da situação. Também pode significar tirar proveito do dinheiro, das pessoas ou de outros recursos que você trouxe para a relação. Alguns narcisistas gostam de insinuar que você "deve" algo a eles (certos pais chegam a sugerir que você "tem uma dívida" com eles porque lhe deram casa e comida). Quando você aceita um favor de um narcisista, está criando uma dívida psicológica com ele, e, no futuro, se você não se sentir à vontade para atender a um pedido, ele vai fazer questão de lembrar o que fez por você no passado.

A raiva pode ser o aspecto mais assustador do abuso narcisista. Narcisistas se sentem no direito de expressar sua raiva volátil e reativa, que costuma ser ativada pela vergonha. Quando você desperta neles o sentimento de inadequação, eles costumam direcionar a raiva de volta a você, seja por meio de agressão escancarada (gritos e berros) ou por comportamentos passivo-agressivos, como *stonewalling* (ou bloqueio de comunicação), indiferença, demonstrações de ressentimento.[4] Depois, é possível que se sintam envergonhados pela demonstração de raiva – porque sabem que isso não é bem-visto –, mas culpam você pelo que fizeram e o ciclo recomeça.

O narcisista não se dispõe a controlar os próprios impulsos, por isso costuma ser altamente reativo, sobretudo quando é provocado, sente inveja ou percebe que está impotente numa situação. É altamente sensível à rejeição e reage com raiva a qualquer experiência que remeta a rejeição ou abandono.[5] A raiva narcisista se manifesta em todas as plataformas de comunicação possíveis – mensagens de texto, mensagens de voz, e-mails, conversas cara a cara, telefonemas – e através de comportamentos (por exemplo, violência no trânsito). A raiva é a manifestação comportamental mais clara do abuso narcisista e causa um imenso desgaste emocional.

Os padrões de dominação

Dominação, isolamento, vingança e ameaças

O abuso narcisista gira em torno da *dominação*, que contrabalança a inadequação e a insegurança que estão no cerne da personalidade. A necessidade de controlar horários, aparências, decisões financeiras e a narrativa é típica do comportamento narcisista. Esse controle excessivo pode parecer maldoso e serve apenas para mostrar quem está no comando. Manifesta-se, por exemplo, quando um narcisista se recusa a ir a um evento que é importante para você e com isso talvez você também não possa ir. O narcisista usa o dinheiro como ferramenta de controle – por exemplo, pagando seu aluguel para manter você morando perto dele ou se oferecendo para pagar as contas médicas de um parente seu, fazendo com que você se sinta de mãos atadas e em dívida. Esse controle se estende e pode levar ao *isolamento*. Muitas vezes, o abuso narcisista consiste em criticar seus familiares, amigos e colegas de trabalho, e, quando você está com essas pessoas, ele se comporta de maneira desagradável e rude. Também é capaz de inventar mentiras sobre pessoas próximas a você, levando-o a questionar a lealdade e a amizade delas. Resultado: aos poucos, você passa a ter menos contato com pessoas de quem gosta, ou elas simplesmente vão se afastando. Quanto mais isolado, mais controlável você é.

A *vingança* e a retaliação são outra característica comum do abuso narcisista. Nesse sentido, narcisistas podem ser tenazes. Seu comportamento vingativo pode se manifestar de diversas formas: desde fazer fofocas maldosas no trabalho ou roubar oportunidades e até coisas maiores, como pedir demissão de um emprego para não ter que pagar pensão alimentícia ou excluir você da lista de beneficiários de um seguro para retaliar por algo que você fez. O problema é que narcisistas são competentes e sabem se vingar de maneira sutil, o que reduz nossa chance de tomar medidas legais – afinal, ser cretino não é contra a lei. O abuso narcisista é caracterizado por *ameaças* grandes e pequenas: ameaças legais, ameaças de nos expor diante das pessoas mais importantes de nossa vida, ameaças financeiras ou de custódia durante um divórcio só para nos intimidar. O narcisista promove sua dominação por meio de declarações típicas de grandiosidade – como "Ninguém mexe comigo" ou "Nos vemos no tribunal" – ou até mesmo de comportamentos dominadores e que causam medo.

Os padrões de confronto

Argumentar, provocar, transferir culpa, justificar, racionalizar, criticar, desprezar, humilhar, falar incoerências

Este conjunto de padrões reflete táticas muito usadas pelo narcisista para alcançar o objetivo de sempre: controlar a narrativa. Narcisistas adoram briga, debate, discussão, enfim: qualquer forma de conflito. Ao entrar numa *argumentação*, eles veem uma chance de obter suprimento narcisista, liberar energia, se queixar e manter a dominância.

Como diz o ditado, "Quem com porcos se mistura farelo come." Quando você tenta se desvencilhar desses relacionamentos, é comum que o narcisista tente começar uma briga. E a maneira mais comum de ele conseguir o que quer é com a *provocação*. Para isso, às vezes ele distorce o que você disse no passado: "Achei que você tinha dito que odiava o marido da sua irmã." Ele faz você entrar numa discussão para se defender de uma acusação que é obviamente falsa, e assim começa a argumentação. O problema é que quando você não morde a isca o narcisista costuma dobrar a aposta e trazer à tona questões que você considera mais importantes. Quando você finalmente morde a isca e se exaspera, ele recua com toda a calma e passa a pintar você como uma pessoa desregulada e volátil.

No abuso narcisista sempre ocorre a *transferência de culpa*. O narcisista nunca tem responsabilidade ou culpa de nada, porque isso seria admitir que ele se equivocou e é imperfeito. Ao transferir a culpa, ele mantém a superioridade moral e a concepção grandiosa de si, na qual ele é melhor que você ou é apenas uma vítima das circunstâncias. Nos relacionamentos pessoais, quando o narcisista trai, a culpa é do companheiro. Quando o pai narcisista não realiza os sonhos, a culpa é do filho. Quando o filho adulto narcisista não consegue manter o emprego, a culpa é do pai. Nos relacionamentos profissionais, se o narcisista estoura o prazo e o negócio fracassa, a culpa é do sócio. E não adianta discutir. O fato é que o narcisista não vai mudar sua posição. Vai apontar o dedo para culpar qualquer pessoa, menos a si mesmo.

A transferência de culpa é frequentemente apoiada pela justificação. *Justificar* e *racionalizar* são elementos-chave do abuso narcisista e estão relacionados a padrões de comportamento como o gaslighting, a manipulação e a negação. Por exemplo, o narcisista pode dizer: "Eu traí porque você parou de prestar atenção em mim desde que o bebê nasceu. Além de tudo eu vivo trabalhando para manter nosso padrão de vida. Você nunca valorizou tudo o que eu faço." Com o tempo, você começa a se sentir mal, como se de fato estivesse fazendo algo errado, porque o narcisista usa você para justificar o mau comportamento dele. Para sair por cima na argumentação, narcisistas são capazes de encontrar justificativas frias e lógicas para comportamentos que nos ferem.

O narcisista também pode fazer *críticas* a praticamente todos os aspectos da sua vida. Elas podem se manifestar na forma de *desprezo* por seus hábitos, sua vida ou até mesmo sua mera existência. E podem ir além, chegando à humilhação – o narcisista pode zombar de você diante de outras pessoas e minimizar depois, dizendo que era só uma "brincadeira", mas também humilhá-lo de forma indireta, por meio de sinais não verbais (por exemplo, revirando os olhos quando você diz algo). O narcisista envergonha e constrange você de maneira inconsciente, é a forma que encontra para eliminar a própria vergonha, transferindo-a para outra pessoa.

Por fim, um padrão de confronto clássico do abuso narcisista é sobrecarregar você com um *discurso incoerente*. Nele, o narcisista diz coisas que não fazem o menor sentido, misturando um monte de ideias, ou fazem um bombardeio verbal que traz à tona várias aleatoriedades do passado. Por exemplo, você pergunta a um parceiro narcisista por que ele trabalha até tarde, e ele responde: "Eu sou um batalhador, e você não passa de uma pessoa interesseira. Dou duro para nos sustentar, ralo muito para que a gente tenha o que comer. Eu dou, você toma, eu me esforço e você não dá valor. Não sei o que você faz o dia todo. O que você faz? De onde vem nossa comida? Nem sei a senha do seu celular. Eu trabalho e você se diverte. Qual é o nome dele? Talvez eu devesse ir na casa dele agora mesmo."

Confuso, não acha?

Os padrões de traição

Mentir, ser infiel, fazer promessas falsas

O abuso narcisista é devastador porque alguém que dizia amar você é capaz de trair sua confiança. Narcisistas *mentem*; é o que eles fazem. Não são tão habilidosos quanto os mentirosos psicopatas, mas chegam perto. Mentem para manter suas narrativas grandiosas, receber atenção e vender uma imagem para o mundo. Mentem também para se proteger da vergonha. A mentira e a traição em geral ocorrem juntas. A *infidelidade* cometida pelo narcisista é especialmente dolorosa, porque muitas vezes ele não se mostra arrependido, culpa você e entra em modo de autopreservação para não ficar mal diante dos outros. Não sabemos ao certo o tamanho do impacto e do trauma provocados pela traição, mas, quando alguém em quem você confia trai sua confiança, você perde o senso de segurança e a capacidade de confiar futuramente.[6] Por muito tempo encaramos a traição como uma simples infelicidade a que todos estamos sujeitos dentro de um relacionamento, mas a verdade é que, ao fazer isso, não enxergamos o impacto devastador dessa dinâmica típica dos relacionamentos narcisistas.

Em seguida temos as *promessas falsas*. Você já passou pela experiência de ouvir um narcisista prometendo mudar ou oferecendo aquilo que você queria – seja se casar, se mudar para determinado lugar, ter filhos, sair de férias, devolver dinheiro que pegou emprestado, fazer terapia, etc. – só para manter o relacionamento por mais tempo, mas no fim das contas nada acontece ou ele fica adiando tudo de forma indeterminada? As promessas falsas são um elemento especialmente perverso do abuso narcisista. O narcisista é manipulador, oferecendo exatamente aquilo que você deseja para atrair você de volta para a relação ou mantê-lo preso a ela. A maioria das promessas falsas está vinculada a alguma data futura: "Vamos nos mudar daqui a um ano", "Vou devolver o dinheiro que peguei emprestado assim que vender a casa", "Começo a fazer terapia assim que meus horários de trabalho mudarem". Fica a seu critério aceitar fazer essa (péssima) aposta. Não é realista esperar que o casamento aconteça naquela data específica, ou que a mudança seja em poucos dias, ou que a terapia transforme a relação da noite para o dia. Então você espera, e espera, e espera, mas, se tentar cobrar a promessa antes da data marcada, provavelmente o narcisista o acusará de ser insistente. Se você disser que não acredita na promessa, ele dirá: "Como você pode saber se não me der uma chance?" Mas quando passa o período combinado, a promessa nunca é cumprida, e nada vai lhe devolver o tempo de vida perdido.

Os padrões de privação

Privação, breadcrumbing

O narcisista é interesseiro – ou seja, só se aproxima ou se relaciona com pessoas quando enxerga um retorno tangível para si (suprimento narcisista). Isso significa que o abuso narcisista também está ligado à privação – de intimidade, tempo, proximidade, atenção e amor. Se o narcisista não vê essa possibilidade em você, é como se a todo momento você descesse um balde em um poço seco e só de vez em quando encontrasse um pouco de água, mas na maioria das vezes o balde voltasse vazio. Às vezes, o relacionamento parece sobreviver de migalhas. *Breadcrumbing* é a dinâmica em que o narcisista oferece cada vez menos e você aprende a se contentar com cada vez menos, e até mesmo a expressar gratidão por isso. Às vezes esse processo é gradual, mas há casos em que o narcisista pratica o *breadcrumbing* desde o início do relacionamento, e você aprende a se contentar com pouco, num comportamento que talvez tenha raiz na sua infância, em que você precisou se adaptar à privação de um pai narcisista.

O ciclo de relacionamento narcisista

Certo dia, Asha foi com amigos a um bar e conheceu Dave, um rapaz charmoso e fascinante. Quando o bar fechou, eles ficaram do lado de fora conversando de madrugada. Dave se mostrou um ouvinte atencioso e falou de sua infância difícil. Quando começaram a namorar, Dave vivia mandando mensagens e se lembrava de detalhes sobre Asha. Quando ela chegava no trabalho encontrava uma cesta de café da manhã em sua mesa, que ele mandava entregar. Eles faziam várias viagens juntos.

Mas com o tempo Asha descobriu que existiam duas versões de Dave. Havia o Dave atencioso, generoso, charmoso e ambicioso, mas também o Dave taciturno, ressentido, arrogante e com um ar de superioridade. De vez em quando Dave explodia, fazia birra e depois se desculpava. No início, Asha não sabia como reagir, mas com o tempo aprendeu a ser solidária com Dave nesses momentos difíceis. Aos poucos, porém, começou a se censurar, parando de conversar sobre suas preocupações, porque Dave a acusaria de sobrecarregá-lo ou de só falar sobre si mesma. Querendo que o relacionamento durasse, Asha criava justificativas para o comportamento dele. O lado bom do relacionamento era realmente bom.

Um dia, Dave foi promovido no trabalho, e isso fez com que eles tivessem que mudar de cidade. Asha aceitou sair do apartamento que tanto amava, se afastou dos amigos e pediu transferência para outro escritório. Então a relação degringolou. Dave passou a acusar Asha de não trabalhar o suficiente, de não fazer sua parte no relacionamento, de não manter o apartamento limpo como ele gostava, de não estar disponível quando ele queria. Cada vez mais, o relacionamento passou a se resumir a Asha se defendendo e tentando ser cada vez mais perfeita só para não deixar Dave com raiva. Ela se perguntava o que estava fazendo de errado, como poderia melhorar.

Com o tempo, Asha começou a se cansar. Arrependeu-se de ter se mudado de cidade, de ter deixado seu apartamento antigo e se afastado dos amigos. A montanha-russa de dias bons e ruins com Dave tornava a vida de Asha imprevisível. Por fim, ela disse que iria embora. Voltaria para a cidade onde se conheceram. Mas Dave chorou, implorou que Asha ficasse e disse que estava agindo assim por causa do estresse. No fim, falou que estava arrependido e que começaria a fazer terapia. Disse que mudaria e que ela não precisava ir embora.

Asha decidiu ficar. No começo, as coisas voltaram a ser como eram no princípio do relacionamento. Dave voltou a ser gentil e generoso, e até marcou consulta com um terapeuta. Asha tinha esperança de conseguirem dar um jeito nas coisas, mas não demorou para as brigas recomeçarem. Dave parou de fazer terapia. Asha voltou a precisar pisar em ovos, sentindo-se presa. Mais uma vez, achou que a única saída era terminar o relacionamento e se mudar. Chegou a encontrar um novo apartamento. Dessa vez, Dave disse: "Sinto muito, não posso te perder, vou com você, sei que você queria estar perto dos seus amigos e familiares." Ela concordou, acreditando que tudo melhoraria com sua rede de apoio por perto. Assim, voltaram para a cidade onde moravam antes. Parecia um recomeço num lugar seguro. Mas não demorou para que a tensão ressurgisse.

Os relacionamentos narcisistas seguem um ciclo. Em geral, começam com charme, intensidade, idealização ou os padrões que chamamos de *bombardeio de amor* (*love bombing*). Então, aos poucos, a máscara "idealizada" cai por terra e os padrões previsíveis de desvalorização e descarte entram em ação. Embora nem sempre aconteça, em geral o narcisista tenta atrair a outra pessoa de volta, e não só porque o relacionamento terminou ou um de vocês se afastou, mas também em resposta aos limites que você passou a estabelecer e ao seu leve desinteresse. Se você der uma "segunda chance", o ciclo inevitavelmente recomeçará.

Essas fases se manifestam de diferentes maneiras, a depender da natureza do relacionamento, mas o ciclo é sempre igual. Por exemplo, o pai narcisista não pratica o bombardeio de amor com a filha, mas ainda assim ela se apega aos momentos bons, que se alternam com períodos de desvalorização e desapego que ela tentará compensar sendo "melhor" para trazer o pai de volta para perto. Na idealização, a filha demonstra um desejo profundo de ter um pai amoroso, e o pai, por sua vez, se aproveita da situação. Quando um relacionamento narcisista começa na idade adulta, o ciclo e, em especial, o bombardeio são mais claros, mais fáceis de enxergar. A sedução e a idealização são um processo ativo que fisga você e conduz a um ciclo desconcertante de experiências e padrões que se alternam entre bons e abusivos. Esses ciclos podem se repetir com filhos adultos de pais narcisistas, estabelecendo um padrão de aprisionamento em ciclos tóxicos nos quais o narcisista está sempre puxando a outra pessoa de volta para um processo egoísta e invalidador.

Esses ciclos tóxicos são muito difíceis de romper. A maioria das pessoas cresceu ouvindo contos de fadas e historinhas de sapos estressados que se transformam em príncipes, relacionamentos que são trabalhosos, fantasias sobre pessoas que são "escolhidas" e a ideia de que o amor deve ser conquistado a duras penas. Os ciclos de relacionamento narcisista muitas vezes incorporam essas narrativas distorcidas. Para muitos de nós, o ciclo se torna uma reencenação da tentativa de conquistar o pai ou a mãe inacessível. Assim, a rejeição parece familiar, mas ao mesmo tempo ser bombardeado de amor é empolgante e reconfortante. Ou então você é leal às pessoas que ama e não quer rotulá-las de tóxicas, por isso acaba assumindo a culpa por tudo.

O ciclo do relacionamento narcisista nem sempre é linear, em que uma fase acontece depois da outra, em sequência. Na mesma semana ou no mesmo dia, podemos ser alvo de bombardeio de amor/idealização e, depois, de desvalorização. Ou então o bombardeio de amor talvez não volte a acontecer após a aproximação inicial e a realidade seja de desvalorização o tempo todo. É possível haver vários miniciclos de idealização, desvalorização e rejeição acontecendo toda semana num relacionamento. Com certeza não é algo que acontece uma única vez.

O bombardeio de amor: um conto de fadas de mentirinha

Em um relacionamento que você escolhe ter, o bombardeio de amor é o processo inicial intenso e avassalador que nos atrai e nos impede de enxergar qualquer sinal de perigo. Digamos que você tenha conhecido uma pessoa, tido um momento empolgante com ela e trocado números de telefone.

Na manhã seguinte, você recebe uma mensagem: "Bom dia, meu amor." Isso faz você se sentir *ótimo*. Ao longo do dia, você recebe mais mensagens: "Oi! Estou pensando em você. Não consigo me concentrar no trabalho. Só consigo pensar na noite passada." Você fica eufórico, não consegue se concentrar. À noite, a pessoa pergunta: "O que vai fazer no fim de semana? Adoraria te ver de novo." Você concorda em sair para jantar num restaurante chique. Parece uma daquelas noites perfeitas – é eletrizante.

Vocês passam tempo juntos; você se sente seduzido e cortejado. Os gestos da pessoa podem começar a ficar maiores, ela passa a dar cada vez mais atenção a você. O relacionamento evolui rápido; talvez vocês planejem uma viagem, você pode cancelar planos para ficar com a pessoa. E você sente que finalmente encontrou seu grande amor, aquela pessoa pela qual tanto esperava. Vocês começam até a falar em morar juntos, se casar, ter filhos. Esse é o período de idealização.

O bombardeio de amor funciona como uma doutrinação para criar um relacionamento baseado no controle e na manipulação. Ele estabelece o tom para as justificativas que você vai dar a si mesmo quando houver um problema: *Nós nos divertimos tanto na noite passada; Essa pessoa é tão atenciosa; Todo mundo fica com raiva de vez em quando; Ele não estava falando sério quando disse aquilo*. O bombardeio de amor é o "anzol" e cria a aceitação. Nessa fase, você se sente desejado, visto e valorizado (sentimentos ótimos!). Romantiza até as dinâmicas tóxicas, como o isolamento, enxergando-o como uma forma de ficar sozinho com a pessoa amada ou de vocês estarem juntos o tempo todo. No entanto, um dos elementos mais perniciosos dessa tática é que você começa a sacrificar sua identidade, suas preferências e até suas aspirações para não perder o relacionamento, e talvez nem perceba o que está fazendo.

Enquanto tudo isso acontece – o entusiasmo, a conexão, a atenção e a necessidade constante de estar a seu lado –, você corre o risco de se distrair e se esquecer do objetivo real, que é conhecer alguém de verdade e sentir segurança para expressar suas necessidades, esperanças e desejos. Mas você está deslumbrado e não repara nos detalhes, nos padrões, nos sinais sutis de narcisismo. No relacionamento narcisista, o bombardeio de amor é a isca que confunde e mexe com suas feridas e esperanças mais profundas. Narcisistas são capazes de mudar de comportamento para corresponder exatamente àquilo que você pensava que queria. Fazem por tempo suficiente para fisgar você, e aí a mudança acontece. O narcisista usa seu talento natural para fazer com que o relacionamento pareça maravilhoso.

O bombardeio de amor também pode estabelecer um ciclo tóxico de aproximação e afastamento, no qual o narcisista demanda muito contato em dado momento e, após conseguir o que quer, simplesmente desaparece. Ou, se você não responde de imediato, ele insiste, e, quando você cede, ele some. Com isso, o narcisista cria um jogo confuso que obriga você a refletir sobre todas as mensagens que recebe, se perguntando o que significam e como responder a elas. Ao mesmo tempo, cada resposta que ele envia cria em você a sensação de alívio ou até de empolgação.

Claro, nem todos os gestos grandiosos no início de um relacionamento fazem parte de um bombardeio de amor – relacionamentos saudáveis também podem ser envolventes e empolgantes no começo. A diferença é que, se você expressar suas necessidades – por exemplo, pedindo um tempo para si ou desacelerando –, o narcisista pode ficar com raiva e acusar você de não querer um compromisso. Isso leva você a se sentir culpado e em dúvida, e a justificar padrões insalubres ou incômodos. Por outro lado, se você faz o mesmo pedido a um parceiro saudável, ele não vai ficar mal-humorado ou ressentido. O verdadeiro romance é respeitoso e empático; o bombardeio de amor não passa de uma tática.

Em geral, o bombardeio de amor clássico é retratado por gestos grandiosos e empolgantes (por exemplo, o narcisista adora dançar até o amanhecer, dar presentes elaborados, jantar em lugares caros), mas nem sempre é assim que ele se manifesta. O narcisista vulnerável, por exemplo, pode contar os problemas e decepções que está vivendo e fazer você querer resgatá-lo ou recuperá-lo. O narcisista maligno pode exigir contato constante, demonstrando possessividade e levando você ao isolamento com frases como: "Não suporto a ideia de ver você com outra pessoa." O narcisista comunitário bombardeia você contando seus planos de salvar o mundo ou demonstrando "consciência" espiritual. O narcisista virtuoso realiza o bombardeio de amor mostrando-se um "adulto" altamente organizado e responsável com dinheiro. Cada um de nós é atraído por coisas diferentes. Todo conto de fadas que ouvimos termina com o casal caminhando ao pôr do sol. O relacionamento narcisista é tudo o que acontece depois desse pôr do sol.

Uma das perguntas que me fazem com mais frequência é: "Como posso identificar se a pessoa com quem estou saindo é narcisista?" É complicado responder a essa pergunta. Se você passar os primeiros encontros tentando identificar sinais de alerta, vai ficar o tempo todo nesse estado de vigilância e perder a oportunidade de viver o presente com alguém novo. Muitos de nós não conseguem sequer determinar o que é aceitável ou não no outro. O trabalho mais difícil e importante, nesse ponto, é ser capaz de colocar seu "eu" autêntico na situação e prestar atenção em como se sente em qualquer novo relacionamento, em vez de se deixar levar pela "lábia" do parceiro ou tentar seguir regras rígidas. É preciso manter padrões para si e se dar permissão para se envolver de uma forma que seja consistente com esses padrões.[7] Talvez o mais difícil seja entender quem você é e se permitir se apresentar como esse eu autêntico. Parte do processo é entender o que realmente significa ser autêntico: é ser genuíno, honesto, estar confortável com quem você é e com o que faz. Isso é difícil para a maioria das pessoas. Para quem está num relacionamento narcisista e precisa voltar à estaca zero para descobrir seu verdadeiro "eu", pode parecer quase impossível.

É comum que os problemas de relacionamento só se tornem evidentes um ou dois anos depois de seu início, e não existe um teste rápido que nos permita obter respostas no primeiro mês. Talvez você leve cerca de um ano para começar a enxergar padrões de comportamento problemáticos, e a essa altura pode estar bastante envolvido. Mesmo um terapeuta precisa de meses para entender bem os padrões de personalidade narcisista de um paciente. Assim, quando analisar seu relacionamento e se perguntar "por que não viu isso antes", seja gentil consigo mesmo.

O mais importante é ter em mente que não é tolice nem errado desejar ou até gostar dos bombardeios de amor. Não se desvalorize por "cair" nessa tática – querer se sentir desejado e apreciar gestos românticos é humano. O problema do bombardeio de amor é que ele fornece a munição para as justificativas que você cria para si mesmo quando o relacionamento se torna prejudicial.

Existe bombardeio de amor em relacionamentos não românticos?

Em geral, não empregamos o termo *bombardeio de amor* quando falamos sobre o relacionamento de uma criança com o pai ou a mãe narcisista na infância, mas a experiência pode ser semelhante. Para muitas crianças, por exemplo, tudo que o pai precisa fazer é aparecer com um presentinho, jogar um jogo qualquer, ler uma historinha ou simplesmente dizer "oi". Essas migalhas de afeto ou de sintonia podem levar a um momento idealizado e fazer com que a criança se satisfaça com pouco quando crescer, nos relacionamentos adultos. Também há crianças que convivem com um pai narcisista intrusivo, sempre em busca de seu suprimento no filho ou através dele (por exemplo, é comum pais narcisistas obrigarem o filho a praticar um esporte e fazerem pressão para que a criança vá bem, para que ele possa receber os elogios de criar um filho especial). Se a criança não faz o que o pai quer, ele se afasta. Essa dinâmica cria dificuldades para a criança. Ela pode não aprender a manter limites saudáveis e acreditar que precisa se esforçar e ser uma fonte constante de suprimento para manter um vínculo com o pai (criando um padrão que se repetirá em relacionamentos futuros).

Também existe uma espécie de bombardeio de amor em sistemas narcisistas adultos não ligados a relacionamentos amorosos: parentes tentam "conquistar" você para alcançar objetivos; um fornecedor pode seduzir você a fechar uma parceria comercial que só é vantajosa para ele; e amigos podem se aproximar com segundas intenções – por exemplo, para obter conexões ou dinheiro.

As portas de entrada para o bombardeio de amor: bem-vindo ao combo C

Se você está no meio ou no fim de um relacionamento abusivo narcisista, talvez esteja se perguntando por que sentiu atração por essa pessoa para começo de conversa ou por que ainda não se afastou completamente dela, seja parceiro romântico, pai, irmão ou amigo. A verdade é que, se o narcisista assumisse que não tem empatia, é arrogante e tem acessos de raiva, a maioria das pessoas nem sequer começaria a se relacionar com ele. Assim, no começo do relacionamento o narcisista recorre a um conjunto de ferramentas que chamo de *combo C*. É o que torna o narcisista atraente e nos mantém presos. O combo C é composto dos seguintes atributos:

Carisma. Quando o charme parece magnético, irresistível, capaz de atrair a todos, surge o carisma. Pessoas carismáticas podem parecer visionárias, extremamente atraentes ou grandes performers.

Charme. Muitas vezes, o narcisista é a pessoa mais charmosa e envolvente de um grupo. A máscara grandiosa e atenciosa dá a eles a validação necessária para alcançar esse status. O charme é o perfume psicológico que ele aplica para esconder a insegurança. Manifesta-se na forma de elogios, histórias, atenção de curta duração e boas maneiras.

Confiança. A arrogância, o sentimento de merecer privilégios, a autoestima distorcida e a busca por validação se combinam e fazem o narcisista parecer à vontade, autoconfiante em relação às suas habilidades. Pessoas mais saudáveis tendem a ser humildes, então, quando vemos alguém fazendo questão de divulgar suas qualidades ou habilidades, presumimos – de forma equivocada mas ao mesmo tempo compreensível – que a pessoa não está falando da boca para fora.

Credenciais. Narcisistas buscam status e o perseguem por meio de "credenciais" – por exemplo, fazendo questão de explicitar que estudaram em instituições de ensino de elite, moram em lugares caros, têm bons empregos e conexões com pessoas importantes, são inteligentes, vêm de família rica ou poderosa, ou apenas são "modernos". Muitas vezes confundimos essas credenciais com a qualidade da pessoa e desvalorizamos credenciais saudáveis, como sabedoria, bondade, respeito, compaixão, empatia, humildade e honestidade.

Curiosidade. Narcisistas podem ser avassaladores nas demonstrações de interesse. Nos primeiros dias de relacionamento, é comum que façam inúmeras perguntas instigantes para conhecer melhor a outra pessoa. Fazem isso para obter informações que possam usar mais tarde – por exemplo, as posses, as conexões, as vulnerabilidades e os medos da outra pessoa. Se você raramente se sente ouvido ou visto na vida em geral, essa aparente curiosidade do narcisista funciona como um anzol, que o fisga rapidamente.

Desvalorização: O desdobramento do abuso narcisista

No momento em que você se deixa envolver pelo relacionamento narcisista, é como se fosse possível ouvir um clique. Talvez você diga "Eu te amo". Talvez concorde em morar junto, aceitar um trabalho, participar de um encontro familiar. A questão é que em algum momento, entre quatro semanas e seis meses após o início do bombardeio de amor, começa o desfecho, assim que o narcisista passa a acreditar que "fisgou você". É possível que por um tempo você tenha resistido a entrar no relacionamento, talvez percebendo que o bombardeio de amor era bom demais para ser verdade, mas, assim que você para de ficar com o pé atrás e se acomoda no relacionamento, começa a desvalorização.

A transição do bombardeio de amor para a desvalorização pode ser gradual, mas mesmo assim surpreender. O narcisista começa a fazer comparações, mencionar casualmente outras pessoas ou coisas que teriam sido ditas, como: "Meus amigos acham que você é exigente demais." Os sinais de alerta, que antes eram fracos, se tornam inconfundíveis, mas, como você já mergulhou de cabeça no relacionamento, fica mais difícil escapar.

Durante a fase de desvalorização, a versão idealizada da pessoa narcisista se desfaz. Você tenta de tudo para reconquistar e manter a atenção dela – muda a aparência, tenta impressioná-la, atende a todos os caprichos dela, abre mão de coisas que considera importantes, realiza pedidos da família dela, dá um jeito de ganhar mais dinheiro, etc. Talvez você se sinta tentado a se fazer de difícil para ver se ela volta a ir atrás de você. Uma coisa que observei em sobreviventes de pais narcisistas é que alguns lembram que a mudança rumo à desvalorização se deu a partir do momento em que eles deixaram de ser pequenos, fofos, obedientes ou fotogênicos. Curiosamente, à medida que alguns desses pacientes se tornaram jovens adultos e passaram a ser capazes de fazer coisas de que o pai narcisista gostava (esportes, viagens, trabalhar na empresa da família), ele voltou a demonstrar interesse pelo filho, mesmo que a desvalorização nunca tenha desaparecido por completo.

Com toda essa conversa sobre sinais de alerta e ciclos, você pode estar se perguntando: "Por que as pessoas não dão o fora quando a desvalorização começa?" Porque elas estão confusas. Não somos robôs programados para processar sinais de alerta e sair correndo automaticamente. Nós amamos ou admiramos a pessoa narcisista, queremos manter o apego e o vínculo. Se o relacionamento é recente, talvez você queira dar uma chance. Se é antigo, existe toda uma história. Não é só o narcisista que é sedutor e atraente: o amor, a familiaridade e a esperança que ele traz para nossa vida também nos fazem bem.

Descarte: "Não está mais funcionando para mim..."

A fase de descarte é exatamente o que parece: ou o narcisista se cansou de você, ou você, dele. Nem sempre o relacionamento termina, mas não chega mais a lugar algum. Narcisistas podem realizar o descarte traindo ou trocando mensagens inadequadas com outra pessoa, sem romper a relação. Podem aceitar um emprego ou uma oportunidade profissional sem levar em conta a sua opinião, então cabe a você largar tudo para acompanhá-los – ou ficar para trás. Podem simplesmente perder o interesse em você, viver uma vida que não inclua você, evitar intimidade e proximidade, e fazer você se sentir como um fantasma. Ao mesmo tempo, você também pode perceber que está se afastando. Às vezes a fase de descarte começa em um momento aleatório: pode ser que você esteja na terapia, ou vendo um vídeo no celular, ou lendo um livro, e de repente se pega pensando que quer se afastar do narcisista. Isso cria um caos no relacionamento, pois o narcisista não só vai reagir com raiva à sua rejeição, distância e indiferença, como talvez tente atrair você de volta (mais confusão!).

Na fase de descarte, é possível haver uma escalada de abuso, demonstrações de desprezo e gaslighting. Narcisistas vivem em busca de novidades, então o suprimento que recebem perde a graça com o tempo. Lembre-se: não é *você* que é entediante; o narcisista é que fica entediado, desdenha de tudo e vive num mundo que nunca é suficiente para ele. Ele quer uma vida perfeita de tranquilidade, validação e entretenimento. É possível que, quando novo, você tenha sido descartado quando seu pai narcisista conheceu outra pessoa, pediu divórcio e perdeu o interesse em você; ou quando você atingiu uma idade em que passou a ser visto como um incômodo; ou quando um irmão mais novo nasceu; ou quando o pai teve uma mudança profissional e se afastou da família. Nessa fase, talvez você tenha tido a sensação de que seu pai narcisista não queria ser incomodado por ninguém da família. O descarte também acontece quando o pai deixa de considerar o filho como fonte de suprimento.

Se você reclamar do comportamento do narcisista na fase de descarte, ele provavelmente vai fazer gaslighting com você. Exemplo: se você descobrir que ele foi infiel e quiser acabar com o relacionamento, talvez ele responda que não queria que o relacionamento terminasse e destruísse a família e que é tudo culpa sua. Assim, não assume a responsabilidade pela traição e o papel dele na separação. Narcisistas dão importância à imagem pública e não querem parecer o canalha que terminou o relacionamento por algum motivo ou por alguém novo (por exemplo, eles evitam mostrar que começaram uma nova relação logo após terminarem outra e sempre que possível deixam claro que nunca chegaram a se relacionar com as duas pessoas ao mesmo tempo). Eles também são bons em desempenhar o papel de vítima e esperam que você faça o trabalho sujo de terminar, para que possam distorcer a realidade e dizer: "Foi você quem me deixou", "Foi você que pediu o divórcio" ou "Você não demonstrava mais nenhum sentimento por mim".

Durante a fase de descarte, é possível que o relacionamento ganhe um tom de desespero de ambas as partes. Tanto você quanto a pessoa narcisista podem pedir desculpas, implorar, tentar se reconciliar. Talvez você queira lutar pelo relacionamento porque acha que já investiu muito tempo, esforço, sofrimento e dinheiro nele. Talvez se disponha até a tentar estratégias como terapia de casal. Mas, infelizmente, não é possível recuperar o tempo que passou, e persistir nesse esforço não vai devolver o tempo que você dedicou ao relacionamento.

Hoovering: "Tenho pensado em você. Vamos recomeçar do zero?"

As fases de desvalorização e descarte dos relacionamentos narcisistas costumam ser seguidas por *hoovering* – ou seja, independentemente do motivo para o término do relacionamento, o narcisista vai acabar tentando "sugar" a outra pessoa de volta. Lembre-se: para o narcisista, relacionamentos são uma questão de controle, suprimento e regulação. Narcisistas fazem *hoovering* para recuperar o suprimento que você tem a oferecer, que talvez tenha voltado a parecer fresco e novo, sobretudo se foi você quem terminou o relacionamento ou se afastou.

Mas o narcisista não faz *hoovering* apenas com parceiros românticos. Pode sobrar também para filhos adultos, parentes, ex-colegas de trabalho – qualquer pessoa que o narcisista sinta que está fora de seu controle ou que tenha algo de que ele precisa. Se o narcisista se sente solitário ou quer companhia, vai tentar reatar o relacionamento com você. Se descobrir que você está feliz ou fazendo sucesso, vai querer comandar essa narrativa. O ponto é: se você está feliz sem ele, significa que ele não tem controle sobre você. O *hoovering* é uma tentativa de recuperar esse poder. Se você cai nessa, o ciclo recomeça.

É muito fácil e sedutor confundir o *hoovering* com amor, predestinação ou a sensação de ser escolhido. Quando o narcisista tenta atrair alguém de volta para um relacionamento, isso costuma funcionar porque ele usa seu arsenal de charme, carisma e confiança ou porque ele se faz de vítima para jogar com seu sentimento de culpa ("Minha mãe me abandonou e agora você está fazendo o mesmo"). Quando pede desculpas, é da boca para fora ("Sinto muito que você tenha tido essa impressão") e nunca reconhece de verdade a culpa que tem sobre a dor que causou em você. Tendo em vista que o *hoovering* se aproveita das esperanças e narrativas de ser querido e desejado, é possível que você se sinta mais seduzido a aceitar reatar o relacionamento com um narcisista do que se sentiu durante o bombardeio de amor do começo.

Quando o *hoovering* ocorre, geralmente já está claro o que é necessário mudar. Talvez o narcisista tenha que parar de trair ou invalidar você, de insultar seus amigos e parentes, ou simplesmente precise estar mais presente e se mostrar menos arrogante e convencido. A essa altura é possível que você já tenha tentado pedir que ele mude, demonstre empatia ou simplesmente consciência, até que um dia desiste. Nesse momento, o narcisista – que é sensível ao abandono, não quer perder você e sente necessidade de manter o controle e ter uma boa imagem – promete fazer exatamente o que você vinha pedindo: "Eu vou mudar." Talvez diga que vai fazer terapia, que vai controlar a raiva ou deixar de ser controlador. Você acha que afinal conseguiu fazer a pessoa entender e se sente incrivelmente poderoso. E por um breve período parece que a página foi virada, mas, assim que você suspira aliviado e deixa de lado a ideia de se separar ou sair de casa, aos poucos o narcisista vai voltando aos antigos padrões. Em outras palavras, o *hoovering* é onde as falsas promessas são usadas como tática para atrair você de volta. Os sinais de alerta continuam ali, o narcisista usa o charme e o carisma de forma explícita, mas durante o *hoovering* você pode se sentir vingado, como se finalmente fosse "suficiente", uma pessoa digna de ser ouvida, a exceção à regra dos relacionamentos narcisistas. Diante desse quadro, você retoma o relacionamento, mas desta vez se sente mais tolo e talvez ainda mais propenso a cair no ciclo de autoacusação quando os problemas ressurgem.

Nem todo ciclo de relacionamento com um narcisista termina em *hoovering*. Às vezes, ele encontra outra fonte de suprimento – um novo relacionamento ou trabalho, uma mudança de vida ou um aumento de notoriedade, por exemplo. Com isso, as necessidades dele são atendidas. (Mas quando a novidade se esgota, é possível que o narcisista procure você outra vez.) Se ele traiu você, talvez evite fazer o *hoovering* para não se sentir envergonhado. Se o relacionamento se encontra num impasse, talvez ele esteja esperando você entrar em contato – o ego inflado não permite que ele dê o primeiro passo. Se você fornecer suprimento em contatos ocasionais – por exemplo, via mensagens de texto ou redes sociais – talvez ele se contente com isso.

Por outro lado, há situações em que o *hoovering* acontece muito tempo após o relacionamento inicial. Já ouvi histórias em que ele se deu dez anos depois. Felizmente, a essa altura, a maioria das pessoas já seguiu em frente, mas, se você não entende o que é *hoovering*, pode ser ludibriado pelo bombardeio de amor 2.0.

Lembre-se: ser alvo de *hoovering* não prova que você é *suficiente* para o narcisista nem que o narcisista *precisa* de você. O *hoovering* é um reflexo do narcisista e de suas necessidades – de validação, controle ou qualquer conveniência que você ofereça a ele. Às vezes serve até para impedir você de seguir para uma nova vida. Enquanto você está se recuperando do relacionamento com o narcisista, não ser alvo de *hoovering* é uma bênção. É como parar de fumar de uma hora para a outra – no começo é um sofrimento, mas no fundo é essencial para a cura.

Laços de trauma: A correnteza do relacionamento narcisista

Em geral acreditamos que as pessoas que são inseguras, que estão vivendo um momento difícil ou que acabaram de sofrer uma desilusão amorosa são mais propensas a entrar em relacionamentos narcisistas. Mas nem sempre isso é verdade. Asha não estava solitária, vulnerável ou carente quando conheceu Dave. Vivia um bom momento e foi atraída não apenas pelos gestos grandiosos e generosos de Dave, mas também pela aparente vulnerabilidade dele. Ela viu sinais de alerta, enxergou as duas faces de Dave – com e sem a máscara – e aos poucos começou a se adaptar para lidar com as variações de humor dele, conquistá-lo e manter o relacionamento.

Para entender por que certas pessoas ficam presas nesses relacionamentos mesmo sendo alvo de abuso narcisista, não basta desvendar a personalidade narcisista. É preciso reconhecer algumas respostas universais a esses tipos de dinâmica. Estou cansada de ouvir as pessoas chamando quem fica preso nesses ciclos de "codependente" ou até de "viciado" em relacionamentos narcisistas. Não é isso. Se você tem empatia, funcionamento cognitivo normal e foi moldado por normas e realidades sociais e culturais, é natural que fique preso num relacionamento narcisista. Ele é como uma correnteza que puxa mesmo quando você tenta nadar para longe. Você nada em direção à correnteza perigosa por causa da intensidade, da dedicação, dos altos e baixos. O comportamento abusivo faz você querer nadar para longe da correnteza, mas a culpa e o medo de partir, os problemas práticos que nascem do afastamento (questões financeiras, de segurança, culturais, familiares) e o impulso natural ao apego, à conexão e ao amor mantêm você preso na correnteza.

As correntezas narcisistas são criadas por vínculos traumáticos. O termo "vínculo traumático" costuma ser interpretado equivocadamente como o elo entre pessoas que tiveram experiências traumáticas semelhantes. Na verdade, porém, refere-se ao vínculo enigmático que é criado em relações nocivas e confusas, e que vai voltar a acontecer em relacionamentos futuros. Em relações narcisistas, o vínculo traumático é um senso profundo de amor ou conexão que nos impede de enxergar os ciclos tóxicos com clareza.[8] Ninguém se mantém nesse tipo de relacionamento por ele ser abusivo e desconfortável. Ao mesmo tempo é injusto e impreciso descrever o sobrevivente como "masoquista" ou "viciado em sofrimento". Somos atraídos pelos bons momentos, são eles que queremos manter. Os maus momentos são confusos e perturbadores. O narcisista controla o "termostato emocional" da relação. Quando ele está passando por uma boa fase ou tentando conquistar a outra pessoa, ela pode viver semanas ou até meses bons. Mas quando ele não se sente validado ou seguro, o relacionamento cai num abismo de invalidação, raiva, manipulação e gaslighting. Com o tempo, os dias ruins se tornam um sinal de que talvez um dia bom esteja chegando, e assim são associados a uma sensação de antecipação, mantendo você ainda mais preso e menos propenso a enxergá-los como sinais de alerta. Por outro lado, os dias bons são associados a uma sensação de medo, pois você sabe que é questão de tempo antes que o inevitável aconteça.

Em geral, relações com vínculo traumático têm duas origens distintas: as que se desenvolvem em relacionamentos na infância e as que se originam na vida adulta. A infância com um pai narcisista envolve imprevisibilidade, confusão e amor condicional. O pai narcisista não está sintonizado com o filho, não o enxerga como um ser humano com necessidades, identidade e personalidade separadas das dele, e a criança não é capaz de pedir ao pai que ele passe a perceber essa distinção. Crianças em relacionamentos vinculados por trauma aprendem a justificar e normalizar o comportamento invalidador e desatento dos pais, não conseguem processá-lo ou reconhecer como ele é "ruim", guardam segredos, culpam a si mesmas, negam suas próprias necessidades e idealizam os pais para sobreviver (pois não podem cortar o vínculo com os pais e não são capazes de sobreviver sem eles). Quando crianças com pai que comete abuso narcisista tentam estabelecer um limite ou expressar uma necessidade, costumam se sentir abandonadas ou culpadas, pois o pai passa a tratá-las com indiferença ou se vitimiza. Com isso, a criança se vê no papel de cuidadora, tendo que se ajustar às necessidades do pai magoado e colocar as próprias necessidades em segundo plano.

A criança que sofre invalidação cria um modelo de relacionamento no qual é normal pular obstáculos para merecer amor, sentir-se culpada por expressar as próprias necessidades e acreditar que o abuso e a invalidação são parte do relacionamento amoroso, além de ter medo e ansiedade causados pela incapacidade de formar vínculos saudáveis. A alternância entre dias bons e ruins faz com que as oscilações se tornem algo normal e a culpa que nasce na infância seja transposta para os relacionamentos adultos.

O vínculo traumático é a aceitação e normalização desses ciclos na idade adulta, e a sensação de que, se essas dinâmicas não ocorrem, está faltando "química" entre os dois. O resultado é um *déjà vu* tóxico. Quando você está num relacionamento formado por um vínculo traumático, pode sentir um pânico visceral diante da ideia de que o outro vai terminar ou que pode perdê-lo de algum modo. Você pode ter a sensação física e emocional de que é impossível viver sem isso, mesmo que racionalmente seu corpo saiba que esse tipo de relação é prejudicial. Em última análise, o charme, o carisma e a confiança do narcisista nos conquistam, e os vínculos traumáticos nos mantêm presos.

É óbvio que nem todo mundo que vivencia um ciclo de vínculo traumático na vida adulta está replicando uma experiência da infância. Muitos de nós temos nosso primeiro relacionamento com um narcisista na vida adulta. A ofensiva de charme e carisma, combinada com mensagens típicas de contos de fadas – sobre como o amor precisa ser intenso, redentor, cheio de sacrifícios, incrível, apaixonado, "único" ou avassalador – pode nos envolver e criar um compromisso psicológico com relacionamentos caóticos na vida adulta. Ciclos de vínculo traumático que começam na vida adulta são em geral mais cognitivos e menos primitivos. Você quer que funcione, você ama a pessoa, o relacionamento pode preencher algumas lacunas importantes para você, e com isso se forma um ciclo que lembra a postura de um viciado em máquinas de caça-níqueis – você segue jogando, pensando que o grande prêmio está por vir, e se contenta com uma ou outra recompensa pequena. Como resultado, pessoas cuja primeira experiência de vínculo traumático se dá na vida adulta descobrem que conhecer esses ciclos, saber como funcionam, pode fazer uma grande diferença na cura, ao passo que pessoas com ciclos de vínculo traumático originados na infância precisam fazer um trabalho terapêutico mais profundo. Os ciclos que nascem na infância podem criar um vínculo traumático mais forte, primitivo e difícil de romper, mas, independentemente de quando ele surge, a dinâmica é sempre desafiadora.

OS 10 PADRÕES COMUNS DOS RELACIONAMENTOS COM VÍNCULOS TRAUMÁTICOS

1. Justificar comportamentos abusivos e invalidadores.
2. Acreditar em falsas promessas.
3. Vivenciar conflitos crônicos: terminar e reatar; ter as mesmas brigas de sempre.
4. Caracterizar o relacionamento como mágico, metafísico ou místico.
5. Temer o que acontecerá se o relacionamento terminar.
6. Tornar-se uma fonte de suprimento que o narcisista acessa uma vez para depois seguir em frente.
7. Esconder seus sentimentos e necessidades.
8. Racionalizar o relacionamento para outras pessoas ou esconder os padrões tóxicos.
9. Sentir pena e culpa por ter pensamentos negativos sobre o relacionamento.
10. Temer o conflito.

O DANO PROVOCADO PELO NARCISISMO tem menos relação com o narcisismo em si e mais com o comportamento. Pessoas com personalidade narcisista lançam mão de práticas invalidadoras e defensivas, como a grandiosidade e o sentimento de merecer privilégios, e fazem isso para compensar suas inseguranças e poder desfrutar um sentimento de poder e controle. Como já vimos, esses comportamentos se alternam com padrões como charme, carisma e até empatia, que surgem quando o narcisista se sente seguro e validado. Tudo isso resulta em ciclos que nos confundem. Você está se relacionando com uma pessoa que ama, admira, com quem se importa ou deseja manter um vínculo. Ao mesmo tempo, ela não está disposta a reconhecer suas necessidades, suas esperanças ou sua individualidade, e é capaz de usar qualquer tática para manter o controle e o domínio do relacionamento. Nada disso é agradável. O abuso narcisista pode nos levar a crer que há algo errado conosco. Qualquer pessoa exposta a um parceiro, parente, amigo ou colega de trabalho que pratique abuso narcisista vai vivenciar e exibir pensamentos, sentimentos, comportamentos e impactos semelhantes. Sobreviventes de relacionamentos narcisistas ruminam da mesma forma: *Talvez ele esteja certo*; *Talvez seja culpa minha*; *Talvez o problema seja comigo.*

Mas o problema não é você. Continue lendo para descobrir o que acontece com todos nós quando vivemos um relacionamento narcisista.

3
As consequências: o impacto do abuso narcisista

A dor é importante: como a evitamos, como sucumbimos a ela, como lidamos com ela, como a transcendemos.
AUDRE LORDE

Fazia um ano que Jaya estava morando com Ryan. No começo do relacionamento, os dois se divertiam muito juntos. Mas, depois de alguns meses, ela começou a passar quase todas as noites ouvindo-o criticar o chefe. Ryan raramente perguntava sobre o exaustivo trabalho dela como médica numa clínica movimentada, pois, segundo ele, "tudo que ela fazia era prescrever os mesmos remédios de sempre". Quando as coisas não saíam do jeito que Ryan queria, mesmo em questões sem importância, ele perdia a calma, e Jaya ficava aterrorizada. Ele acabou sendo demitido e, embora dissesse que tinha sido uma "injustiça", não buscou reparação judicial. Muito tempo depois Jaya descobriu que Ryan foi demitido porque assediava colegas de trabalho, era rude com os clientes e faltava com frequência.

Jaya e Ryan viviam um ciclo em que havia brigas intensas e ele saía de casa furioso. Por alguns dias ela sentia alívio, mas então entrava em pânico, e, quando ele a procurava fazendo falsas promessas, ela o aceitava de volta em vez de responsabilizá-lo por seu comportamento. Jaya começou a se sentir exausta, como se fosse a mãe de Ryan, e não sua companheira. Ruminava sobre as muitas mentiras que ele havia contado, as traições, as inúmeras vezes em que ele pedia dinheiro emprestado e os gastos desenfreados consigo mesmo, embora tivesse uma dívida com ela. Jaya queria que Ryan assumisse responsabilidade por suas ações, que se desculpasse. Com o passar do tempo ela foi ficando cada vez mais distraída no trabalho, duvidando da própria capacidade de julgamento e se sentindo tão ansiosa que às vezes tinha ataques de pânico a caminho do consultório.

Jaya refletia sobre o relacionamento e se perguntava como separar completamente os pertences de cada um, mas ao mesmo tempo se perguntava se o rompimento era a melhor saída. Ficava paralisada, pensando em como se sentia atraída por Ryan e como tinha medo de namorar outra pessoa, e se agarrava à esperança de que, se a nova ideia de negócio dele desse certo, talvez as coisas mudassem. Jaya vinha tendo problemas de sono, ficou com menos apetite, passou a adoecer com mais frequência e vinha se mostrando mais estressada no trabalho, o que não só prejudicava seu desempenho como, em última análise, ameaçava seu emprego. Ela se sentia envergonhada demais para falar com amigos. Era como se não tivesse para onde ir. Ela se recriminava: *Talvez, se eu estivesse mais presente e menos irritada depois do trabalho, ele melhorasse. Talvez eu devesse fazer mais por ele. Talvez eu não esteja falando as coisas da maneira certa.* Em alguns dias ela desejava que eles nunca tivessem se conhecido e ruminava sobre as oportunidades que havia perdido para fazer o relacionamento funcionar. Em outros dias ela mal conseguia se levantar para trabalhar.

SE TODAS AS PESSOAS que estão num relacionamento narcisista colocassem no papel os dez principais impactos sofridos por causa do comportamento tóxico, teríamos listas semelhantes. A ansiedade e a exaustão constantes não são uma fraqueza sua ou algo que surgiu do nada – são resultado do comportamento inconsistente e do abuso emocional que você anda sofrendo. Os efeitos negativos do comportamento narcisista afetam a forma de você pensar e se relacionar com o mundo. Às vezes, eles se sobrepõem ao que observamos em pessoas que sofreram traumas; podem se manifestar como mudanças na visão que a pessoa tem de si mesma e de suas habilidades e na maneira como ela fala consigo mesma. Os efeitos negativos influenciam suas reações emocionais, seus padrões de comportamento, sua saúde física e o funcionamento do corpo. Ou seja, impactam todos os aspectos do seu funcionamento. O estresse provocado pelo abuso narcisista muda você e sua visão de mundo de maneira profunda.

Grande parte do que se fala sobre o narcisismo se concentra em como entender o narcisista, o que é um desserviço a quem sobreviveu a uma relação desse tipo. Identificar um narcisista é bem menos importante do que entender o que se qualifica como comportamento inaceitável e o que ele provoca em você. Nos meus anos de experiência trabalhando com sobreviventes, tenho visto que em geral as pessoas melhoram bastante quando recebem validação e entendem que o narcisista com quem convivem tem um comportamento tóxico. Nesse momento, elas podem começar a se afastar da autoacusação e iniciar o processo de cura.

Às vezes, o estresse e a tensão evidentes se dissipam assim que o narcisista sai de cena, mas a confusão, a ruminação, a culpa, a tristeza e a raiva muitas vezes permanecem. Uma mulher de uma cultura tradicional, casada por cinquenta anos com um homem narcisista mais velho, talvez diga: "Não tenho como me separar, a culpa e o julgamento seriam enormes." Ela chega a se sentir culpada por ficar melhor quando ele não está por perto.

Alguém numa situação como a dela é realmente capaz de se recuperar? É, sim, e nesses casos um modelo claro pode representar um ponto da virada. Algumas pessoas chegam a se sentir culpadas por não gostar ou ficar com raiva do comportamento narcisista de pessoas próximas, o que mostra como o vínculo traumático pode ser profundo. É como se você fosse má pessoa por ficar ansioso quando brigam com você e tentam manipulá-lo. Em geral as pessoas dizem que precisamos ser firmes e superar o problema, mas na prática ninguém consegue simplesmente "superar" um relacionamento narcisista.

Este capítulo explica o que esse tipo de relação faz com você – da raiva e da ansiedade até a autoacusação, a vergonha, o desespero e a depressão, chegando aos ataques de pânico, ao uso de substâncias e até ao estresse traumático. Reconhecer que é normal sofrer e se sentir confuso em função do comportamento de um narcisista é um primeiro passo fundamental para reconhecer que o problema *não é você*.

O que o abuso narcisista causa?

Em nossa experiência, tendemos a passar por fases que representam a evolução da forma como reagimos. No início, podemos até agir de forma assertiva, como se houvesse equilíbrio e igualdade na interação com o outro, mas então, aos poucos, começa a haver degradação, à medida que tentamos entender o relacionamento sem contar com um modelo. A partir do momento que compreendemos isso, aliviamos a autoacusação e percebemos que nossas partes saudáveis – a empatia, o senso de responsabilidade e o desejo por apego e amor – são minadas pela toxicidade e pelo controle dos relacionamentos narcisistas. As fases são as seguintes:

Fase 1: Manter a posição

Apontar que sobreviventes de relacionamentos narcisistas são frágeis é um equívoco – muitos entram nos relacionamentos fortes e confiantes. Na primeira fase, talvez eles ainda não saibam com que estão lidando. Por isso, reagem quando o narcisista nega as experiências e a realidade deles. Apontam que o comportamento do narcisista é errado. Mas é possível que em pouco tempo comecem a ficar confusos. Não entendem por que às vezes adoram estar com o narcisista e outras vezes simplesmente não suportam. Começam a se sentir culpados quando o narcisista faz gaslighting e diz que eles têm problemas – acham que há uma pequena chance de terem mesmo. As pessoas que lidam com um parente narcisista talvez tenham as mesmas brigas repetidamente, mas isso não as impede de se sentir tão confusas quanto se sentiam na infância. Quanto mais imerso no relacionamento, mais você vai ceder e menos vai reagir ao comportamento do narcisista.

Fase 2: O que estou fazendo de errado?

O gaslighting e a invalidação começam a afetar você, e a ansiedade cresce, mas o grande problema é que você sente que talvez tenha parte da culpa. Nessa fase, você pode passar mais tempo ruminando sobre o que está acontecendo no relacionamento, relembrando as palavras do narcisista e justificando o comportamento dele. Também é possível que tente mudar para fazer o relacionamento funcionar. Em grande parte, você faz essas mudanças para agradar o narcisista e acaba se desconectando das suas necessidades, cedendo terreno a ele. Talvez você se sinta mais isolado, confuso ou irritado com a discrepância entre a imagem pública e a imagem privada do narcisista. Você ainda consegue lidar bem com as responsabilidades diárias, o trabalho, o estudo e os cuidados com os outros. Muitos talvez não notem o que você está vivendo e podem até pensar que seu relacionamento está bem porque veem o narcisista quando ele está usando a "máscara boa". Parte das pessoas que estão em relacionamentos narcisistas encontra forças para abandonar a relação nesta fase, mas muitas passam a vida inteira nela.

Fase 3: Desesperança

Nesta fase, é possível que você tenha desistido de si. Você se culpa por tudo que acontece, não tem autoconfiança, sente dificuldade para tomar decisões e talvez até perceba que a depressão e a ansiedade passaram a exercer um impacto significativo na sua vida. Pode experimentar problemas graves no trabalho, nos estudos ou em outros relacionamentos, e talvez até problemas de saúde. Você rumina sobre a relação a todo momento, a ponto de se distrair durante os outros afazeres, e é possível que outras pessoas tenham deixado de apoiar você ou se afastado de vez. Nesta fase você se sente totalmente isolado, e mesmo quando está em companhia de outras pessoas teme que elas não compreendam bem toda a verdade da sua experiência. Você simplesmente não enxerga um caminho para seguir em frente.

A essa altura, certas pessoas sentem dificuldades para se reconhecer. Perdem as aspirações ou esperanças que acalentavam para o futuro. Podem ter ataques de pânico e outros padrões comuns ao estresse pós-traumático, incluindo evitação, pesadelos e estados de hipervigilância. Nem toda pessoa chega a esse estágio, e, embora terapia seja útil em todas as etapas, nesse momento ela se torna essencial.

AS CONSEQUÊNCIAS DO ABUSO NARCISISTA

Pensamentos e crenças
- Ruminação
- Arrependimento
- Recordação eufórica (foco nas "partes boas")
- Desamparo

- Desesperança
- Impotência
- Confusão
- Perfeccionismo
- Culpa

Como você se percebe no mundo
- Solidão
- Dificuldade para confiar nas pessoas
- Isolamento
- Vergonha

Respostas graves ao estresse
- Flashbacks
- Hipervigilância (ficar excessivamente alerta, sempre monitorando o ambiente)
- Hiperexcitação (sentir-se nervoso e sobressaltado)
- Dificuldade de concentração
- Dissociação através do entorpecimento (por exemplo, desligar-se mentalmente, trabalhar em excesso, apresentar comportamentos prejudiciais)

Senso de individualidade e de responsabilidade
- Medo de ficar só
- Dúvidas sobre si
- Desvalorização de si (colocar-se para baixo)
- Autoacusação
- Aversão a si

Suas emoções
- Depressão
- Luto
- Irritabilidade
- Ideações suicidas
- Ansiedade

- Apatia (não se importar com nada)
- Desmotivação (não querer fazer nada)
- Anedonia (não sentir prazer em fazer coisas que antes eram prazerosas)

Coisas que você faz para gerenciar o relacionamento
- Apaziguar
- Reconfortar
- Pedir desculpas
- Praticar o automonitoramento
- Praticar a autonegação

Como esse relacionamento afeta sua saúde
- Problemas de sono
- Problemas de saúde física
- Déficits de autocuidado
- Fadiga/esgotamento
- Enfrentamento mal-adaptativo

Reconhecendo o que nos prende

Os relacionamentos narcisistas ficam na nossa mente e nos impedem de viver uma vida normal, e isso é marcado por três elementos: o arrependimento, a ruminação e a recordação (eufórica). Todo sobrevivente de relacionamento narcisista passa por essas experiências, que são capazes de mantê-lo preso na dinâmica, atormentá-lo mesmo depois do fim do relacionamento e criar um sentimento de dúvida e autoacusação.

Arrependimento

O arrependimento pode estar ligado à autoacusação (*Por que não prestei atenção nos sinais de alerta? Por que não me esforcei mais?*), às circunstâncias (*Por que eu tive pais assim?*) ou ao tempo (*Por que fiquei tanto tempo no relacionamento? Por que não percebi antes?*). Exemplos de arrependimentos comuns:

- Por ter entrado no relacionamento
- Por ele ter sido do jeito que foi
- Pelas oportunidades perdidas
- Pela ausência de uma infância feliz
- Pelos efeitos sobre os próprios filhos
- Por não ter saído da situação antes
- Por não ter feito mais para "consertar" o relacionamento
- Por ele ter chegado ao fim

Relacionamentos íntimos ou amizades próximas podem resultar em um arrependimento mais forte, porque você se sente responsável por ter escolhido a pessoa ou por não ter percebido a situação antes. É uma espécie de beco sem saída. Você sente medo de se arrepender se ficar e nada mudar, e ao mesmo tempo de se arrepender de ter saído do relacionamento diante da possibilidade de a pessoa narcisista mudar e alguém, a seguir, ter acesso a uma versão melhor dela. Você pode ficar preso entre o medo de se divorciar e se arrepender depois, por conta dos danos que a separação causará nos filhos, e o medo de ficar e se arrepender de perder mais tempo, prejudicando seus filhos, que estarão diante de um casamento doentio em que o comportamento do narcisista não muda.

Além dos arrependimentos existem as lamentações. Se você vem de uma família narcisista, os arrependimentos podem parecer enormes. Você pode se lamentar por não ter tido suas necessidades emocionais e sociais importantes atendidas quando novo. Talvez lamente nunca ter se arriscado porque não se sentia capaz, por não ter recebido apoio para perseguir seus sonhos ou não ter tido um espaço seguro e acolhedor, mesmo na vida adulta. Você também pode se lamentar por nunca ter tido um modelo de relacionamento saudável em que pudesse se inspirar. No local de trabalho, pode lamentar ter trabalhado duro para um chefe ou mentor narcisista que criou obstáculos para você ou prejudicou sua carreira. Pode lamentar ter dado o melhor de si por anos, acreditando que seu trabalho seria notado, mas ver suas ideias serem roubadas ou ignoradas, ser substituído por apoiadores do narcisista e ver sua carreira e seu potencial serem prejudicados.

Ruminação

O comportamento narcisista é tão confuso que muitas vezes você se vê preso em "loopings" ou ciclos de pensamento na tentativa de compreender o relacionamento. Uma pesquisa rápida com os participantes do meu programa mensal de cura revelou que a ruminação foi o problema com o qual eles mais tiveram dificuldades. Quanto mais gaslighting ocorre no relacionamento, mais você rumina quando ele termina, sobretudo se o narcisista comete grandes traições. Os arrependimentos também contribuem para a ruminação, pois é comum permanecermos imersos neles quando nos relacionamos com um narcisista.

Na ruminação, você basicamente passa o tempo todo dentro da sua cabeça. Com isso, deixa a própria vida em segundo plano e perde muita coisa. É como ser punido duas vezes: você não só vive o incômodo de passar o tempo todo ruminando sobre um problema insolúvel como se afasta das partes boas da sua vida (a família, os amigos, os hobbies e outras atividades que considera importantes). A ruminação também nos impede de entrar em novos relacionamentos e experiências. Você descobre que não consegue falar ou pensar em outra coisa além do seu relacionamento com a pessoa narcisista, e, com o tempo, amigos e familiares acabam se afastando, cansados de ouvir você falar sempre do mesmo assunto.

Passamos o tempo ruminando sobre conversas, relendo e-mails e mensagens de texto, pensando no que poderíamos ter dito ou feito de outra forma e focando nos "erros" que acreditamos ter cometido. Temos a sensação constante de que precisamos ser mais astutos que a pessoa narcisista, por isso ruminamos sobre "erros táticos" que cometemos (*Mandei mensagem rápido demais; devia ter esperado para retornar a ligação; Era melhor não ter perguntado sobre tal assunto*) ou mesmo sobre os bons momentos, desejando que o relacionamento fosse sempre assim. Quando ele termina, é comum nos perdermos numa "necropsia" obsessiva, ruminando sobre cada situação e tentando entender o comportamento da pessoa narcisista. Se ela seguiu em frente com a vida ou está com outra pessoa, você fica se perguntando: *O que a outra pessoa tem que eu não tenho?* ou *Ele vai mudar?*

No relacionamento com familiares, a ruminação costuma ocorrer de duas maneiras: na primeira, você segue ruminando sobre como sofreu invalidação, rejeição e negligência na infância, mesmo não tendo mais contato com essas pessoas. Na segunda, se você ainda mantém relacionamento com elas, talvez rumine sobre conversas atuais, gaslighting e invalidação que acontecem no presente. Você gostaria que as trocas com essas pessoas fossem diferentes, então rumina sobre o que deu errado no passado. No local de trabalho, a ruminação mantém você acordado à noite, distraído da vida, dos amigos e da família. Você passa o tempo todo obcecado com o chefe que tem subordinados favoritos, o gaslighting, as fofocas ou a promoção injusta de um colega.

A ruminação nos desorienta. Ela é bem comum, um subproduto do estresse emocional confuso e crônico que você está vivenciando e que é causado pelo abuso narcisista. Caso perceba que está nessa situação, fique atento: evite praticar gaslighting contra si mesmo ou se recriminar por ser o "problema", pois é possível que você não esteja pensando com clareza.

Recordação eufórica

A recordação eufórica é uma seleção cuidadosa de boas lembranças e bons momentos do relacionamento. Mesmo após anos de invalidação, você se pega lembrando daquele jantar incrível durante uma viagem de férias com a pessoa narcisista. Esse tipo de recordação dificulta a cura do abuso narcisista, pois impede uma visão equilibrada do relacionamento, gerando uma espécie de gaslighting interno que nos leva a questionar nossa própria realidade (*Talvez não tenha sido tão ruim*; *Talvez eu esteja exagerando sobre o comportamento dele*). Mais do que uma consequência do abuso, a recordação eufórica funciona como o cimento que ambas as partes utilizam para justificar o ciclo abusivo.

A recordação eufórica pode desempenhar um papel decisivo desde o início do relacionamento íntimo. Você quer muito que as coisas funcionem, então foca nos pontos positivos, ignorando os sinais de alerta e as invalidações que sofre. À medida que os anos passam e o comportamento narcisista se acumula, a recordação eufórica nos impede de enxergar o relacionamento com clareza, de estabelecer limites ou de sair dele, porque você se perde nas boas lembranças seletivas.

Com familiares, a recordação eufórica se dá quando você quer lembrar sua família e a infância de forma idealizada. É possível que imagine que a família era unida, escolhendo rememorar os bons momentos e ignorando a manipulação e a invalidação crônicas. Assim, a recordação eufórica se torna uma espécie de ilusão e uma forma de evitar a dor e o sofrimento de enxergar as relações familiares da forma correta e realista.

A recordação eufórica é um híbrido de negação, esperança, justificativas e distorção. Recordar os bons momentos não é algo necessariamente ruim, mas pode manter você preso a padrões tóxicos e ciclos de autoacusação.

Autoacusação

O mantra de quase todos que sofrem abuso narcisista é: "Será que o problema sou eu?" Na tentativa de entender a confusão criada pelo comportamento narcisista, você acaba se culpando pelo abuso que sofre. Muitos de nós vivem ciclos que duram a vida inteira e chegam a atravessar gerações. A autoacusação é uma encruzilhada de muitas dinâmicas – internalização do gaslighting, tentativa de entender o que está acontecendo e esforço para obter alguma sensação de controle (*Se a culpa é minha, eu consigo consertar*). Ela é prejudicial de duas formas: pelo comportamento narcisista em si e por fazer você acreditar que fez algo de errado. Ela nos impede de enxergar a situação da forma certa e realista e de obter a ajuda necessária, e permite a continuidade do relacionamento, sob a lógica de que, se a culpa é sua, você deve seguir tentando consertá-lo. A autoacusação é capaz de nos manter presos a ciclos de automutilação psicológica que duram anos.

Mas por que os sobreviventes de relacionamentos tóxicos se culpam pelo que acontece com eles? Seria um resquício da infância? Uma forma de manter o controle? É porque a indústria de especialistas em relacionamentos tenta vender a retórica de que ambas as partes são igualmente responsáveis pelo que acontece e de que momentos de casal e exercícios de gratidão vão mudar o rumo das coisas? É mais fácil acreditar que você é o culpado do que acreditar que alguém próximo – um pai, parceiro, cônjuge ou até um filho adulto – seria capaz de se comportar de maneira tão cruel? Sentimos culpa quando conhecemos a história de vida de uma pessoa e acreditamos que isso explica "por que" ela age de tal forma?

A resposta para todas essas perguntas é sim. Se você sofreu abuso narcisista na infância, a autoacusação funcionou como uma estratégia de sobrevivência, uma forma de manter uma imagem idealizada do pai e atender às necessidades essenciais de apego. A maior parte da "indústria de relacionamentos" prega que paliativos rápidos – por exemplo, olhar para o parceiro ao falar com ele – são suficientes para corrigir o curso do relacionamento. Quem ouve isso com frequência começa a se culpar e a se questionar se está se comunicando de forma clara o bastante. A autoacusação é uma estratégia de autoproteção. Ao assumir a culpa, você evita o conflito e o gaslighting.

Você também pode se culpar por ter pensamentos negativos ou desleais do tipo: *Não suporto meu próprio pai*; *Meu filho é uma pessoa horrível*; *Odeio meu marido*; *Acho que minha irmã é uma egoísta*. E acaba se condenando por tê-los (*Meu Deus, talvez eu seja o problema por pensar coisas do tipo, talvez ele perceba e o relacionamento seja tão ruim por culpa minha. Será que eu sou narcisista?*). Você internaliza as dinâmicas do relacionamento narcisista e muda a forma de falar consigo mesmo (*É culpa minha; Talvez eu esteja sendo sensível demais; Eu faço tudo errado*).

Uma peça importante do quebra-cabeça para entender a autoacusação no relacionamento narcisista vem do trabalho da Dra. Jennifer Freyd sobre *cegueira da traição*, que ela descreve como a "ignorância, o não saber e o esquecimento exibidos por indivíduos em relação à traição".[1] Basicamente, significa que uma pessoa que sofre de cegueira da traição vê uma mensagem de texto incriminadora no celular do parceiro e pode até confrontá-lo, mas será alvo de gaslighting, voltará à vida normal e deixará a mensagem de lado, pois se refletisse sobre ela se veria obrigada a mudar a forma como enxerga o parceiro.

Isso acontece de forma ainda mais pronunciada no trauma de traição vivenciado na infância, época em que, para o filho, é catastrófico enxergar o pai com clareza, pois ele precisa manter uma visão distorcida e idealizada para se sentir seguro e apegado. Nós vemos mas não vemos, e fazemos isso para preservar relacionamentos, visões de mundo e sistemas sociais e institucionais.[2] Resumindo, a cegueira da traição nos permite manter vínculos e elos com pessoas amadas.

No entanto, varrer essas traições inconvenientes para debaixo do tapete tem um custo, e mesmo que você não lide com o problema num nível consciente, o conhecimento da traição se encontra em sua mente. A especialista em cultos Dra. Janja Lalich diz que temos uma "prateleira" no fundo da mente, e que ela acaba desmoronando quando acumulamos coisas terríveis no relacionamento e somos obrigados a ver repetidas traições e comportamentos emocionalmente abusivos.[3] Antes de isso acontecer, porém, a pessoa que é "cega" para a experiência da traição vai se culpar (*Talvez eu não seja uma esposa atenciosa; Talvez eu seja uma criança má*) e, ao mesmo tempo, vivenciar todo tipo de padrões psicológicos negativos, como ansiedade, pânico, isolamento e confusão.

Uma das grandes armadilhas do relacionamento narcisista é que as pessoas narcisistas acreditam mesmo que são boas. Elas realmente acreditam nisso. Faz parte do seu sistema de grandiosidade delirante, virtuosismo e retidão moral. Seria bem mais fácil se eles andassem por aí e admitissem: "Ei, eu sou um cretino e acho que tudo deve girar em torno do meu umbigo. Portanto, vire-se." Assim, quando eles se comportassem mal ou de maneira manipuladora, você ficaria um pouco abalado, mas não se surpreenderia e provavelmente não se recriminaria pela atitude dele. O relacionamento com um narcisista é profundamente assimétrico. É como se vocês dois jogassem o mesmo jogo, mas cada um com um conjunto de regras e expectativas: você imagina que é um jogo em parceria, enquanto ele joga de forma egoísta, para obter o controle. Resultado: emocionalmente ele investe muito menos que você e obtém muito mais.

De maneira geral, o narcisista tem tanta certeza de sua bondade, seu calor, sua empatia e suas qualidades incríveis que, se você já tem tendência a se desvalorizar, é mais provável que aceite a culpa (*Ele diz que é incrível, e eu não me acho nada incrível, então talvez o problema seja realmente comigo*). No momento em que o relacionamento parece insustentável, o narcisista costuma tirar um coelho da cartola: sugere uma viagem de férias, faz algo que você vem pedindo há anos, ajuda alguém com quem você se importa. Infelizmente, porém, essas atitudes só servem para aumentar sua autoacusação: você se sente uma pessoa ingrata e que deveria reconhecer que tirou a "sorte grande".

As dinâmicas desses relacionamentos nos predispõem à autoacusação, sobretudo o vínculo traumático. Na infância, o pai se aproveita da necessidade de apego da criança e da disposição a internalizar a culpa e a vergonha dos pais (*É minha culpa, mamãe, me desculpa*). No entanto, com o passar do tempo a criança se desliga de suas próprias necessidades e se torna, na prática, uma babá do pai narcisista. Com isso, passa a ter o reflexo de internalizar a vergonha e a culpa das outras pessoas e de assumir a responsabilidade delas.[4] Crianças não podem se divorciar dos pais, por isso precisam se ajustar às condições antagônicas, e esse ajuste se parece com a autoacusação.

AFIRMAÇÕES E COMPORTAMENTOS DE AUTOACUSAÇÃO

O que você diz:
- Tudo isso é culpa minha.
- Como posso melhorar?
- Talvez eu não esteja dizendo as coisas de forma clara o suficiente.
- Não estou me esforçando o suficiente.
- Sempre digo a coisa errada.
- Preciso ter mais cuidado.

O que você faz:
- Passa o tempo todo pedindo desculpas.
- Tenta agradar o narcisista e pisa em ovos.
- Assume a culpa por situações em que não está claro que a culpa é sua.
- Prepara-se excessivamente ou assume a responsabilidade por cada detalhe em casa, no local de trabalho ou na família.
- Cria e oferece várias opções (por exemplo, prepara vários pratos para o almoço).
- Tenta ler a mente do narcisista e antecipar as necessidades dele.
- Muda a si mesmo ou o ambiente para agradar o narcisista (por exemplo, limpa a casa de forma obsessiva).
- Nega seus próprios desejos ou necessidades.

Vergonha

A vergonha nos faz sentir feridos, danificados, às vezes de forma irremediável. É a autoacusação tornada pública, a crença de que o mundo nos julga pelo mesmo motivo que estamos nos julgando. Se você veio de uma família narcisista que sempre disse que você "não é bom o suficiente", é cheia de segredos e mentiras e acha normal que as pessoas se isolem, a vergonha acaba se instalando desde muito cedo em sua vida. Crianças que crescem nesses sistemas passam o tempo todo exauridas, tentando retratar sua família como "normal" para o resto do mundo. Podem se sentir isoladas, constrangidas ao levar amigos para casa e envergonhadas ao notar que os amigos têm sistemas familiares mais saudáveis. A narrativa da vergonha coloca a responsabilidade de ser "danificado" na própria pessoa que sofre o processo, e não no(s) familiar(es) que causa(m) os problemas. O relacionamento narcisista só funciona se você internaliza a vergonha do narcisista e faz com que ela passe a ser sua. Em suma, você se transforma no depósito onde se armazena a vergonha do narcisista.[5]

Essa dinâmica da vergonha também influencia a forma como você cai na teia dos relacionamentos narcisistas na vida adulta. Você sente vergonha e depois se culpa porque o relacionamento não funciona. Sente vergonha de fazer parte de um relacionamento tão disfuncional e também de sair dele – por exemplo, pedindo divórcio. A dinâmica da vergonha (*Estou num relacionamento problemático*) acaba se traduzindo em *Deve ter algo de errado comigo*.

Confusão

Em algum momento a maioria de nós já se perguntou: *O que está acontecendo comigo? Será que enlouqueci?* A verdade é que, quando não compreendemos o que há por trás do comportamento e do abuso narcisista, a confusão se transforma em nosso novo normal. A confusão vem, em grande parte, da dificuldade para aceitar que alguém pode ter tão pouca empatia. Como entender que uma pessoa diz que ama você agora e daqui a pouco desaparece ou invalida seus sentimentos? Como entender uma pessoa que se aproveita de você, mesmo que você sempre tenha estado ao lado dela? Como entender essa mistura confusa de dias bons e ruins? Como entender uma pessoa cuja história você conhece a fundo, por quem sente compaixão, mas que mesmo assim explode de raiva com você? Some-se a tudo isso a nossa luta interna contra os sentimentos de dever e lealdade e contra o desconforto de não gostar de pessoas que pensamos "ter a obrigação de gostar" – por exemplo, pais e familiares. O abuso narcisista nos "instrui" sobre o que sentir e o que pensar, e com isso perdemos o senso de quem somos e das nossas crenças, aumentando nossa confusão.

Esses relacionamentos exigem uma dinâmica complicada de negação. Algumas pessoas aprendem a agir como se tudo que está acontecendo a seu redor fosse normal, e é exatamente isso que os narcisistas e seus facilitadores esperam de você. Em parte, é uma doutrinação lenta que leva a uma distorção da realidade, mas também uma confusão sobre o que constitui um comportamento normal ou saudável. Você era flexível para fazer o relacionamento funcionar, mas o lado negativo dessa postura é que, ao fazer parecer que está tudo "bem", você impede que mesmo as pessoas boas à sua volta percebam como, na verdade, tudo vai mal.

O narcisista faz gaslighting e promessas falsas, aumentando sua confusão. Você fica confuso, achando que talvez tenha se enganado, e se pega relendo mensagens antigas, se certificando de que ouviu as mensagens direito. As mentiras do narcisista também nos confundem. Há ainda a confusão que nasce da triangulação (forma de manipulação na qual o narcisista coloca as pessoas umas contra as outras) e da comunicação indireta (quando, por exemplo, o narcisista fala mal de uma pessoa pelas costas em vez de se dirigir diretamente a ela). Um exemplo muito comum: uma mãe narcisista diz a você que sua irmã falou que você é ganancioso. Você fica com raiva da sua irmã e resolve não convidá-la para sua festa de aniversário. A verdade, porém, é que sua irmã nunca falou nada do tipo e está magoada e confusa por ter sido excluída do seu aniversário. A triangulação promove confusão e desconfiança em famílias, grupos de amigos e locais de trabalho.

Desespero

É sombria a experiência de perceber pouco a pouco que alguém que você ama ou acredita que deveria amar não tem empatia real, não parece se importar quando você está magoado e sempre se coloca em primeiro lugar. Quase todos que se envolvem em relacionamentos narcisistas se sentem desesperados. É uma mistura de tristeza, desamparo, desesperança, impotência, medo e às vezes até ideações suicidas. Não há como consertar ou melhorar a situação – o narcisista não vai enxergar você, não vai demonstrar empatia. Nada vai mudar, não importa o que você diga ou faça. Independentemente do tipo de relacionamento narcisista, a percepção de que o outro não vai mudar cria em você um sentimento de pavor e uma dor inimaginável.

O narcisista não tolera suas tentativas de expressar seus desejos, aspirações ou necessidades. Com o tempo, você sente que perdeu o controle de grande parte de sua vida. Em geral, relacionamentos narcisistas não se limitam ao que acontece com você – afetam filhos, empregos, amizades e vínculos com outros familiares. A sensação de impotência ligada ao relacionamento narcisista pode se transformar em sentimento de desamparo em outros relacionamentos, e talvez você se desespere ao ver que não é capaz de proteger as outras pessoas. É comum vivenciar alguns (ou muitos) dos padrões observados na depressão, tais como: tristeza, irritabilidade, alterações de apetite, problemas para dormir, sensação de inutilidade, distração e falta de concentração, vontade de chorar e isolamento social.

O grande desafio é descobrir se você está deprimido mesmo ou se tudo isso é subproduto do abuso narcisista. Talvez você perceba que certas áreas da sua vida vão bem – você ri com os amigos, aproveita o tempo com os filhos, o trabalho vai de vento em popa – e que a tristeza e o desespero se restringem ao relacionamento narcisista. Você teme ver o narcisista e gosta de estar em contato com o resto do mundo. Mas se esses padrões depressivos começam a afetar outras áreas (por exemplo, você sente que não consegue ir bem no trabalho, nos estudos ou nas responsabilidades com terceiros, ou que simplesmente perdeu o interesse pela vida), é possível que seu problema tenha crescido em proporção e se transformado numa depressão clínica, exigindo cuidados de saúde mental o mais rápido possível. Se seus sentimentos de desespero e depressão ganharam força e se transformaram em ideações suicidas, procure ajuda imediatamente. Na p. 250 há uma lista de contatos que você pode acessar.[6]

Como você vivencia o mundo

A experiência do abuso narcisista pode ser muito solitária. Até reconhecer que sua situação não é tão singular, é como se você vivesse num universo alternativo onde todos enxergam seu relacionamento e o narcisista de uma forma muito diferente de você. A solidão persiste mesmo quando você decide terminar a relação ou cortar o contato. Após sofrer abuso narcisista, é comum ter a sensação de nunca mais ser capaz de confiar em si ou nos outros. O problema é que, com isso, no futuro você pode perder a oportunidade de construir amizades, parcerias, relacionamentos e oportunidades. Se você cresceu numa família narcisista, sua confiança foi distorcida, mal aplicada ou nem sequer chegou a ser desenvolvida. As dúvidas constantes nos levam a desconfiar do mundo e também de nós mesmos. É exaustivo encarar o mundo com tanta desconfiança de tudo o tempo inteiro.

A perda de confiança que nasce do abuso narcisista pode evoluir e se transformar num medo de depender dos outros. Isso cria uma pseudoautonomia cansativa em que é "você contra o mundo": você se sente mais seguro fazendo tudo sozinho para não se decepcionar com ninguém. Ao mesmo tempo, o abuso narcisista acaba com nossa eficiência, porque nunca sabemos quando podemos contar com os outros.

Talvez você tenha aprendido a fazer concessões para a imprevisibilidade do narcisista. Oscilando entre comportamentos bons e maus, ele pode se mostrar feliz ao lhe dar carona hoje e amanhã ficar furioso e chamá-lo de folgado se você pedir carona de novo. Com o tempo, é possível que essas experiências e percepções sobre pedir ajuda se tornem generalizadas e você internalize que o narcisista vai ficar decepcionado ou com raiva de todo e qualquer pedido seu.

Desafios de saúde mental para pessoas que sofrem abuso narcisista

Se você está vivendo as consequências do abuso narcisista, saiba que muitos dos sentimentos e padrões típicos desse relacionamento se sobrepõem ou ocorrem junto a outros problemas de saúde mental. Entenda que as consequências do abuso narcisista não são um distúrbio, e sim uma reação esperada ao estresse causado por um relacionamento tóxico. Problemas de saúde mental, como pânico, ansiedade e depressão, podem coexistir com as consequências do abuso narcisista. Também é possível que esses problemas existam desde antes e sejam agravados pelo abuso narcisista (por exemplo, você tinha um histórico de depressão antes de entrar no relacionamento narcisista) ou que tenham sido ativados pelo abuso narcisista (por exemplo, você desenvolve um transtorno de ansiedade após vivenciar um relacionamento narcisista).

Se você já tem um histórico de trauma, a exposição ao comportamento narcisista pode tornar as reações pós-traumáticas ainda mais pronunciadas. O gaslighting leva à ansiedade social, na qual você passa a crer que está interpretando as situações sociais de forma incorreta ou o narcisista lhe diz que você parece tolo na companhia de outras pessoas. Se você tem vivenciado qualquer um dos padrões mencionados aqui e acha que isso está interferindo em seu trabalho, seu cuidado com os outros, seus estudos, seus relacionamentos sociais ou em outras áreas de seu funcionamento, consulte um profissional da saúde mental, peça uma avaliação completa e busque o tratamento necessário.

O abuso narcisista pode causar uma doença física?

Pergunte a si mesmo se nota mudanças na sua saúde dependendo de seu nível de contato com um relacionamento narcisista. Esse tipo de envolvimento é estressante, e o estresse que ele causa afeta a saúde de várias maneiras, podendo provocar dores de cabeça, tensão muscular e queda da imunidade, nos deixando mais vulneráveis a doenças. Se você tem problemas crônicos de saúde preexistentes ao relacionamento – como doenças autoimunes, asma ou diabetes –, o estresse pode exacerbá-los. Dores físicas podem ser fruto de traumas reprimidos,[7] e dores crônicas e outros desconfortos físicos também.

Não é fácil fazer o tipo de pesquisa necessário para estabelecer o elo entre abuso narcisista e doença. Num mundo ideal, acompanharíamos grupos de indivíduos que passaram pelo problema durante muitos anos, monitoraríamos sua saúde, metrificaríamos seus relacionamentos e níveis de estresse e observaríamos o que acontece. Já vi pessoas antes saudáveis entrarem em relacionamentos narcisistas e desenvolverem doenças que não condiziam com sua idade, seu histórico genético e sua condição física, ou que eram bem mais graves do que o previsto. Muitos profissionais de saúde vêm relatando os impactos negativos dos relacionamentos tóxicos em casos que surgem no consultório.

O corpo é um marcador mais preciso dos impactos do abuso narcisista do que a mente. O cérebro e a mente tentam encontrar justificativas e fazer racionalizações ligadas ao trauma, enquanto o corpo sente e suporta, sem censura, a dor, o luto, o trauma e a perda. Também já testemunhei muitos desses problemas de saúde começarem a regredir assim que a pessoa se distancia do relacionamento narcisista. Lembro-me especificamente de uma mulher que tinha inúmeras questões – enxaquecas, problemas gastrointestinais, dores crônicas – até que o marido narcisista faleceu inesperadamente. Segundo ela, os sintomas físicos deram uma trégua um mês depois, embora a morte do marido e a dívida deixada por ele a tivessem colocado numa posição financeira complicada. Ela sentia culpa por estar aliviada com o fim do tormento psicológico causado pelo marido e com a melhora na saúde, tendo em vista que o mundo esperava que ela cumprisse o papel de uma viúva de luto. Ou seja: nada é simples.

Os efeitos físicos do abuso narcisista também podem ser indiretos: você não se cuida; está sempre exausto ou preocupado, então acaba se esquecendo de comprar ou tomar seus medicamentos; você passa a ter problemas de sono, se alimenta mal e para de praticar exercícios ou de seguir os cuidados médicos preventivos. As consequências podem ser trágicas, se, por exemplo, você deixar de fazer exames de detecção de câncer e só descobrir que está doente quando for tarde demais.

Narcisistas são péssimos cuidadores, e, embora você queira manter o casamento na esperança de que seu companheiro cuide de você na velhice, provavelmente isso não acontecerá. Narcisistas são mais propensos a se sentirem incomodados com seus problemas de saúde – não gostam de enfermidades ou de outros lembretes da fragilidade ou da mortalidade humana, e são egoístas e impacientes demais para se envolverem em cuidados compassivos por um tempo prolongado. Já ouvi muitas histórias de narcisistas que deixavam companheiros ou parentes na porta do hospital para sessões de quimioterapia ou consultas de emergência.

Se você tem a esperança de que um dia seu parceiro ou familiar tóxico cuide de você quando for necessário, saiba que é possível que ele suma bem no momento em que sua saúde estiver mais vulnerável, e isso não só leva ao desespero como pode ser bastante perigoso e caro, pois você terá que encontrar cuidadores ou viver sem assistência suficiente. Relacionamentos narcisistas consomem anos de sua vida de diversas maneiras.

MAS O ABUSO NARCISISTA não se limita a ferir sentimentos. Quando você é exposto a esse comportamento, vivencia uma série de reações psicológicas. É um padrão que acontece com quase todos que entram nesse tipo de relacionamento e é um lembrete de que *o problema não é você*. Suas reações não são esquisitas ou dramáticas. São consequências que acontecem com qualquer pessoa que viva um relacionamento narcisista. Não há dinheiro, privilégios ou poderes que possam nos proteger por inteiro.

Está na hora de falar sobre a recuperação, o processo de cura, o crescimento, o progresso. Por mais raros que sejam, observei muitos casos de pessoas que saíram desses relacionamentos mais sábias, corajosas e cheias de propósito. Não podemos mudar o passado, mas podemos seguir em frente. Você pode alcançar a cura quer fique no relacionamento ou não, quer veja o narcisista todos o dias ou nunca mais. Para isso, precisa parar de focar em como lidar com os narcisistas na sua vida e se culpar por tudo e passar a focar no crescimento, na autocompreensão, na realidade e na clareza. Em vez de se preocupar apenas em sobreviver, é hora de usar a energia, a capacidade mental e o tempo para prosperar e florescer.

PARTE II

Reconhecimento, recuperação, cura e crescimento

*Nós nos deleitamos com a beleza da borboleta
mas raramente admitimos as mudanças pelas quais
ela passou para alcançar tamanho esplendor.*
Maya Angelou

Para muitas pessoas, ouvir o termo *abuso narcisista* é dar nome pela primeira vez à dor que sentem. Não estamos falando de um simples coração partido, e sim de um espírito destroçado desde a infância ou de uma série de relacionamentos invalidadores que moldaram, feriram, transformaram a pessoa e roubaram sua realidade e seu senso de identidade. Algumas pessoas recorreram à terapia mas ouviram que estavam apenas ansiosas, que todo relacionamento é difícil e que precisavam encontrar maneiras melhores de se comunicar, o que as levou a ter mais dúvidas sobre si. Outras podem ter sentido vergonha por terem "se afastado" de familiares. Quando você vivencia as consequências do abuso narcisista, não consegue imaginar como é sair do outro lado do túnel; quando sai, algumas feridas permanecem – o luto, a perda de confiança e uma visão de mundo transformada para sempre.

O que significa a cura para você? Talvez você acredite que a cura é estar em paz, não duvidar de si nem se culpar, não ruminar, sentir-se pleno, confiar em seus instintos e se perdoar. Você quer que o narcisista seja responsabilizado, desmascarado, assuma o que fez e talvez sinta que, para se curar, precisa que a justiça seja feita. Você quer garantir que o narcisista não siga em frente com a vida enquanto você sente ansiedade, tristeza, arrependimento e dúvida. Infelizmente, nem sempre obtemos justiça e nem sempre conseguimos fazer com que o narcisista pague pelo que fez, nem mesmo que ele peça desculpas. Mas é possível se curar mesmo que o narcisista não sofra nenhuma consequência por seus atos?

A cura não se resume a chorar até faltarem lágrimas. Trata-se de viver o luto e liberar espaço dentro de si, e nesse novo espaço construir uma nova vida, encontrar sua voz e se sentir capaz de articular suas necessidades, seus desejos e esperanças – e com isso finalmente se sentir em segurança. É um processo de evolução, de sobrevivência e adaptação para crescer e florescer.

A cura não tem um cronograma. Leva o tempo que for necessário e varia de acordo com a natureza do relacionamento, de você decidir ficar ou partir e da sua própria história de vida. Alcançar a cura significa ser gentil consigo mesmo, ainda que você sofra uma recaída ou se machuque após dar uma segunda chance à pessoa narcisista. Significa ter sabedoria, discernimento e disposição para se afastar de pessoas tóxicas, mesmo quando terceiros nos instigam a perdoar. Significa praticar a aceitação radical e viver com a dolorosa compreensão de que padrões narcisistas não mudam. Significa parar de se culpar e se perguntar se você é bom o suficiente. Significa encontrar sentido e propósito e aprender a respirar após anos, ou uma vida inteira, andando na corda bamba, apaziguando e oferecendo validação ao narcisista e censurando-se ao mesmo tempo.

Eu não teria escrito este livro se não acreditasse que a cura é possível. Todos os dias vejo pessoas apreciando pequenas alegrias que não conseguiam desfrutar enquanto estavam em relacionamentos narcisistas, perseguindo objetivos pelos quais antes eram ridicularizadas, reconectando-se com aqueles de quem haviam se afastado. Também vi pessoas enfim encontrarem sua própria identidade independentemente dos narcisistas em sua vida. Vi pessoas voltarem a se apaixonar... e aos poucos reaprenderem a confiar.

Mas a cura é apenas parte do destino. Seu objetivo é prosperar e viver em sincronia com seu "eu" autêntico (e descobrir quem realmente é esse "eu" autêntico), recuperar as asas cortadas pelo relacionamento narcisista e finalmente voar. Assim que superar a ruminação e o arrependimento, proteger e libertar a criança traumatizada dentro de si, mudar seu diálogo interior e parar de fazer gaslighting contra si, você descobrirá seu verdadeiro "eu", bem como seus objetivos e aspirações silenciados, e se permitirá viver de acordo com os próprios princípios.

À medida que avançar na próxima parte do livro, tenha em mente que a cura é um processo ativo. Escreva um diário, registre pensamentos e sentimentos, acompanhe seu progresso. Experimente as técnicas e avalie se funcionaram bem ou não. Arrisque-se e preste atenção nos seus sentimentos.

Narcisistas adoram contar histórias e tendem a contaminar as pessoas com narrativas limitantes sobre elas. Em última análise, a cura está em voltar a essas histórias, revisá-las e reescrevê-las com suas próprias palavras.

4
Compreenda seus antecedentes

Ela agora tinha um lado de fora e um lado de dentro e,
de repente, sabia como não misturar os dois.
ZORA NEALE HURSTON

A mudança de Sarah para Los Angeles foi um momento ao mesmo tempo perturbador e empolgante. Ela havia acabado de sair de um relacionamento tóxico e queria recomeçar. O dono da empresa em que trabalhava lhe ofereceu uma transferência para uma filial em outra cidade, o que também foi uma bênção, pois seu chefe anterior dificultava muito a vida de Sarah e de toda a equipe que ela comandava. Sarah também sentiu alívio por poder se afastar da família; sentia-se num segundo emprego enquanto tentava cuidar de tudo para eles.

Quando Sarah chegou a Los Angeles, não estava à procura de um relacionamento. Por isso, quando conheceu Josh, foi pega de guarda baixa. Após o fim do namoro anterior, havia se dedicado a aprender tudo sobre narcisismo e relacionamentos narcisistas. Conhecia a arquitetura das relações narcisistas, o bombardeio de amor e tudo o mais, porém, como Josh era só um amigo, de início ela não achou que nada disso tinha relevância. Com o tempo, porém, ela passou a se sentir ansiosa para encontrá-lo. Como ele era um "amigo", ela foi se abrindo mais, compartilhando sua experiência de como foi viver numa família que a invalidava, explicando que se sentia inadequada, que sempre tentava resolver tudo para todos e que tinha dificuldades de relacionamento com o ex-parceiro. Josh a ouvia atentamente e retribuía contando mais sobre sua vida e sobre um projeto que vinha tendo dificuldades para iniciar. Sarah se sentia péssima por Josh não receber apoio familiar e tinha empatia por ele.

Meses depois de se conhecerem, Josh contou que planejava se mudar. A ideia era dormir no sofá de algum amigo para economizar dinheiro e perseguir seu sonho. Sarah odiou a ideia de perder a pessoa que havia se tornado seu porto seguro na nova cidade, então ofereceu seu sofá. Morando no mesmo lugar, eles se tornaram mais íntimos, o que para Sarah foi reconfortante, pois sentia que já o conhecia. Era bom ter alguém com quem compartilhar os simples prazeres da vida, como jantar em casa ou assistir a séries. Sarah estava gostando de ter Josh em casa e de voltar a ter intimidade com alguém.

Em pouco tempo Sarah descobriu que nem sempre a vida era perfeita com Josh, mas, afinal, quem é perfeito? Ele não fazia as tarefas domésticas com muita frequência, mas ela não questionava, pois estava acostumada a fazer tudo e ele vivia ocupado com o novo empreendimento. Às vezes ele "ajudava" fazendo coisas que o beneficiavam (por exemplo, movendo alguns móveis de lugar para montar uma área de trabalho para si), e, embora Sarah se sentisse um pouco incomodada, ficava feliz por ele se sentir em casa e torcia para que tudo isso o ajudasse a alcançar sucesso na nova empreitada.

Josh costumava fazer perguntas detalhadas sobre os movimentos de Sarah, querendo saber para onde ela ia e com quem se encontrava, mas era bastante evasivo sobre o que ele mesmo fazia. "É bom que ele se importe comigo", pensava Sarah. "Meu último namorado era tão egoísta que não se dava ao trabalho de perguntar." Ela sofria ao ver como Josh enfrentava dificuldades para iniciar seu novo empreendimento e ao mesmo tempo se sentia culpada porque sua própria carreira ia de vento em popa. Por isso achava que devia dar um desconto e ser paciente sempre que ele engrenava em longos monólogos sobre seu dia, suas frustrações e seu trabalho. Ou sempre que ele ouvia os conselhos dela e respondia algo do tipo: "Pare de agir como se soubesse administrar uma empresa. É muito fácil só bater ponto todo dia." Ou quando ele se recusava a contribuir financeiramente para o apartamento. Sarah acreditava que resolver os problemas das pessoas era uma forma de demonstrar amor. Por isso, tentava confortá-lo e apresentá-lo a colegas que pudessem ajudá-lo.

Se os narcisistas nos fazem tão mal, por que somos atraídos por eles? Por que não fugimos ao primeiro sinal de alerta? É uma pergunta complicada de responder, que enfrento muitas vezes ao falar sobre cura. Certa vez assisti a uma entrevista com uma mulher que havia vivenciado um relacionamento muito abusivo com um narcisista. A entrevistadora desinformada perguntou: "Por que você simplesmente não foi embora?" Senti vergonha alheia ao ouvir a pergunta porque fiquei com a sensação de que ela estava recriminando a mulher por ter mantido o relacionamento. Mas a resposta afiada da entrevistada foi: "Em vez de me perguntar isso, por que você não pergunta a ele por que ele é um abusador?" É uma pergunta justa, mas ainda não chega ao cerne da cura. O homem que abusou dela era profundamente narcisista, continua abusando das pessoas e provavelmente agirá assim pelo resto da vida. É por isso que *a cura não pode se basear apenas na mudança de comportamento do abusador*.

Alcançar a cura não é só tratar as feridas existentes, mas também prevenir que outras surjam no futuro. Quase todos nós temos traços ou antecedentes que nos tornam propensos a entrar e permanecer em relacionamentos narcisistas. Cuidar dessas vulnerabilidades não é "se recriminar" por ter uma fraqueza, e sim entender como partes muito saudáveis e boas de você (sua empatia, compaixão e bondade) e elementos complexos de sua história (trauma, famílias narcisistas) podem se conectar e dificultar a interrupção desses ciclos.

Quando o problema é físico, fica fácil se afastar do que nos faz mal: torci o tornozelo, então não consigo subir escadas. Tenho asma, então não posso entrar numa sala empoeirada. Para nos curarmos dos efeitos do abuso narcisista e prevenir futuros abusos, primeiro precisamos nos conhecer a fundo, incluindo nossos sistemas de crenças, vulnerabilidades e histórias. Mesmo que você tenha sido criado numa família feliz, esteja contente num bom emprego e tenha muitos amigos, é possível que relacionamentos narcisistas influenciem seu sistema de crenças.

Entender seus antecedentes e suas vulnerabilidades a esses relacionamentos pode ajudar você a se curar e se proteger no futuro. Este capítulo delineia esses fatores de risco em vários níveis: você como indivíduo, as experiências que teve em sua família quando pequeno, os estímulos culturais que recebeu e as mensagens da sociedade em geral. Também veremos como "perceber sinais de alerta cedo" é, na verdade, uma tarefa inútil e como é normal demorarmos um tempo para entender o que de fato está acontecendo em um novo relacionamento.

O que nos torna vulneráveis?

As características magnéticas que costumamos observar em indivíduos narcisistas, como o charme, o carisma e a confiança, podem explicar a atração, o encanto e algumas das justificativas que criamos para o comportamento deles. Assim, embora *todos nós* sejamos vulneráveis a relacionamentos narcisistas, há características, situações e histórias que contribuem para aumentar essa suscetibilidade. Quanto maior for o número desses fatores em seu histórico, mais vulnerável você será ao charme do narcisista, maior a chance de ficar preso na armadilha desses relacionamentos. Tentar alcançar a cura e mudar sem reconhecer isso é o mesmo que arrancar apenas a parte visível de uma erva daninha – a raiz volta a crescer e acaba tomando conta do jardim. Fico frustrada quando as pessoas dão orientações rápidas e simples para você "mudar a forma de pensar" sem reconhecer que você vem de uma história complicada que se desenrola em um mundo complicado. Tentar simplificar processos tão individuais e cheios de nuances muitas vezes só serve para envergonhar quem recebe tais "conselhos". Não existe um "plano fácil de cinco passos" para se curar do abuso narcisista.

Certa vez falei a um grupo de pessoas sobre antecedentes e vulnerabilidades, e em tom de ironia uma delas me perguntou: "Com base na sua lista de fatores de risco, quem não é vulnerável?" Demos uma risada, mas há um fundo de verdade nessa constatação. Em algum nível, a maioria das pessoas é vulnerável a relacionamentos narcisistas, seja por suas histórias ou seus traços inatos. Para lidar com essas vulnerabilidades precisamos entender nossos antecedentes, mas também saber quais são as características do narcisismo; entender como se manifestam os comportamentos interpessoais nocivos; ter noção de quando estamos justificando e agindo por reflexo; e saber quando o narcisista está distorcendo a realidade. Acima de tudo, para lidar com nossas vulnerabilidades precisamos parar de enxergá-las como fraquezas, e sim como partes valiosas de quem somos. Para alcançar a cura é preciso reconhecer e aceitar todas as partes que formam você como indivíduo, mas também se dar permissão para ser criterioso, se proteger e estar atento.

Empatia

Pessoas empáticas são magníficas, e eu adoraria que vivêssemos num mundo cheio delas. (Não é o caso.) Mas os narcisistas muitas vezes exploram essa bondade. A empatia nos torna vulneráveis aos ciclos típicos de relacionamentos narcisistas – compostos de idealização, desvalorização, pedidos de desculpa e justificativa – e nos transformam numa grande fonte de suprimento narcisista. Pessoas empáticas dão segundas chances, perdoam e sempre tentam compreender o ponto de vista do outro.

Se você é empático e não entende o comportamento narcisista, talvez continue a oferecer empatia e perdão, e o narcisista os aceitará, mas não de forma recíproca. Ou seja, você oferece toda a sua empatia, mas não recebe nenhuma. Pessoas empáticas tentam sempre enxergar os outros através da lente da compaixão. A empatia pode ser uma vulnerabilidade que não só faz você entrar no relacionamento narcisista, como mantém você preso nele a longo prazo, mesmo quando os padrões tóxicos já estão claros. No início do capítulo, por exemplo, Sarah demonstra empatia diante das dificuldades de Josh, e isso faz dela uma grande fonte de suprimento narcisista. Como resultado, ela se tornou vulnerável às reclamações unilaterais dele sem protestar ou se preocupar.

Comportamento salvador

Salvadores tentam agradar todo mundo, consertando, resolvendo problemas e tentando melhorar as coisas. Sentem-se compelidos a animar e elogiar os outros o tempo todo. Pode até oferecer moradia, carro, dinheiro ou ajuda para conseguir um emprego. O problema é que com isso acabam se colocando numa posição precária só para salvar o outro – por exemplo, gastando dinheiro ou tempo que não têm ou até criando problemas legais ou éticos para si. Esse comportamento é perigoso quando se lida com um narcisista, pois ele vai virar as costas para você na primeira oportunidade sem pensar duas vezes na sua situação.

Narcisistas, sobretudo os vulneráveis, têm uma narrativa de vitimização associada a um senso sombrio de merecimento de privilégios. ("Todo mundo recebe tratamento especial, e eu nunca recebo tratamento justo.") Isso gera culpa e estimula o salvador a "dar um jeito" na situação deles. Talvez o salvador tente fazer o que gostaria que tivessem feito por ele em um momento de necessidade e essa tentativa seja uma forma de trabalhar suas próprias feridas. Ou talvez o salvador esteja tentando salvar o relacionamento para ganhar a sensação de controle sobre ele. O problema é que o narcisista é uma missão de salvamento sem fim. Não importa quanto o salvador faça – por mais dinheiro que ofereça, oportunidades que crie, contatos que consiga ou tempo que doe –, nunca será suficiente. Talvez ele se ache capaz de "consertar" o relacionamento, mas essa estratégia só vai funcionar se o narcisista for isolado de todas as decepções possíveis. O salvador corre o risco não só de cair nesse tipo de relacionamento, mas de permanecer nele com a ilusão de que "Se eu fizer o suficiente, vai ficar tudo bem".

Quando olhamos para Sarah, percebemos que seu desejo de consertar e salvar não foi apenas um gancho inicial, mas algo que a manteve focada no que fazer dentro do relacionamento, em vez de prestar atenção no que acontecia.

Como mostra a história de Sarah, há sobreposição entre salvadores e pessoas empáticas. No entanto, pessoas empáticas nem sempre sentem necessidade de "consertar" – pois sua empatia geralmente contribui para a culpa e a justificativa –, ao passo que salvadores são empáticos e motivados pela necessidade de agradar, com o objetivo de se sentirem seguros, conectados e úteis.

Otimismo e positividade

Você enxerga o lado positivo das coisas, faz do limão uma limonada e vê o copo sempre meio cheio. Você genuinamente acredita que todos têm potencial e que qualquer um pode mudar. Você acredita em justiça, equidade e que tudo vai dar certo. Também pode acreditar que, se der mais uma chance, talvez a pessoa mude. Mas quem é muito otimista e positivo às vezes não entende que narcisistas não mudam.

Sistemas de crenças são fundamentais para nós, e é devastador ter que abrir mão da nossa visão de mundo. Descobri que o trabalho de cura clínica com sobreviventes otimistas e positivos leva mais tempo, pois eles resistem à ideia de que o narcisista não vai mudar. Quando enfim entendem isso, há um momento de devastação e depressão. (Por outro lado, depois do luto inicial, o otimismo pode estimular a resiliência.) O otimismo pode ser uma via de mão dupla de atração. O otimista é atraído pelo magnetismo e pelo carisma do narcisista, que por sua vez é atraído pela positividade e pelo encorajamento validador do otimista. Outro fator capaz de manter o otimista preso a relacionamentos narcisistas é sua tendência crônica a esperar que a situação melhore.

Embora não fosse claramente otimista, Sarah se dispôs a dar espaço aos planos grandiosos e projetos geniais de Josh, o que mostra que estava aberta às ideias do amigo, embora não houvesse indícios de que fossem decolar. Da mesma forma, a positividade e o otimismo alimentam a grandiosidade e tornam você um alvo ideal para as promessas falsas do narcisista.

Disposição a perdoar sempre

Você perdoa tudo e todos? Costuma dar novas chances? Existem muitas razões para perdoar: porque você acredita que é a coisa certa, porque é o que ensina sua cultura ou religião, porque espera que a pessoa vá mudar, porque acha que todos merecem uma segunda chance, porque acha que tudo pode ter sido um mal-entendido ou por ter medo do que vai acontecer se não perdoar. O perdão em si não é ruim. O problema é que ele simplesmente não funciona com narcisistas. Se você sempre perdoa, cria para si uma grande vulnerabilidade, porque, em vez de abraçar o perdão como uma oportunidade de melhorar, o narcisista entende que as ações dele não têm consequências. Ele não sente empatia, portanto não tem consideração por você, por isso não vai mudar o comportamento. Entende que não sofrerá grandes consequências e será perdoado. Como resultado, o ciclo de traição e maus comportamentos persiste. Sarah não reprimia os maus comportamentos de Josh. Embora não os perdoasse explicitamente, criava justificativas para os problemas e não questionava Josh sobre o que o levava a se comportar dessa forma. O perdão pode levar ao surgimento de sinais de alerta iniciais e mantém a pessoa presa ao relacionamento narcisista.

Pais narcisistas, antagônicos ou invalidadores

Crescer em um sistema familiar narcisista é uma forma de doutrinação. Esse ambiente mina sua confiança, estimula você a se recriminar e se desvalorizar, como se você não fosse bom o suficiente do jeito que é.[1] A mensagem implícita é que, para manter o amor do pai narcisista, você precisa se esforçar ou ser uma fonte constante de suprimento e será julgado com base no que pode fazer pelo narcisista da família. Como resultado, você aprende a reprimir suas necessidades, a facilitar o comportamento do parente narcisista e a se acostumar com gaslighting, manipulação e indiferença. Com o tempo, a família narcisista normaliza o comportamento narcisista, e com isso você se torna muito mais vulnerável ao narcisista que entra na sua vida na idade adulta.

O sistema familiar narcisista nos estimula a pensar que precisamos "nos conformar" e que não temos direito de julgar o comportamento alheio. Os filhos precisam exercer diferentes papéis projetados para beneficiar os pais narcisistas e são definidos pela função que desempenham na família. Ainda neste capítulo exploraremos esses papéis mais detalhadamente.

A criança que cresce em uma família narcisista tem maior risco de, na vida adulta, se envolver com pessoas que oferecem o que lhe faltava na infância – como estabilidade financeira, afeto ou atenção intensa. De início, a mudança pode parecer um contraste com o passado, mas a pessoa pode não perceber outros padrões negativos, como a invalidação. Por exemplo, Sarah havia se afastado da família e tinha empatia por Josh porque ele também vinha de uma família que praticava a invalidação. Isso ativou nela o instinto salvador e o senso de empatia. Talvez, ao se colocar sempre do lado de Josh, Sarah estivesse lidando com suas feridas mais profundas. Provavelmente não notou como os comportamentos dele eram prejudiciais porque os havia normalizado, e talvez isso não só a tenha impedido de ver esses padrões no começo, como a familiaridade com esses comportamentos contribuiu para mantê-la presa.

Famílias felizes

Embora possa parecer um paradoxo, viver em uma família feliz é uma vulnerabilidade. Algumas pessoas crescem em famílias felizes, com pais que têm casamentos amorosos e respeitosos; os integrantes são genuinamente unidos; há empatia e compaixão; todos se apoiam; as pessoas escutam você falar dos seus sonhos, enxergam e amam você; na tristeza, há consolo; e ninguém grita, briga ou fere os outros. Então, qual é a desvantagem? Você não aprende a lidar com a barra pesada do narcisismo. Por conta de sua origem, você tem dificuldade para acreditar que existem pessoas que praticam a invalidação, são manipuladoras, desdenhosas e cruéis. Você aprendeu que qualquer obstáculo no relacionamento pode ser resolvido por meio de diálogo, perdão e amor. Talvez acredite que o amor supera todas as dificuldades porque isso sempre funcionou nos relacionamentos felizes que o cercavam enquanto crescia.

Sua família feliz pode acreditar na redenção, mas, como consequência, sem querer pode acabar fortalecendo seu relacionamento narcisista, sugerindo que você ame ainda mais o narcisista e mantenha a união. Lembro-me de conversar com um casal mais velho que tinha uma filha adulta num casamento narcisista. Os pais estavam felizes e casados havia 45 anos, e a família era unida. Quando a filha se envolveu num relacionamento com um narcisista maligno, eles não compreenderam muito bem e tentaram de tudo para fazer o casamento se sustentar e melhorar – chegaram a emprestar dinheiro, pagar férias extravagantes e tomar conta dos netos. Nada disso funcionou, e com o tempo eles viram a filha definhar psicologicamente, até que o casamento dela terminou. O casal acreditava que o tribunal concederia a guarda total das crianças à filha porque o pai era um "homem mau", mas ficou arrasado quando percebeu as maquinações de que era capaz um parceiro narcisista durante um processo de divórcio.

O lado positivo é que, se você cresceu em uma família feliz, o apoio social e a resiliência que nascem de um vínculo seguro e de um ambiente acolhedor podem fortalecer você à medida que começa a entender seu relacionamento narcisista.

Transições difíceis

Nos períodos de transição, é normal não estarmos em nosso melhor momento. Tenho visto muita gente entrar em relacionamentos narcisistas logo após um término, durante um divórcio, após se mudar de cidade ou de enfrentar a morte de alguém próximo. Transições podem ser motivadas por traumas (perda) ou por aspirações (novo emprego, mudança), mas em todo caso são desestabilizadoras. Nesse momento sua atenção fica atraída pelas novidades que acontecem na sua vida. Você precisa lidar com crises ou questões de logística e não pode contar com seus pontos de referência usuais, como sua rotina ou suas redes de apoio – tudo aquilo que está no "piloto automático".

O novo e o desconhecido também aumentam a ansiedade e o sentimento de incompetência, estimulando a sensação de vulnerabilidade. Todas as nossas forças estão voltadas para o processo de adaptação à nova situação, e com isso corremos o risco de ignorar padrões tóxicos que podem estar se desenvolvendo debaixo do nosso nariz. Foi o que aconteceu com Sarah: quando conheceu Josh, ela havia acabado de se mudar para uma nova cidade, de sair de um relacionamento tóxico e começar a trabalhar em um novo escritório. Embora não estivesse procurando ativamente um relacionamento, ela acolheu a conexão com um novo amigo em um lugar desconhecido. Na fase de transição podemos estar mais vulneráveis e propensos a entrar em um relacionamento narcisista.

Relacionamentos apressados

Relacionamentos narcisistas ganham força a partir da sensação de pressão. Relógios biológicos, pressão social ou até mesmo oportunidades com tempo limitado podem nos fazer ignorar os sinais de alerta porque eles seriam um impedimento para alcançarmos o que desejamos. Tive pacientes em relacionamentos narcisistas que disseram: "Sei que este relacionamento me faz mal, mas não tenho tempo para sair, encontrar alguém novo, casar e ter um filho antes que seja tarde demais." Essas situações validam a máxima que diz: "Ruim com ele, pior sem ele." Assim, você mantém o relacionamento com o narcisista e a longo prazo a pressa resulta em divórcios caros e dolorosos ou em relacionamentos ruins e abusivos. A realidade é que sob pressão nós raramente tomamos as melhores decisões.

Relacionamentos narcisistas costumam avançar muito rápido. Os dois vão morar juntos de uma hora para outra, ficam noivos da noite para o dia, criam uma empresa juntos num piscar de olhos. O narcisista usa bombardeios de amor para adiantar os marcos do relacionamento, como a primeira grande viagem de férias ou o momento de apresentar o parceiro à família. Se a pressa do narcisista coincide com seu desejo de alcançar determinados objetivos de vida, você se torna uma presa fácil e mergulha fundo demais no relacionamento pensando que pode lidar com os problemas mais tarde, mas deixa de reconhecer como ele é tóxico agora.

As circunstâncias levaram Sarah a se precipitar; ela queria superar as várias transições que estava enfrentando e ao mesmo tempo manter Josh na sua vida, mas sua tendência a agir como salvadora a fez acelerar uma transformação radical da amizade para o relacionamento romântico e a convidar Josh a se mudar para o apartamento.

Histórico de trauma, traição ou grande perda

Traumas ou grandes traições nos transformam, moldam nosso interior e nos tornam mais vulneráveis a autoacusação, dúvidas internas, emoções negativas, vergonha e dificuldades com relacionamentos íntimos.[2] A traição pode ser bastante traumática, seja da parte de um companheiro infiel, de um sócio desonesto ou de um parente ladrão. *Traumas de traição* são psicologicamente muito dolorosos porque uma pessoa ou um sistema em que confiávamos nos enganou ou rompeu nosso senso de confiança e segurança no relacionamento. Situações do tipo muitas vezes têm consequências psicológicas piores e mais duradouras do que outras formas de trauma ou perda.[3] O trauma de traição leva a uma combinação de autodesvalorização, autoacusação e distorções no discernimento e na confiança, criando uma vulnerabilidade ao abuso narcisista.

Muitos sobreviventes de traumas – em especial os que vivenciaram relacionamentos do tipo na infância – nunca fizeram tratamento voltado especificamente para isso, e nesses casos a cura pode ser um processo que dura uma vida inteira. Se você tem uma história de trauma, corre o risco de interpretar suas próprias reações de forma equivocada e praticar gaslighting contra si mesmo (*Acho que exagerei na reação a esta pessoa que está gritando comigo*), em vez de reconhecer que a forma como o corpo e a mente sofrem o trauma e a dor emocional faz com que o ritmo do relacionamento narcisista possa ter um impacto ainda mais profundo em você. A maioria das pessoas nunca chega a tratar esses traumas, portanto não se conscientizam de que ele existe e correm o risco de entrar e se manter em relacionamentos abusivos no futuro.

Ao analisar seus antecedentes e as vulnerabilidades que criam, perceba como eles se sobrepõem e se retroalimentam: sua positividade pode estimular o comportamento de salvador; a criação numa família narcisista e o histórico de trauma podem reduzir sua capacidade de discernimento. Bem, não é possível alterar seu passado, mas é possível usá-lo para entender quando é hora de desacelerar, prestar atenção, ser gentil consigo mesmo e deixar a culpa de lado.

O sistema familiar narcisista

Na família Smith, a matriarca narcisista, Isabelle, era obcecada por aparências e status. Ignorava os sentimentos alheios – era como se tudo e todos em sua casa fossem uma peça num tabuleiro de xadrez ou estivessem desempenhando um papel no palco.

O filho mais velho era Andrew. Ele passava o tempo todo tentando proteger os irmãos e se preocupando com o pai, alvo constante das críticas de Isabelle por não ter crescido o suficiente na carreira.

A segunda irmã, Sheryl, parecia muito com a mãe e era um prodígio do balé. Isabelle fazia de tudo para garantir que a menina estudasse na melhor escola de dança e sempre conseguisse papéis importantes nas peças estudantis. Sheryl era uma aluna quase perfeita, e Isabelle viajava com a filha para acompanhá-la em apresentações pelo país.

Diane, a terceira filha, era dois anos mais nova que Sheryl. Doce e gentil, não era boa aluna e tinha problemas com o peso. Isabelle a tratava com desprezo, obrigava-a a fazer inúmeras dietas e nos dias ruins a culpava por tudo que desse errado, dizendo coisas como: "Por favor, me diga que você encontrou uma amiga para brincar neste fim de semana. Não quero ter que passar tempo com você. Sheryl e eu vamos estar ocupadas."

Martine, a quarta filha, era um ano mais nova que Diane e era praticamente ignorada. A família cultivava poucos de seus interesses. Ou ela se virava sozinha ou não tinha nada. Inscreveu-se em um curso extracurricular e conseguiu bolsa integral, mas seus pais viviam se esquecendo de buscá-la. Depois de um tempo descobriu que podia ir de ônibus e passou a caminhar três quilômetros de casa até o ponto.

O caçula se chamava Thomas, que desde novo parecia ter "entendido" tudo. Não falava nada e era muito prestativo. Com 4 anos mantinha o quarto sempre limpo e implorava aos irmãos que fizessem o mesmo. Com 12 sabia que sua mãe só se preocupava com Sheryl, e às vezes era ele quem colocava a comida na mesa. Apesar de ser tão prestativo, Thomas tinha algo que incomodava Isabelle. Ela precisava dele, mas era como se sentisse vergonha disso. Thomas consolava Diane, que sofria com a crueldade da mãe. Diane perguntava a Thomas: "Por que a mamãe não gosta de mim?" Com uma sabedoria que não condizia com sua idade, Thomas respondia: "Diane, o problema não é você."

O filho mais velho, Andrew, era o salvador/reparador, fazia de tudo para ser um escudo humano e um terapeuta para os outros irmãos. Sheryl, a menina de ouro, costumava ser alheia a tudo, mas com o tempo foi ficando aterrorizada, sem saber como contar à mãe que não queria seguir carreira no balé. Diane, o bode expiatório, desenvolveu padrões típicos de transtorno obsessivo-compulsivo, fazia dietas perigosas e lutava contra a depressão e a ansiedade. Martine, a filha invisível, foi abandonada e precisou se virar sozinha; sem orientação, tomou más decisões ao entrar na idade adulta. Thomas, o caçula prestativo e que enxergava a realidade, se esforçou tanto para manter a casa funcionando bem que acabou se exaurindo. Por mais difícil que fosse abandonar Diane, a quem tanto queria proteger, Thomas saiu de casa no dia do aniversário de 18 anos e nunca mais voltou.

Em sistemas familiares saudáveis, as preferências, as diferenças e os temperamentos de cada indivíduo são reconhecidos, mas isso não significa que a criança seja definida por essas características. Em sistemas familiares narcisistas, porém, o(s) pai(s) tende(m) a usar os filhos para se regular, a enxergá-los como suprimento ou incômodo e usá-los para suprir suas próprias necessidades. Assim, a criança é definida e colocada em papéis convenientes para o pai narcisista – não é respeitada por quem é nem tem suas necessidades reconhecidas. Esses papéis permitem que o pai narcisista mantenha poder e controle inquestionáveis dentro do sistema. Nem sempre os filhos são ativamente colocados nesses papéis, mas talvez percebam que ao assumi-los – ao começar a ter determinados comportamentos – ficam mais seguros e preservam melhor o vínculo com o pai invalidador. Nem todos nós fomos criados em uma família narcisista, mas, curiosamente, é possível observar esses papéis em locais de trabalho tóxicos ou na família do parceiro. Quando compreendemos esses papéis, passamos a entender como repetimos os ciclos que aprendemos na nossa família de origem ou em outro sistema (por exemplo, um grupo tóxico de amigos ou de colegas de trabalho) e criamos alicerces para nosso processo de cura, pois esses papéis nos impedem de realizar o processo de individuação, que é essencial para a cura.

Se você veio de uma família narcisista, talvez perceba que está desempenhando pelo menos um desses papéis.

Você era alvo de abuso, bullying e insultos? Tentava fazer com que todos a seu redor se sentissem bem e agia como um pequeno diplomata? Percebia o comportamento problemático de seu pai ou sua mãe narcisista, que se sentia com o ego ameaçado por notar que você sabia o que estava acontecendo? À medida que você lê sobre esses papéis, repare que alguns se sobrepõem – você pode ser ao mesmo tempo um observador/revelador da verdade e um bode expiatório, por exemplo. Se você é filho de pais separados que constituíram uma nova família, pode assumir um papel em cada núcleo. Os papéis também mudam com a idade – você pode ser a criança de ouro quando jovem e ser substituído por um irmão mais novo ou perder o posto porque deixou de ser tão bonito ou não está oferecendo suprimento narcisista. Quanto maior a família, mais provável é que todos esses papéis sejam representados. Em famílias menores, os irmãos costumam assumir vários papéis, enquanto outros simplesmente não são representados. Também é possível assumir diferentes papéis num sistema familiar estendido de primos e tios.

Infelizmente, se seus dois pais eram narcisistas ou antagônicos, esses papéis podem se cimentar à sua identidade e se tornar a sua única forma de atender as próprias necessidades. Esses papéis se prendem a identidades falsas que persistem em relacionamentos adultos, e é importante estar ciente delas para conseguir, aos poucos, superá-las e encontrar seu verdadeiro eu. Quanto mais papéis você desempenhou no passado, mais trabalho terá para se desvencilhar deles e chegar à sua essência.

Vamos analisá-los um por um.

A criança de ouro

Na família Smith, Sheryl recebeu atenção desproporcional da mãe, mas mesmo assim sofria a avassaladora ansiedade de ter que enfrentar a raiva e a decepção dela para tentar perseguir seus próprios interesses. A *criança de ouro* é o filho favorito, a fonte familiar favorita de suprimento do pai ou da mãe narcisista. Ela representa algo que o narcisista valoriza: talvez se pareça com a pessoa narcisista; talvez seja atraente, obediente e complacente; ou talvez seja um atleta ou aluno brilhante. O sucesso, a aparência ou o comportamento da criança de ouro funciona como o suprimento para o pai narcisista, e a criança tem suas necessidades de apego e afiliação atendidas enquanto corresponde ao que o pai quer. Às vezes, a criança de ouro recebe mais ou melhores recursos (tem um quarto próprio, ganha um carro de presente, estuda em escolas melhores) do que os irmãos. Mas ela vive num pedestal condicional e perigoso, pois sabe que, se deixar de ter bom desempenho, se não entregar o esperado, seu valor diminuirá.

Crianças de ouro empáticas costumam se sentir culpadas, tristes ou até envergonhadas por serem "escolhidas" em detrimento dos irmãos. As que não são empáticas podem se transformar em pessoas intimidadoras e valentonas e evoluir para adultos narcisistas. Se você foi uma criança de ouro, talvez se sinta numa prisão, tentando manter esse status, sempre agradando o pai narcisista, e isso restringe sua liberdade para seguir seus interesses ou traçar seu caminho de vida. Talvez você ainda esteja nesse papel submisso na idade adulta, dependente da validação do pai narcisista. Pode se sentir obrigado a coordenar a vida do narcisista, à medida que ele envelhece, pois seus irmãos se afastaram dele. Mas o pai narcisista pode retirar qualquer validação quando você pisar em falso, mesmo na idade adulta.

Se você foi a criança de ouro, procure perceber como esse papel afetou seus irmãos e talvez ainda crie uma tensão no relacionamento com eles. Tenha cuidado para não cometer gaslighting quando eles compartilharem as experiências que tiveram com seus pais, pois é bem provável que tenham sido muito diferente das suas. Você também pode se sentir culpado se foi bem tratado pelo narcisista enquanto o resto da família não foi. É essencial fazer terapia para lidar com a culpa e o sentimento de luto. Além disso, fique atento para não perpetuar esse ciclo intergeracional, "ungindo" um dos seus filhos como menino de ouro.

O bode expiatório

O narcisista usa e abusa das pessoas para regular o comportamento e as emoções delas, e é aí que entra o *bode expiatório*. Se você desempenhou este papel, foi alvo da maior parte da ira do pai narcisista e sofreu os piores golpes psicológicos. Provavelmente levou a culpa por coisas que não fez, recebeu uma carga desproporcional de tarefas, não usufruiu das mesmas vantagens que os irmãos e vivenciou todos os aspectos do abuso narcisista desde muito jovem, incluindo abuso físico. Tudo isso resulta em danos psicológicos. Por exemplo, Diane, o bode expiatório da família Smith, enfrentou inúmeros problemas que podem ter impactos prejudiciais a longo prazo, incluindo transtornos alimentares e padrões obsessivo-compulsivos que podem representar uma tentativa de se manter segura ou lidar com o sistema familiar.

O pai narcisista tem várias razões para fazer um filho de bode expiatório. Talvez o tenha enxergado como um indivíduo fraco, vulnerável ou indesejável – ou como uma ameaça. Ou o filho pode não "ser" do jeito que o pai quer ou não servir como fonte de validação suficiente. Por exemplo, filhos com pai narcisista atlético que decidem ser artistas ou que não têm força física se tornam bode expiatório. O mesmo ocorre com filhos que não aceitam papéis e expectativas de gênero impostos pelo pai narcisista. O bode expiatório também pode fazer parte de uma dinâmica mais ampla chamada *bullying familiar*, em que o sistema mira um só integrante e os irmãos dele seguem o mesmo caminho para evitar a ira do pai narcisista.

O bode expiatório pode entrar na idade adulta sentindo-se profundamente isolado, com baixa autoestima e sem senso de pertencimento. Ele precisa escolher entre dois caminhos: no mais problemático, continua tendo problemas de identidade, autoestima e ansiedade; corre o risco de cair em ciclos de vínculo traumático nos relacionamentos adultos e de permanecer preso à família, tentando eternamente conquistar o pai narcisista. O outro caminho, melhor, permite que você estabeleça limites ou se distancie dos familiares tóxicos. (Também é possível ficar no meio-termo: se afastar, mas continuar enfrentando questões de identidade, autoestima e ansiedade.)

O papel de bode expiatório é muito doloroso e carrega traumas complexos, e é aí que a terapia com foco no trauma se faz essencial para abordar esses impactos. Se você foi o bode expiatório da sua família, trabalhe para encontrar sua voz separada do sistema familiar, cultive novas fontes de apoio, desenvolva uma família com integrantes que você escolheu e se envolva em atividades afirmativas e que lhe permitam se desenvolver como pessoa, afastando-se do sistema invalidador.

O ajudante

O *ajudante* se mantém seguro garantindo que as necessidades do pai narcisista sejam atendidas. Era o que Thomas fazia na família Smith. Para alcançar a segurança vale tudo: realizar tarefas domésticas – como preparar refeições e limpar a casa –, cuidar de irmãos mais novos ou mesmo consolar e acalmar o próprio narcisista. Talvez ele tenha certa sensação de controle ou segurança porque é capaz de "fazer" algo para manter a atenção do narcisista, mas ao mesmo tempo pode se sentir exausto, ter dificuldades na escola e se afastar dos amigos e das atividades normais da infância por ter que "servir" ao pai narcisista. Um detalhe importante: existe uma grande diferença entre ser colocado no papel de ajudante e ter uma mentalidade do tipo "mãos à obra". Em famílias saudáveis, mas grandes, com pais solteiros ou em situação financeira precária, é preciso contribuir, mas a contribuição é reconhecida e apreciada, e a criança tem a sensação de segurança, de ser amada e apoiada, e não de que está sendo obrigada a cumprir tarefas em troca de amor.

Se você foi ajudante na infância, talvez se veja desempenhando o mesmo papel em relacionamentos adultos ou se sobrecarregando no ambiente de trabalho. Pais narcisistas partem do princípio de que os filhos são um meio de atender às próprias necessidades, e, embora o ajudante seja cooptado, alguns são capazes de reconhecer que essa é a única maneira de serem notados pelo pai, enquanto outros podem fazer isso para agradar, evitar a ira e manter o sistema familiar em funcionamento. Se você não começar a se desvencilhar do papel de ajudante na idade adulta, talvez continue ajudando o pai narcisista e atrasando a própria vida, enquanto seus irmãos – se você não é filho único – esperam que você tome conta de tudo.

Se você foi ajudante na infância, comece a praticar o "não". Não se sinta na obrigação de sempre lavar a louça, levar as pessoas aos lugares, fazer tudo. Talvez, ao não "fazer" as coisas, sua ansiedade aumente, mas faz parte do processo de se libertar desse papel. Comece com pequenos "nãos" e, aos poucos, siga em direção a "nãos" maiores.

O salvador/reparador

O papel de *salvador/reparador* é exercido pelo filho que assume a função de diplomata no sistema familiar narcisista. No papel de mediador, Andrew sempre tentava negociar a paz ou acalmar o pai, mas também tentava evitar que seus irmãos ficassem na linha de fogo psicológica. Os motivadores do conciliador são a ansiedade, a autoproteção, o medo do abandono e o desejo de proteger os outros. Ele sabe que o pai narcisista tem pavio curto, por isso tenta manter a paz o tempo todo. Também pode ser movido pelo desejo de proteger o pai não abusivo, o irmão bode expiatório ou qualquer um que faça parte do sistema familiar (incluindo animais de estimação). De certa forma, ele é o palhaço de rodeio tentando distrair o pai narcisista e se antecipar a qualquer problema que possa irritá-lo, redirecionando a conversa quando necessário ou até mesmo se sacrificando. É um papel exaustivo, que com o tempo nos faz ficar vigilantes e nervosos, sempre atentos a tudo que pode irritar o pai narcisista. Infelizmente, é possível que sem querer você se torne um facilitador – alguém que tenta suavizar os golpes do narcisista e tranquilizar todos à volta (inclusive o narcisista) convencendo-os a aceitar o comportamento abusivo.

Você pode chegar à idade adulta ainda exercendo o papel de salvador/reparador, inserindo-se em dramas familiares, agindo como árbitro, tranquilizando as pessoas no grupo de mensagens da família e tentando fazer parecer que tudo é menos disfuncional do que é de fato. Fora da esfera familiar, você corre o risco real de entrar em relacionamentos narcisistas, sempre tentando mediar e encontrar soluções para os problemas. É possível que seja avesso a conflitos, um padrão que muitas vezes enxergamos como parte do vínculo traumático. Salvadores/reparadores costumam ceder aos desejos do narcisista e evitam estabelecer limites, devido à tensão e ao conflito que surgiriam.

Para superar o papel de salvador/reparador adquirido na infância, é preciso aprender a vivenciar a ansiedade que surge quando não solucionamos um problema ou não mantemos a paz. Um ótimo ponto de partida é se permitir estabelecer pequenos limites com sua família de origem. Você pode, por exemplo, parar de agir como mediador no grupo de mensagens onde todos esperam que você resolva os conflitos e gerencie o pai narcisista.

A criança invisível

Se Martine não tivesse descoberto como voltar para casa sozinha, poderia ter passado a noite inteira na escola. Era como se seus pais não dessem a mínima. Ninguém a enxergava. *Crianças invisíveis* se perdem em meio à confusão. Seus interesses não são cultivados, suas necessidades são deixadas de lado. O pai ou a mãe narcisista raramente nota a presença da criança invisível, não faz perguntas para saber como ela se sente, nem sequer se dirige a ela. Crianças desse tipo sofrem um abandono psicológico quase total. Fica angustiado ao ver que os outros irmãos são "vistos", sobretudo a criança de ouro. A diferença de tratamento pode fomentar nele o sentimento de "não ser bom o bastante", típico de crianças criadas em famílias narcisistas. É uma posição dolorosa e singular, porque até o bode expiatório é visto (embora obviamente seja pior para ele). Em algumas famílias, a criança invisível pode se tornar a *criança perdida* – uma criança à deriva, sem direção, que entra e sai do sistema familiar.

A criança invisível precisa resolver muitas coisas por conta própria, desde problemas na escola até grandes decisões da vida. Por não ser vista, ela se sente inútil, não tem autoestima e tem pouca capacidade de se defender. Isso a coloca em risco de entrar e permanecer em relacionamentos adultos onde não é vista ou de ser alvo de narcisistas que prestam atenção nela apenas no começo do relacionamento. O único consolo é que seu afastamento do sistema familiar pode passar relativamente despercebido. O risco, porém, é que passe a vida tentando fazer com que a família a note, esforço que não costuma dar frutos e que a mantém presa ao sistema tóxico, negando seu verdadeiro "eu" para tentar ser o que os outros precisam que ela seja. Ela faz isso para ser vista, mas perde a chance de desenvolver sua identidade fora desse sistema.

Superar o papel de invisível requer grande discernimento, pois nem toda atenção é positiva. Encontre uma forma de ser visto que seja autêntica para você. Pare de compartilhar suas conquistas, alegrias e experiências com sua família de origem, pois elas serão ignoradas, você perderá sua alegria e correrá o risco de voltar ao ciclo de querer ser percebido por aqueles que não conseguem enxergá-lo.

Observador/revelador da verdade

Quase sempre há uma criança perspicaz e sábia em cada sistema familiar narcisista, que, com enormes sabedoria e discernimento, percebe como os padrões narcisistas são tóxicos e cruéis (mesmo que não conheça as palavras para descrever esse estilo de personalidade). Esse é o *observador/revelador da verdade*. Se você foi essa criança, saiba que tem um dom, mas que também corre um risco. Sua simples presença pode evocar vergonha no pai narcisista. Talvez você tenha soltado uma indireta como "Mamãe não gosta quando as pessoas pensam que ela não é inteligente" e na hora tenha sido feito de bode expiatório. Embora tente silenciar você porque não quer que a verdade seja revelada, o pai narcisista não pode impedi-lo de enxergar o que está acontecendo. Talvez você tenha consolado irmãos magoados, discutido com a criança de ouro que se beneficiava do sistema ou, de maneira sutil ou direta, exposto o pai narcisista como uma pessoa falha. Mas à medida que envelhece você pode se tornar o "rebelde da família", que enxerga a dinâmica familiar como realmente é, um indivíduo que o pai narcisista ficará feliz em descartar do sistema familiar.

Muitas vezes o revelador da verdade fica só esperando o momento certo para sair do sistema. Na família Smith, por exemplo, Thomas desempenhava o papel de ajudante, mas ao mesmo tempo era o observador e se afastou assim que pôde. No entanto, por mais que seja sábio e resiliente, se você foi criado em uma família narcisista pode ser atormentado pela ansiedade. Talvez você não tenha autoconfiança ou amor-próprio suficiente para executar seu plano de fuga – ou talvez se sinta culpado por abandonar o pai narcisista ou os irmãos. Talvez sofra com o sentimento permanente de luto por reconhecer que não tem um espaço seguro ou uma família que o ame incondicionalmente.

Ainda assim você tem todas as condições de prosperar. É possível que seja um mestre em estabelecer limites, tenha bons instintos e seja capaz de antever problemas, recuar e não se envolver neles. Se a sua família descartou você a mando do pai narcisista, seu luto pode ser imenso. Mas é nesse ponto que a terapia se torna essencial para lidar com esses sentimentos e para cultivar fontes mais saudáveis de apoio social – por exemplo, uma "família escolhida". Você tem um dom. Valorize e aproveite sua capacidade de enxergar padrões tóxicos.

Compreendendo seus antecedentes

Há pessoas que têm uma história de vida tão complicada que o simples ato de se proteger pode parecer uma tarefa impossível. Isso porque elas precisam reconhecer que, paradoxalmente, algumas de suas melhores características podem colocá-las em risco, enquanto precisam ao mesmo tempo se blindar de um mundo, um ambiente de trabalho ou uma família que não reconhece ou não se importa com o que está acontecendo. Como psicóloga, preciso medir as palavras ao falar sobre a importância de conhecer seus antecedentes, vulnerabilidades e papéis familiares. Por outro lado, preciso evitar uma narrativa que responsabilize apenas o sobrevivente – por exemplo, eu não o responsabilizo por ter entrado num relacionamento narcisista devido ao fato de ser um conciliador. É por isso que também precisamos entender como as pessoas, as famílias e a sociedade em geral favorecem o narcisismo e aumentam nossas vulnerabilidades e dúvidas sobre nós mesmos.

Em sistemas familiares narcisistas e invalidadores, a dinâmica costuma ser do tipo: "Se você viu alguma coisa, não diga nada." Se você questiona um membro narcisista da família, passa a sofrer gaslighting, a ser visto como problema ou a ser tratado com indiferença. Ambientes de trabalho também fomentam o narcisismo quando promovem culturas que protegem "a galinha dos ovos de ouro" e recompensam os profissionais que têm um desempenho melhor mesmo quando apresentam um comportamento negativo no trabalho. Quem tenta aumentar a conscientização sobre o bullying ou outros comportamentos abusivos sofre gaslighting ou é silenciado. O mundo tem um papel ativo na normalização desses comportamentos, seja ao encorajá-los, ao aplaudir o comportamento narcisista assumido ou ao fazer vista grossa.

Tudo isso ampliou o problema, fazendo com que esses ciclos se repitam ao longo das gerações e se espalhem pelas sociedades. Você pode até reconhecer seus antecedentes e as vulnerabilidades associadas a eles, mas os sistemas continuam recompensando esses padrões, o que significa que você precisa alcançar a cura em um ecossistema que não nos estimula a isso. Saiba que, se está difícil fazer qualquer progresso, não é porque você não está se esforçando, e sim porque é difícil alcançar a cura fazendo parte de um sistema que não ajuda.

Mesmo assim, você é capaz de chegar lá. Na sua forma mais simples, alcançamos a cura nos dirigindo à criança vulnerável que existe dentro de nós e dizendo "A culpa não é sua"; "Não é responsabilidade sua resolver isso"; "O que você tem a dizer é importante". Talvez você perceba que múltiplas vulnerabilidades culminam numa história cheia de nuances, explicam como você foi atraído pelo narcisista e, sobretudo, por que ficou preso no relacionamento. É possível, por exemplo, que você tenha sido criado num sistema familiar narcisista, tenha um histórico de trauma, seja empático e esteja vivenciando um momento de transição justamente no momento em que conhece uma pessoa narcisista. A presença de múltiplas vulnerabilidades amplia a propensão ao vínculo traumático, à insegurança interna e à autoacusação. Ao alcançar a cura compreendemos tudo isso.

Não é possível voltar no tempo e mudar o passado, mas é possível permanecer atento e ter ciência dessas vulnerabilidades e histórias. Muitas vezes a cura se resume a abrir os olhos e enxergar as situações com mais clareza. Essas estratégias são um modo de integrar suas vulnerabilidades e visões de mundo levando em conta os riscos, as dinâmicas de relacionamentos narcisistas e um modo de se proteger.

Mantenha a atenção e diminua o ritmo

Suas vulnerabilidades podem se manifestar como respostas reflexivas – por exemplo, você faz de tudo para consertar os problemas ou sempre para tudo que está fazendo para ouvir os problemas dos outros. A única maneira de começar a alterar esses padrões profundamente entranhados é, em primeiro lugar, estar ciente deles. Comece diminuindo o ritmo, conversando consigo mesmo e se conscientizando de suas reações. Se você está numa fase atribulada da vida, encontre maneiras de promover a atenção plena respirando, meditando e desacelerando a mente. Tire alguns minutos para executar uma tarefa que precisa ser realizada – por exemplo, lavar louça, dobrar as roupas, ir ao supermercado, preencher uma planilha –, mas faça devagar e preste atenção no que sente enquanto age de maneira mais deliberada.

Ao agir e tomar decisões às pressas, muitas vezes deixamos de ser criteriosos, mas quando praticamos a desaceleração desenvolvemos a capacidade de discernimento e percebemos como nossa história de vida pode, sutilmente, estar nos atraindo para algo prejudicial. É claro que suas metas e aspirações maiores – como se casar, ter filhos e crescer na carreira – são importantes, mas esses objetivos podem ser prejudicados quando você dá um passo maior que a perna.

Aprenda a ter discernimento

A atenção plena é essencial para o passo seguinte, o de construção do discernimento. Ele é formado por dois elementos: como você avalia pessoas novas e como lida com as que já fazem parte da sua vida. Ter discernimento ao avaliar recém-conhecidos é observar como eles se comportam e como reagem ao estresse, recebem feedback e respeitam seu tempo, e depois agir de acordo com esses dados, em vez de justificar comportamentos prejudiciais e inaceitáveis deles. Para isso, use uma antiga máxima que aprendi nos meus estudos: *A primeira vez é lapso, a segunda vez é coincidência, a terceira vez é padrão.* Essa regra permite que você dê uma chance a alguém, mas ao mesmo tempo se permita reconhecer padrões problemáticos e recuar quando necessário.

Nunca é tarde para lançar um olhar analítico sobre o comportamento das pessoas que fazem parte da sua vida. Se você tem dificuldade para aplicar o discernimento a pessoas, pense em como o aplica a alimentos: você não comeria comida estragada ou malfeita. De forma análoga, ter discernimento é estar disposto a se afastar de quem não nos faz bem. E o discernimento tem outra função fundamental: impedir que você permaneça preso ao relacionamento narcisista após notar sinais de alerta e padrões desconfortáveis.

A autoavaliação é um ótimo exercício de discernimento. Preste atenção em como você se sente depois de passar tempo com os narcisistas – do ponto de vista emocional, mental, físico e até energético. Você se sente inferiorizado, cansado, frustrado, enjoado, irritado. Agora compare com a sensação de estar com pessoas saudáveis: você provavelmente se sente energizado, inspirado, feliz, lúcido, focado. Geralmente nos sentimos um pouco melhor em relação a nós mesmos (costumo dizer que nos sentimos alguns centímetros mais altos depois de passar tempo com uma boa pessoa). Essas checagens podem nos ensinar algo útil e aplicável a novas interações e nos ajudam a permanecer atento a nossos sentimentos. Você sabe o que é saudável. Só precisa desacelerar e prestar atenção.

É claro que ninguém vai ter discernimento o tempo todo. Se você é empático, vai errar em algum momento, e tudo bem. Isso não significa que vai ficar preso a relacionamentos tóxicos pelo resto da vida, e é melhor errar de vez em quando e ter uma ou outra mágoa a perder o que você tem de humano, bonito e compassivo, que faz você estar aberto a pessoas novas em sua vida. A prática do discernimento é um processo de calibragem que dura a vida toda, uma disposição a enxergar que os padrões de comportamento narcisistas são consistentes, imutáveis e prejudiciais.

Ter discernimento também não significa que vamos fugir das pessoas, talvez apenas recuar alguns passos e monitorar as sensações. Se você costuma perdoar, preste atenção e se pergunte: seu perdão leva o relacionamento a crescer e conduz a uma mudança de comportamento? Ou você continua perdoando os mesmos erros? Se alguém repete o mesmo comportamento errado e você segue perdoando, inclua o discernimento em seu ciclo de perdão. Você pode acreditar que o perdão é divino, mas aprender a discernir é transcendental.

Seja "do contra"

Os antecedentes e os papéis que você desempenhou ao longo da vida podem "prepará-lo" para aceitar comportamentos prejudiciais em um relacionamento tóxico e estabelecer precedentes difíceis de romper. Por mais difícil que seja, tente contrariar esses instintos fazendo o oposto do que geralmente faz. Por exemplo, fique no seu canto e não saia resolvendo problemas, perdoando ou dando segundas chances. Pratique essa postura em outros relacionamentos. Quando alguém aparecer pedindo ajuda indiretamente, não corra para atender. Reflita sobre as origens de seu comportamento de salvador. Se você acabou de conhecer uma pessoa, estabeleça um período de três a seis meses antes de começar a ajudá-la ou salvá-la.

Cultive espaços seguros

Ter espaços em sua vida onde você se sente seguro e não precisa temer que seus antecedentes e suas vulnerabilidades sejam explorados – seja na terapia, num grupo de apoio ou entre amigos e familiares de confiança – é crucial para a cura. Pessoas que foram bode expiatório ou criança invisível na infância simplesmente querem ser vistas e ouvidas de forma precisa, e esses espaços seguros podem ajudá-las a quebrar a rigidez dos seus papéis e permitir que elas se experimentem e se expressem de forma mais completa. Relacionamentos tóxicos consomem tanto tempo que talvez você não consiga fomentar e cultivar espaços saudáveis. Assim, comece com pouco, simplesmente mantendo contato com pessoas saudáveis. Então, quando se sentir seguro, comece aos poucos a priorizar esses relacionamentos e dedique tempo a essas pessoas, em vez de consertar, salvar e perdoar os narcisistas na sua vida. Deixe o relacionamento tóxico em segundo plano e dê o melhor de si nesses espaços seguros.

Eduque-se

Aprenda sobre o narcisismo, e, se você vive em um sistema familiar feliz, será capaz de educar também seus integrantes, para que seja um espaço de apoio para você (mas não tente instruir seus familiares se você vive num sistema narcisista!). Repasse os primeiros capítulos deste livro e reconheça que não se trata de rotular uma pessoa como narcisista e se afastar com frieza, e sim de identificar comportamentos prejudiciais que simplesmente não fazem bem a você e perceber que esses padrões não mudam.

Estabeleça regras

Após passar por uma cirurgia, precisamos cumprir certas regras – não pegar peso durante seis semanas, não se abaixar durante um mês, não dirigir por duas semanas, etc. Seguimos essas regras para podermos nos curar. Da mesma forma, regras e limites rígidos podem nos proteger de nossos antecedentes e vulnerabilidades. Exemplos: não iniciar um relacionamento logo após passar por uma grande mudança na vida; construir uma base de apoio antes de pensar em ter um relacionamento romântico com alguém; desligar as notificações do celular para evitar que o narcisista interrompa seu trabalho. Não se trata de regras arbitrárias – estão mais para um guarda-corpo que serve para você se reconectar consigo mesmo e lembrar que deve evitar "carregar muito peso" enquanto não se sente forte o bastante.

Considere fazer terapia

Dependendo de sua história de trauma ou de seus relacionamentos narcisistas, a terapia focada no trauma pode ser essencial. Um princípio central desse trabalho é reconhecer que você não é definido pelo trauma e tem uma identidade separada do que aconteceu com você. Pessoas com histórias de trauma ligado a traições costumam ter grandes oscilações no nível de confiança no outro: às vezes falta confiança, às vezes sobra, e às vezes ela é mal direcionada. A terapia também se torna um lugar onde elas podem explorar o relacionamento com confiança, praticar a capacidade de fazer escolhas saudáveis e simplesmente reconhecer que têm autonomia para fazer escolhas, algo que muitas vezes é cooptado pelo trauma e pelos sistemas familiares narcisistas.

Esteja aberto

Muitas vezes, os antecedentes nos impedem de enxergar que as coisas podem ser diferentes, mas o fato é que nossa vida e nossos relacionamentos não precisam permanecer como estão. A curiosidade é uma motivação poderosa. Pode parecer incômodo explorar caminhos que tangenciem sentimentos desagradáveis, como o arrependimento. Quando conseguimos plantar a semente mental de que a vida pode ser diferente, podemos mudar nossa perspectiva de vida. Essa mudança não precisa ser imediata, mas temos que estar abertos a qualquer possibilidade de plantar essa sementinha. E quando falo de estar aberto me refiro não apenas a nossas condições de vida, mas também a nós mesmos e às nossas possibilidades internas. É como se o roteiro rígido da vida ficasse mais maleável e nos desapegássemos da ideia de que só existe um caminho a seguir. Lembre-se: existem infinitos caminhos dentro de você.

Identifique suas justificativas

Nos relacionamentos narcisistas, seus papéis e suas vulnerabilidades impulsionam as justificativas e até mesmo a negação. Mas a partir do momento que consegue enxergar com clareza que as justificativas são *apenas* isso mesmo, justificativas, você passa a ser capaz de se monitorar. Anote as justificativas que você mais utiliza e reflita sobre elas (*Ela não quis dizer isso; Talvez eu esteja exigindo demais; Talvez eu esteja sendo bobo ao esperar que as pessoas sejam educadas; Ele não sabe do que está falando; Estou exagerando, é apenas o jeito dela de se comunicar; Ele está ficando velho*). É possível que você note padrões, como o uso de justificativas diferentes para familiares em comparação com amigos, ou o fato de indicarem que você pratica gaslighting consigo mesmo (por exemplo, há pessoas que justificam comportamentos narcisistas com base na ideia de que são sensíveis demais). Talvez você crie justificativas diferentes de acordo com o gênero, a idade, o tempo de convivência ou a situação. Reflita também sobre como seus antecedentes e suas vulnerabilidades influenciam suas justificativas. Indivíduos muito empáticos criam justificativas baseadas na empatia (*Vai ver ela está tendo um dia difícil*), enquanto os salvadores justificam dizendo

Ela só precisa que alguém a ajude. Anote as justificativas, reflita sobre elas e identifique padrões para enxergar seus relacionamentos com mais clareza.

Trabalhe seu sentimento de culpa

A culpa é uma emoção desconfortável, evocada quando você acredita que fez algo errado. Mas a culpa é subjetiva, e você pode se sentir culpado por estabelecer um limite, por esperar que outras pessoas façam o trabalho delas ou por não comparecer a um evento por saber que será maltratado nele. Anos de trabalho com sobreviventes de abuso narcisista me ensinaram que eles passam muito tempo sentindo culpa. Minha pergunta para cada um deles é: "O que você fez de errado?"

Quando você se sentir culpado, pergunte-se: "O que eu *fiz* de errado?" E a pergunta seguinte é: "Se outra pessoa tivesse feito isso, eu acharia errado?" Escreva sobre seu sentimento de culpa e reflita sobre como seus antecedentes e papéis desempenhados ampliam esse sentimento e sobre como ele se manifesta nos diferentes relacionamentos. Esse é o primeiro passo para começar a afastar a culpa. Talvez você descubra que essas "coisas ruins" que provocam esse sentimento são apenas prazeres simples da vida, como folgar no dia do aniversário, dormir até mais tarde no fim de semana ou se afastar de uma pessoa manipuladora.

Lembre-se de seus pontos fortes

Uma das tarefas mais difíceis para o sobrevivente de um relacionamento narcisista é identificar os próprios pontos fortes, mas foram essas virtudes que atraíram a pessoa narcisista para você e que mantiveram você no relacionamento. Ou seja, seus pontos fortes na verdade fazem você entrar no relacionamento narcisista e ficar preso a ele. Talvez você reconheça que é uma pessoa muito flexível, uma pessoa que sabe se planejar para lidar com qualquer situação, um especialista em resolver problemas. Os atributos que provavelmente atraíram o narcisista – a criatividade, as risadas, a inteligência – talvez estejam escondidos, mas continuam dentro de você. Anote os pontos fortes que você desenvolveu para sobreviver ao relacionamento narcisista e os que sempre teve. Esse exercício faz parte do processo de identificar que sua experiência no relacionamento narcisista não foi passiva, e sim de sobrevivência ativa.

Quando identificamos e compreendemos os antecedentes, as vulnerabilidades e os papéis limitantes em que fomos colocados no relacionamento narcisista, nos conscientizamos e ganhamos capacidade de discernimento. Mas os antecedentes, as vulnerabilidades e os papéis limitantes não existem num vácuo, e, se você faz mudanças e estabelece limites dentro de si, pode ter certeza de que alguém vai tentar humilhá-lo ou duvidar de você. Ao se aprofundar e explorar esses padrões, você começa a descobrir seu "eu" autêntico – não a versão moldada para atender às necessidades e preferências de narcisistas, mas seu "eu" verdadeiro. A cura não é o fim abrupto de todos os relacionamentos narcisistas da sua vida, e sim o processo de crescimento fora desses espaços tóxicos enquanto nos preparamos para lidar com pessoas narcisistas e manipuladoras que inevitavelmente encontraremos no futuro. O crescimento e a individuação se encontram no cerne da cura do abuso narcisista, e isso é aceitação radical.

5
Abrace a aceitação radical

A dor alcança o coração na velocidade da luz, mas a verdade entra no coração com a lentidão de uma geleira.
BARBARA KINGSOLVER, *Animal Dreams*

Você deve conhecer a história do escorpião e do sapo. O escorpião tenta convencer o sapo a ajudá-lo a atravessar um rio. Para isso, faz promessas falsas, enche o sapo de elogios e promete não picá-lo no trajeto. No fim, o sapo aceita ajudá-lo. Quando eles chegam à outra margem do rio, o escorpião pica o sapo, embora tenha prometido não fazê-lo. Moral da história: o escorpião sempre vai picar, não importa quantas promessas faça. É da natureza dele.

O escorpião e o narcisista agem de forma semelhante. Apesar do charme, da bajulação, das promessas e das falsas garantias, o narcisista não muda: ele vai ferir quem está próximo. Mais importante do que entender o narcisismo é reconhecer como os padrões comportamentais prejudiciais associados a ele se manifestam em seu relacionamento. Existem muitas hipóteses sobre o que leva narcisistas a agirem dessa forma, mas se o seu foco é alcançar a cura, os motivos não têm importância. O problema não é "Por que ele fez tal coisa?", e sim "Ele fez tal coisa, isso não é bom para mim, e ele vai fazer de novo". Aceitação radical é reconhecer que o comportamento do narcisista é sempre o mesmo, consistente, para poder seguir em frente.

Compreender a aceitação significa compreender o que ela é e o que não é. Aceitação não é ignorar ou deixar pra lá o que aconteceu no relacionamento narcisista. Também não é ser submisso ou baixar a cabeça. Aceitação não significa ser um capacho. Aceitação radical é reconhecer a realidade do relacionamento narcisista e, acima de tudo, reconhecer que *o comportamento dele não vai mudar*. Ela permite que você alcance a cura, porque você para de canalizar suas energias na tentativa de consertar o relacionamento e, em vez disso, foca em seguir com a vida. A alternativa é ficar preso na esperança infundada de que tudo pode melhorar e permanecer nesses ciclos perpétuos de invalidação.

O poder da aceitação radical

Luisa finalmente entendeu. Após 25 anos em um relacionamento narcisista, fazendo terapia e participando de grupos de apoio, tudo ficou claro: seu parceiro nunca mudaria. A ficha caiu quando, pela centésima vez, ela preparava um jantar especial e ele avisou em cima da hora que iria "trabalhar até tarde". Naquela noite Luisa reagiu normalmente. Não ficou com raiva quando ele disse que não chegaria a tempo e permaneceu estranhamente calma quando ele afinal entrou pela porta de casa. Não tentou fazer a fiscalização de sempre – perguntando onde ele estava – nem foi correr para arrumar a mesa e esquentar o jantar. Em vez disso, permaneceu sentada no sofá, sem qualquer sarcasmo apontou na direção dos pratos e do micro-ondas e voltou a ver TV. Por inúmeras vezes Luisa tinha evitado ter esse comportamento, para evitar a dor de saber que seria sempre assim. Na hora, sentiu uma mistura de tristeza, clareza e leveza.

Da mesma forma, Costa vinha suportando os insultos da esposa havia 25 anos. Para ela, ele sempre fazia alguma coisa de mais ou de menos. Costa deu todo o apoio à carreira dela, focou nos filhos e aguentou as indiretas dos sogros, que insinuavam que seu filho, cunhado de Costa, era mais bem-sucedido que ele. Na família de Costa, ninguém nunca havia se divorciado, e ele vivia para os filhos, de modo que não suportava a ideia de passar metade do tempo longe deles. Os amigos de Costa viam como a esposa o tratava, mas geralmente ele dava justificativas como "É difícil ser mulher na área em que ela trabalha, por isso ela acaba trazendo essa personalidade durona para dentro de casa".

Quando a irmã de Costa lhe mostrou um vídeo sobre narcisismo, ele rejeitou essa possibilidade e sentiu que estava sendo desleal por pensar essas coisas da própria esposa. No entanto, sua saúde havia piorado, e ele vivia exausto por causa das responsabilidades conflitantes e do gaslighting e da invalidação constantes. Costa não queria fazer terapia, mas, na conversa com a irmã, admitiu que não queria explorar a ideia do narcisismo porque temia o que poderia descobrir.

Quando se percorre o território narcisista, todos os caminhos são perigosos e apenas uma estrada conduz a um destino melhor – a da aceitação radical. Como mostra a história de Luisa, aceitar que o narcisista é como é permite que você enxergue a situação com clareza e, enfim, pare de lutar contra moinhos de vento. É doloroso aceitar que o relacionamento não vai melhorar e não vai renascer das cinzas, e que o narcisista nunca tentará enxergar você como um ser humano e entender quem você é. Isso pode ser devastador e concretizar a perda mental e emocional que você vinha tentando evitar.

A aceitação não só pavimenta o caminho para a cura e o crescimento, como pode trazer uma sensação de alívio. De certa forma, é como fazer uma prova e descobrir que nenhuma questão tinha resposta certa, então você nunca poderia ter acertado. Em última análise, é possível abandonar a crença equivocada de que há algo que possa ser feito para "consertar" o relacionamento e, a partir daí, parar de desperdiçar tempo e investir essas horas em si e nos relacionamentos e atividades que realmente lhe fazem bem.

A maioria das pessoas não gosta da perda de poder, eficácia ou esperança provocada pela aceitação radical. Não queremos nos expor à dor de constatar que a situação não vai mudar; queremos evitar conflitos; manter o status quo proporciona alívio. Você precisa terminar o relacionamento para que a aceitação radical ocorra? Não. Mas é possível alcançar a cura real sem aceitação radical? Dificilmente. Se, assim como Costa, você ainda acredita que a relação pode mudar, ou que pode fazer diferente para melhorar a situação, o ciclo contínuo de abuso, autoacusação e decepção persistirá, e também é difícil viver assim.

A aceitação radical abre as portas para a cura

Eu tive um paciente que coordenava uma grande equipe, de cerca de cem subordinados, porém três deles exigiam mais tempo, esforço e energia do que os outros 97. Os conflitos causados por esses três o deixavam esgotado, ansioso, distraído e exausto. Quando ele conseguiu detectar as semelhanças no comportamento deles (uma lista completa de características narcisistas) e entendeu o que é o narcisismo, foi capaz de abraçar a aceitação radical. Parou de se enxergar como um mau gestor e, em vez disso, mudou seus procedimentos de contratação e avaliação de profissionais. Reconheceu que, enquanto comandasse os três, precisaria continuar encontrando soluções para os problemas que eles criavam. Admitiu que ainda não era fácil, mas que se sentia um pouco menos exausto por perceber que nunca conseguiria gerenciá-los melhor. Só precisava chegar ao momento em que pudesse demiti-los ou esperar que eles pedissem demissão.

A cura é uma jornada difícil por si só. Sem a aceitação radical, é como quebrar uma perna e tentar caminhar no dia seguinte. A partir do momento em que você enxerga o relacionamento e o comportamento narcisista como ele realmente é, para de se surpreender com o gaslighting e a invalidação, se mantém firme enquanto é alvo de abuso narcisista, tem expectativas realistas e sabe que esse comportamento não vai mudar, você se torna capaz de, aos poucos, cortar o vínculo traumático, reduzir a autoacusação e sair das águas turvas da confusão. No entanto, é importante entender que a aceitação radical não é uma pílula mágica: você também precisa aceitar que o narcisista não vai mudar e vai continuar tendo comportamentos prejudiciais, e eles vão continuar doendo, mesmo que você esteja preparado.

Quando oriento pessoas no processo de cura do abuso narcisista, nós trabalhamos a questão da "surpresa" – a agitação que sentem após ler mais uma mensagem de texto ou e-mail ou ter mais uma conversa tóxica e que as leva a dizer: "Não acredito que isso está acontecendo. Como ele pode fazer isso?" Na aceitação radical você se sente menos surpreso – na verdade, passa a ficar até mais surpreso quando essas coisas *não acontecem*. Não se surpreender não é o mesmo que achar que está tudo bem ou que não dói, e sim que você sabia o que estava por vir, estava mais preparado e experimenta seus sentimentos sobre o comportamento tóxico sem fazer julgamento.

Por fim, a aceitação radical é fundamental porque permite que você pare de avaliar sua vida com base em como anda o relacionamento. A partir do instante que aceita que os padrões negativos são uma constante, você pode voltar o foco para si e para as pessoas e atividades que de fato lhe importam. O dia em que você deixa de esperar mudanças do narcisista é o dia em que você recupera os recursos psicológicos e o tempo que gastou na esperança, na evitação, na tentativa de entender a situação e de mudar a si mesmo para fazer com que tudo funcione.

Barreiras à aceitação radical

Encarar a realidade de um relacionamento narcisista não é fácil. Reconhecer e conviver com a percepção cada vez mais forte de que a pessoa nunca mudará e de que o relacionamento nunca vai melhorar significa transportar-se para uma realidade muito diferente da que você esperava, que talvez ainda deseje e para a qual tentou se adaptar por tantos anos, às vezes a vida inteira. A maior barreira para a aceitação radical é a esperança de mudança, de que as promessas serão cumpridas, de que as coisas vão melhorar, de que haja um pedido de desculpas genuíno ou um gesto de autorresponsabilização, de que aconteça um "felizes para sempre", de que o relacionamento seja normal e saudável. Em um relacionamento narcisista, a esperança leva muito tempo para desaparecer. O desafio da aceitação é que ela acaba com essa esperança e evoca tristeza, culpa e desamparo.

Quando a esperança acaba, muitas pessoas se sentem pressionadas a tomar uma decisão para a qual ainda não estão prontas, porque a aceitação radical levanta a questão: "Se o relacionamento é tão ruim e não vai mudar, eu não posso permanecer nele, certo?" Essa pergunta pode gerar uma grande culpa – você tem a sensação de que é uma má pessoa por ter "uma mentalidade derrotista" em relação a alguém que deveria amar. Para não ter que tomar uma decisão difícil, você pode erguer barreiras à aceitação, como justificativas, racionalização, negação e narrativas pessoais que tornam sua história mais palatável (*Não é tão ruim, encontramos o amor apesar de termos vivido uma infância dura; Relacionamentos são difíceis, e um dia, quando as coisas se estabilizarem, tudo vai ficar bem; Famílias são complicadas; Trabalhamos muito e brigamos muito*). Essa postura nos leva a permanecer no relacionamento e a não enfrentar as questões mais assustadoras que nascem da aceitação radical, como a perda da esperança, o estabelecimento de limites, a solidão, o afastamento da família, o recomeço ou a possibilidade de estar errado.

Mas a aceitação radical não necessariamente nos obriga a pôr um ponto final na situação. Na verdade, ela sugere uma mudança nas expectativas, independentemente do que você pretenda fazer. Quem fica precisa aprender a enxergar com clareza o relacionamento e os comportamentos inerentes a ele. Precisa enxergar que não só a personalidade e o comportamento da pessoa não vão mudar, mas também que não se trata de uma relação de confiança, não é um espaço seguro. Claro que não é fácil fazer tudo isso, mas o caminho para a aceitação radical começa com a simples admissão de que é assim que as coisas são e elas não vão mudar. De início você não precisa tomar nenhuma atitude – não precisa romper relações, pedir divórcio ou evitar contato. Na verdade, nos primeiros dias de aceitação radical, é essencial deixar a poeira baixar, porque toda a sua realidade precisa se adaptar a essa grande mudança. Após esse primeiro passo, você estará em uma posição melhor para tomar decisões bem fundamentadas e se proteger.

Trata-se de uma grande mudança na forma de pensar sobre o relacionamento, que às vezes dura décadas, por isso a ideia de "desistir" do outro pode parecer pessimista ou até cínica. Você enxerga essa alteração como uma barreira porque talvez não se considere alguém que desiste das pessoas. Mas a aceitação radical não é um repúdio ao narcisista, e sim uma rejeição ao comportamento inaceitável da pessoa e o reconhecimento de que ele não vai mudar. Numa relação narcisista naturalmente já nos depreciamos, e a aceitação radical pode ampliar esses sentimentos. Estamos numa armadilha mental em que nosso raciocínio é: "Preciso perdoar, sei que a pessoa não quis dizer isso" ou "Se eu desistir da relação serei tão ruim quanto ele". Pensamentos do tipo mantêm as pessoas presas ao relacionamento e impedem o processo de cura. Em vez disso, então, concentre-se em identificar o abuso narcisista como comportamento, porque isso é menos desumanizante do que vê-lo como "Tal pessoa é má".

O grande problema da aceitação radical é que às vezes ela requer um terreno arrasado para se instalar. Os elementos sutis do abuso narcisista não costumam bastar. Às vezes é preciso haver uma traição ou um dano tão profundo que você não pode deixar de ver, como um namorado infiel, um parceiro que põe o filho em perigo, um amigo que vai preso, um colega de trabalho que compartilha informações confidenciais sobre você com o chefe ou alguém que destrói as finanças da família ou da empresa. Pode acontecer no dia em que a raiva e o ódio do narcisista chegam a um nível em que ele parte para as ameaças ou para o abuso físico.

Mas há ocasiões em que é difícil enxergar os danos do abuso, sobretudo na infância. Uma criança não é capaz de aceitar radicalmente que o comportamento de um pai é tóxico. Crianças em sistemas familiares narcisistas aprendem a justificar e racionalizar com naturalidade.[1] Romper com esses padrões duradouros e enxergar os pais com clareza na idade adulta não é tarefa fácil. Mas a única forma de alcançar a cura é aceitar radicalmente que sua infância não poderia ter sido diferente e que seu pai, sua mãe ou sua família não vai mudar.

Algumas pessoas se consideram marcadas ou até comprometidas por causa dessas relações e histórias, e não abraçar a aceitação radical nos impede de lidar com esses sentimentos difíceis a curto prazo. Mas você não está comprometido só porque teve um relacionamento narcisista e não é um ser humano pior porque seu pai era narcisista ou porque convive com um parceiro narcisista hoje. Enxergar o comportamento narcisista não torna uma pessoa "ruim" – pelo contrário, ela é bastante corajosa. Enxergar com clareza e aceitar um padrão doloroso de reconhecer, mas ainda assim estar disposto a fazer escolhas realistas e se proteger, representa o auge da coragem e da resiliência.

Aceitação radical se você ficar

Emma passou anos tentando se comunicar com o marido, expressar suas necessidades e apontar os problemas, mas em geral ele reagia com raiva e tentava manipulá-la. Com a mãe, ela tentou de tudo, lembrava-se das datas especiais, visitava-a sempre que podia, mas justo quando achava que estavam tendo um bom dia sua mãe a provocava. Quando isso acontecia, Emma se defendia e o clima azedava. Emma tentou trabalhar em si mesma, começou a fazer terapia e presumiu que a culpa era sua porque ela era o denominador comum de ambos os relacionamentos. Emma teve problemas com depressão, estava sempre exausta, sentia-se culpada e tinha ataques de ansiedade, mas tanto o marido quanto a mãe diziam que ela estava sendo manipuladora e tendo uma reação exagerada.

Após Emma ter filhos, o marido passou a reclamar de ter que equilibrar o trabalho com a criação das crianças, ao passo que a mãe de Emma a criticava por não terem mais tempo juntas. Emma seguiu pensando que precisava encontrar uma forma de manter o marido e a mãe felizes – ou pelo menos ligeiramente satisfeitos –, mas quando reconheceu que era impossível, aceitou e disse para si mesma: *Não vou me divorciar porque não podemos arcar com isso. Não vou romper com minha mãe porque sou filha única. Mas reconheço que estou em um casamento em que às vezes tudo vai bem, mas que na maioria dos dias meu marido fica de birra e age de forma manipuladora e decepcionante. Tenho uma mãe tão egocêntrica que me perguntou por que não liguei para ela enquanto estava em trabalho de parto.*

Depois que Emma aceitou que o comportamento dos dois não mudaria, e aceitou também que não era capaz de evitar nenhum desses relacionamentos, foi atingida por uma onda de tristeza. Concluiu que era aceitável não ter um relacionamento perfeito com a mãe e que sempre haveria instabilidade no casamento, mas isso não mudaria o fato de que, na prática, parecia que ela estava perdendo a esperança, de que talvez nunca tivesse um marido amoroso e paciente ou uma mãe segura e compassiva. Abrir mão dessas esperanças e narrativas foi como vivenciar o luto.

Mas a partir de então Emma parou de cair em provocações e desenvolveu novos interesses. Os amigos e o terapeuta passaram a ser seu ponto de apoio, e ela procura valorizar as amizades e aproveitar o tempo com os filhos. Encontrou soluções alternativas para as questões de casa e sabe que pedir ajuda ao marido só gera mais conflito (as soluções alternativas dão mais trabalho, mas menos angústia; é mais fácil ela mesma levar o lixo para a rua). Emma passou a se encontrar com a mãe em datas marcadas e reconhece que o que ela quer – poder entrar em contato a qualquer hora – é impossível. Nos dias ruins, Emma sente que sua vida é uma farsa. Na maioria dos dias, porém, ela se sente grata pela redução no número de conflitos e por sofrer menos decepções. Com o passar do tempo, reconheceu que, de muitas maneiras, a aceitação radical a libertou, e, embora estejam sempre presentes, os ecos da tristeza vêm perdendo força.

A grande maioria das pessoas se encontra em pelo menos um relacionamento narcisista. É por isso que conselhos que nos encorajam a deixá-los não adiantam. A aceitação radical não nos obriga a terminar o relacionamento, mas com ela passamos a enxergá-lo sob a lente da realidade. Entre as razões para permanecer nesse tipo de relação mesmo depois de entender o que ela realmente é estão: questões financeiras, vínculos familiares que queremos manter, religião, expectativas sociais e culturais, medo de perder conexões sociais, medo do abuso pós-separação e até mesmo amor. No entanto, a aceitação radical derruba outras razões para permanecermos no relacionamento, como a esperança.

Num primeiro momento em que você passa a aceitar o narcisista como ele é, é normal viver um luto pelo relacionamento ou pelo fim das expectativas. Você pode começar a se perguntar, *Como vou continuar vivendo numa situação dessas?* A aceitação radical exige que você faça uma análise e se pergunte por que vai permanecer na relação narcisista. São questões práticas, como filhos ou dinheiro? São fatores vinculados ao trauma, como culpa ou medo? Ser honesto consigo mesmo é fundamental para esse processo diário de aceitação. Trata-se de um choque de realidade que, por outro lado, pode acabar com a sua vergonha de permanecer num relacionamento que você sabe que é invalidador e prejudicial. Ao fazer isso, você contextualiza sua permanência (e admite que não tem outras opções viáveis).

Se você escolheu ficar, a aceitação radical pode torná-lo menos propenso a ceder às provocações do narcisista, e como você sabe que nada vai mudar é menos provável que parta para o combate e mais provável que descubra formas de contornar as situações. Torna-se um pouco mais fácil definir limites. Você não está mais tentando competir, sair por cima, superar ou mesmo conquistar a pessoa narcisista. Talvez sinta até um pouco mais disposição de praticar o "Não" porque não está mais jogando o jogo dela.

Em última análise, a aceitação radical pode ser libertadora, mesmo que você permaneça no relacionamento. Você deixa de olhar para o horizonte em busca do pôr do sol. Redireciona seu investimento emocional para outras áreas da vida: suporte social saudável, relações significativas, projetos importantes ou outros interesses. Você sente um alívio relativo por não viver mais na esperança de "dias melhores" que nunca passa de uma ilusão.

Em vez de resignação, a aceitação pode ser vista como uma oportunidade de enfim se estabelecer e oferecer seu verdadeiro "eu" em relacionamentos saudáveis. É um equilíbrio delicado: quando você se mostra como realmente é para o narcisista, ele muitas vezes reage humilhando ou demonstrando raiva. No entanto, para alcançar a cura é essencial cultivar e compartilhar sua verdadeira essência com outras pessoas.

Ouvi relatos de pessoas que disseram que, ao aceitarem verdadeiramente a situação, deixaram de esperar empatia, compaixão ou respeito do narcisista. Os motivos para permanecer variaram, mas todos destacaram que, com a aceitação, conseguiram se afastar emocionalmente e se mantiveram fiéis a quem eram de verdade. Quem não se sentiu confortável para romper de vez o contato com um pai idoso, por exemplo, passou a oferecer apenas suporte prático. Quem não quis compartilhar a guarda dos filhos contou os dias até eles completarem 18 anos para então pedir o divórcio. E também houve quem se manteve no ambiente de trabalho tóxico até conseguir outro emprego ou se aposentar.

O objetivo da aceitação radical quando você permanece na relação narcisista é ter expectativas realistas, manter uma conexão consigo mesmo, evitar aceitar as justificativas típicas do vínculo traumático e permanecer fiel a quem você é (reconheço que esse processo é desafiador, sobretudo se ao mesmo tempo você está trilhando o complexo caminho de descobrir quem é fora do relacionamento).

Aceitação radical se você partir

Relacionamentos narcisistas não terminam bem. Eles se valem de dinâmicas como hoovering, campanhas de difamação, manipulação, culpa e abuso pós-separação, obrigando você a lidar com as consequências do comportamento narcisista, mesmo que não esteja mais no relacionamento. É por isso que a aceitação radical se torna um processo em dois passos caso você se afaste ou termine o relacionamento. Primeiro, você precisa aceitar que o narcisismo e o abuso narcisista não vão mudar. Segundo, precisa aceitar o processo que vai ocorrer após o rompimento.

Narcisistas não gostam de ser abandonados. São altamente sensíveis à rejeição, por isso podem querer punir, se vingar, manipular e demonstrar a raiva que estão sentindo. Também não abrem mão do controle do relacionamento. Com a aceitação radical, compreendemos que o abuso pós-separação é inevitável. Sempre que me sento diante de um paciente que está se separando de um narcisista – ou prestes a iniciar o processo de divórcio –, aviso que a situação poderá se tornar tão grave e abusiva que talvez o faça reconsiderar a decisão. Alguns dizem que o abuso piora tanto após o fim do relacionamento que ficam tentados a voltar para interromper a situação. É por isso que a aceitação radical é crucial – quando damos fim ao relacionamento narcisista precisamos ficar de olhos abertos, nos preparar para o que vai acontecer e manter a determinação. Mesmo quando a pessoa é narcisista moderada, o cenário pós-separação é desolador. Se você está terminando o relacionamento porque decidiu praticar a aceitação radical, então o comportamento negativo que persiste após sua decisão de certa forma é reconfortante, pois confirma que suas percepções e experiências estavam corretas. Ainda assim, não nos sentimos reconfortados no momento em que somos alvo do abuso narcisista.

Para alguns, a aceitação radical só começa a existir quando o relacionamento acaba. Isso é especialmente verdadeiro quando é o narcisista quem termina. Nesse caso, a aceitação radical se torna uma ferramenta fundamental para processarmos as consequências do relacionamento. Quando reconhecemos os padrões narcisistas consistentes antes e depois da separação e observamos o comportamento pós-separação do narcisista – por exemplo, é comum que ele siga assediando você ou engate em outro relacionamento logo na sequência –, passamos a ter uma visão panorâmica do comportamento narcisista e percebemos como ele é previsível.

Divórcios e outros términos de relacionamento que exigem divisão de bens costumam prolongar o abuso narcisista, e a aceitação radical também é fundamental para lidar com essas situações. Os padrões do narcisista persistirão pelo menos até que a logística da questão seja resolvida e podem até piorar se ele não conseguir controlar o processo e o resultado. Muitos sobreviventes de relacionamentos narcisistas se surpreendem ao descobrir que, mesmo anos depois do fim do relacionamento, o narcisista ainda parece tão zangado e ressentido quanto na época da separação. Ou seja, quando feita corretamente, a aceitação radical fortalece sua convicção de que tudo isso aconteceria, mesmo que ainda seja estressante após tantos anos. No entanto, os danos causados pelo abuso pós-separação podem amplificar as consequências do abuso narcisista que você já está vivendo.

Tenha sempre o guarda-chuva à mão: quais são as expectativas realistas para um relacionamento narcisista?

Quer você fique ou saia do relacionamento narcisista, ter expectativas realistas é fundamental para a aceitação radical, tanto para lidar com o abuso quanto para o processo de cura. Relações assim são estranhamente consistentes. A verdade é que o comportamento instável do narcisista, com dias bons e ruins nos quais ele passa o tempo todo trocando a máscara de charme pela máscara de raiva, é previsível, a ponto de você saber de antemão quando a mudança vai acontecer. Com base nesse conhecimento, torna-se mais fácil ter expectativas realistas e, com isso, alcançar a aceitação radical.

A melhor maneira de ter expectativas realistas é voltar à lista de características que compõem um narcisista e aos comportamentos e padrões que observamos nesses relacionamentos: o narcisista tem níveis de empatia que variam com o tempo e a situação, se sente merecedor de privilégios, manifesta grandiosidade, tem comportamentos invalidadores, demonstra desdém e raiva, é manipulador e comete gaslighting. Parta do princípio de que tudo isso vai acontecer. Eu digo às pessoas em relacionamentos narcisistas: "Tenha sempre o guarda-chuva à mão." Os dias bons minam as expectativas realistas e a aceitação radical. Quando o narcisista esbanjar charme, carisma e empatia performática, aproveite o momento como um dia ensolarado, mas tenha sempre o guarda-chuva por perto, porque daqui a pouco vai voltar a chover e você vai precisar dele em breve. Muitos sobreviventes de abuso narcisista costumam dizer: "Nós tivemos dois dias bons, então fiz uma provocação leve, de brincadeira, como faria com qualquer amigo, e ele teve um acesso de fúria que durou duas horas."

Ter expectativas realistas também significa não se deixar levar pelas desculpas, justificativas e promessas falsas. Quando um narcisista diz que não vai mentir, trair, se atrasar ou cancelar um compromisso no último minuto de novo, não acredite. Ao praticar a aceitação radical, você simplesmente não se envolve com o narcisista nem tenta apontar as evidências que mostram por que acha que ele vai voltar a errar. A aceitação radical é o conhecimento sem o envolvimento.

Também é a busca por soluções alternativas. Como você sabe que o narcisista não vai se lembrar de fazer compras, vai cancelar os planos no último minuto, vai insultar seus amigos ou se atrasar para um compromisso, parta do pressuposto de que tudo isso vai acontecer. Assim, não confie a ele compras importantes, tenha um plano B, visite seus amigos sozinho e faça reservas em lugares que não exigem a presença do grupo inteiro para poder se sentar à mesa.

Também é importante ter expectativas realistas sobre o gerenciamento de informações. Isso significa não compartilhar boas notícias com o narcisista, porque ele pode fazer pouco-caso delas e acabar com sua alegria. Ele também pode se vitimizar ou ter um comportamento passivo-agressivo. Ao mesmo tempo, não vale a pena compartilhar más notícias com o narcisista, porque ele pode explodir de raiva, fazer críticas e piorar a situação. O que sobra, então? Assuntos neutros e indiferentes: o clima, o gato do vizinho, o sabor do bolo de chocolate. Isso é um relacionamento? Não é algo profundo, mas a verdade é que você nunca teve uma real possibilidade de sustentar um relacionamento próximo com o narcisista. Ter expectativas realistas é saber o que vai acontecer se você tentar se envolver ou esperar um resultado diferente. Abraçar a aceitação radical é levar tudo isso para a vida.

Por fim, é necessário nutrir expectativas realistas para enfrentar as tempestades que seguem surgindo mesmo se você puser um ponto final no relacionamento. Algumas dessas tempestades podem ter origem no próprio narcisista: ele pode mandar mensagens desagradáveis, fazer da custódia dos filhos uma guerra interminável, mandar farpas passivo-agressivas e fazer calúnias e fofocas sobre você. Também há as tempestades que nascem da natureza desafiadora do processo de cura. Algumas pessoas constatam que a situação melhora rapidamente depois que o relacionamento termina e o narcisista sai de sua vida. Outras descobrem que as cicatrizes persistem e são profundas, mesmo após o término da relação. Em geral ficamos surpresos ao perceber que sentimos falta do narcisista – imaginando que ele ficaria "orgulhoso" ou impressionado ao ver tudo que estamos fazendo – e que a cura é mais difícil do que se esperava. Ter expectativas realistas significa reconhecer que muitas vezes a cura parece ser algo semelhante a dar dois passos para a frente e um passo para trás.

Ferramentas para alcançar a aceitação radical

Para incorporar a aceitação radical na sua vida não basta dizer: "Certo, o narcisista não vai mudar." Sua mente não vai internalizar isso de imediato. Mas diversas técnicas podem acelerar e consolidar a aceitação radical.

Entrar na jaula do tigre: um caminho para a aceitação radical

Quando se entra na jaula do tigre só existe um resultado possível e inevitável. Mas, se você realmente quer acariciar o tigre porque acha que é só um gatinho incompreendido, entre e veja o que acontece. Com o passar dos anos, muitos pacientes que não estão no ponto de aceitação compartilharam comigo os padrões narcisistas que fazem parte de seus relacionamentos. A essa altura o paciente já parou de comunicar suas necessidades ao narcisista, ou raramente o faz. Essa *evitação de necessidades* é um comportamento autodefensivo e vinculado ao trauma que funciona para evitar conflitos mas nos impede de enxergar os padrões tóxicos – e de ter nossas necessidades atendidas. Assim, fazemos um exercício chamado *Entrar na jaula do tigre*. Não gosto de pedir que meus pacientes façam coisas perigosas, mas às vezes essa é a única forma de aceitarem que os padrões invalidadores do narcisista são consistentes. Nesse exercício, você apenas comunica uma necessidade diretamente à pessoa com quem vem tendo dificuldades. Pode ser necessidade de proximidade, de algo que precisa ser feito em casa, de uma mudança na forma como a empresa é conduzida ou na forma como a pessoa se comunica com você. Você pode até dar um feedback sobre o comportamento do narcisista e explicar como foi afetado por ele.

Eu peço ao paciente que preste muita atenção na resposta da outra pessoa. Se ela agir de forma empática ou não ficar na defensiva, depois se esforçar de verdade para atender ao pedido, então talvez não seja uma situação de abuso narcisista, sobretudo se o paciente entrou na jaula do tigre algumas vezes e a outra pessoa sempre reagiu de forma consciente. No fim das contas o tigre na verdade era um gatinho. Mas se a resposta for gaslighting, manipulação, acessos de raiva ou palavras ou comportamentos abusivos, isso é mais uma confirmação de que a suspeita do meu paciente estava certa (mesmo que ele não queira enxergar por completo): trata-se de abuso narcisista.

Durante o exercício, atente para as justificativas que você cria para si ao ouvir respostas invalidadoras. Você perceberá seus próprios ciclos vinculados ao trauma em plena ação. Esse exercício deve ser feito com cautela, de forma pensada – a maioria dos relacionamentos com narcisistas é uma visita diária à jaula do tigre, mas você vai entrar com os olhos bem abertos e disposto a enxergar e sentir a resposta deles. Expor uma necessidade é uma forma certeira e dolorosa de testemunhar esses padrões. Infelizmente, em geral as pessoas precisam entrar nessa jaula algumas vezes para confirmar que o tigre tem mesmo garras afiadas. O objetivo é chegar à aceitação radical antes de ser devorado.

Não envie a mensagem

Todo mundo já escreveu aquele e-mail, mensagem ou carta se explicando para um narcisista: são textos longos e elaborados, muito maiores do que deveriam ser. Talvez você já tenha utilizado esse recurso por saber que o narcisista nunca presta atenção no que você diz, faz gaslighting, interrompe sua fala e cria confusão a ponto de deixar qualquer um sem palavras. Talvez você tenha pensado que, se escrevesse de forma cuidadosa, medindo as palavras, o narcisista compreenderia seu ponto de vista. Mas a verdade é que isso nunca funciona. O narcisista lê e reage com um emoji obsceno, envia uma resposta devastadora ou faz gaslighting (de novo).

Assim, é melhor adotar outra abordagem. Escreva tudo que você sempre tenta explicar para o narcisista – seu ponto de vista, suas esperanças, seus sentimentos. Anote exatamente o que pensa sobre o narcisista ou o comportamento dele. Ponha tudo no papel. O texto deve funcionar como uma catarse, um desabafo de tudo que você quer dizer. *Mas não envie!* Compartilhe-o apenas com um amigo de confiança ou com seu terapeuta, para que alguém testemunhe sua experiência. Li inúmeros desses textos ao longo dos anos, e em geral são reflexões dolorosas, comoventes e poéticas sobre a dor de um sobrevivente de relacionamento narcisista. Ao compartilhar esse texto em um espaço seguro, como a terapia, você pode receber empatia pelo que passou, uma empatia que não receberia se mandasse o texto para o narcisista. Esses textos também se tornam um lugar para compartilhar outras emoções fortes, como a raiva, que nunca poderiam ser compartilhadas com segurança no relacionamento.

Ao final, destrua o texto (você pode escrevê-lo à mão ou digitá-lo e imprimi-lo, mas para destruí-lo ele deve estar no papel). Faça desse momento um ritual. Se for seguro, queime-o, escreva em papel biodegradável e jogue-o num lago, num rio ou no mar, atire-o de um lugar alto ou enterre-o. Se não puder fazer nada disso, coloque a folha no triturador de papel. E, caso não queira ter uma versão física dele, simplesmente escreva no celular e depois o apague. O importante é se dar a oportunidade de desabafar e expor claramente todos os seus pensamentos e sentimentos sobre o relacionamento. Ao destruir o texto, você reconhece que o narcisista nunca ouvirá o que você tem a dizer, acelerando a aceitação.

As listas

A recordação eufórica e uma vida de negação fazem com que os sobreviventes "esqueçam" de forma quase automática os padrões em um relacionamento narcisista. Nos dias bons, é fácil esquecer os comportamentos tóxicos do narcisista e os sacrifícios que fazemos em nome do relacionamento. Assim, para não duvidar de si mesmo e da realidade da sua situação, anote os padrões de comportamento prejudicial que você vivencia. Pesquisas indicam que há um poder verdadeiro em escrever as coisas e enxergá-las, em vez de apenas pensar nelas.

Você pode fazer essas listas sozinho ou com a ajuda de alguém. Devem ser documentos aos quais você pode acrescentar informações a qualquer momento. Você pode mantê-las no celular ou em um diário – o importante é garantir que ninguém mais consiga acessá-las e que você possa abri-las sem dificuldade. Um pequeno lembrete: nunca mantenha essas listas na nuvem ou em algum drive compartilhado, onde há chance de serem encontradas por outras pessoas.

A Lista de coisas desagradáveis

Uma das listas mais úteis no seu kit de ferramentas de aceitação radical é a que chamo de *Lista de coisas desagradáveis*, composta de todas as coisas horríveis que aconteceram no relacionamento. Escreva tudo de ruim que o narcisista fez: crueldades, insultos, invalidações, traições, mentiras, manipulações, momentos especiais arruinados e todo o gaslighting. Esse processo pode levar dias, semanas ou até meses ou anos, e as lembranças continuarão a surgir. Se você tiver amigos próximos ou familiares que testemunharam os acontecimentos, peça que contribuam. Ajudei muitos pacientes e amigos a construir essa lista com base nos episódios e comportamentos que compartilharam em nossas sessões ou em acontecimentos que presenciei.

Há pessoas que não gostam desse exercício por acreditarem que é mesquinho ou que as estimula a se manter presas ao passado. Pode até parecer desagradável e cruel elaborar uma lista desse tipo, ou perturbador ter que revisitar essas experiências. Mas, quando a recordação eufórica tomar conta ou o medo surgir e você começar a rememorar os momentos positivos, olhe para a lista. A aceitação radical requer calibragem. Obviamente, é mais fácil fazer essa lista num dia em que tudo foi horrível para consultá-la nos dias bons ou nos dias em que sua memória falha. Com ela, você não terá dúvidas nem vai se culpar por algo que aconteça; ela mostra como os padrões narcisistas são consistentes. Como terapeuta, muitas vezes funcionei como a memória de pacientes que estão nesse tipo de relação, relembrando com delicadeza eventos passados em que eles duvidaram de si. Quase todos ficaram gratos por serem relembrados, e como nem todo mundo pode contar com um terapeuta para essas horas, a Lista de coisas desagradáveis ajuda a cumprir essa função.

Esta lista é igualmente importante para quem decide permanecer no relacionamento. É mais difícil praticar a aceitação radical quando se tem contato constante com o narcisista. Embora seja doloroso catalogar tudo que é ruim a respeito de um elo que você vai manter, essa lista ajuda a evitar a autoacusação e a fortalecer as expectativas realistas e a aceitação radical para que você não caia em manipulações. Algumas pessoas me disseram que a criação da lista foi emocionalmente avassaladora e as fez regredir. É compreensível, pois ela pode produzir fortes emoções negativas. Portanto, elabore-a sem pressa. Para alcançar a cura é preciso respeitar seu ritmo, de forma confortável.

Lista de "Biscoitos na cama"

O narcisista na sua vida fazia cena quando você usava alho para cozinhar? Se recusava a assistir filmes legendados? Zombava de você por querer dar presentes artesanais nas festas de fim de ano? Repreendia você por comprar refrigerante? Está na hora de fazer tudo isso – cozinhe com todo o alho que quiser, faça uma maratona de filmes franceses, divirta-se com a pistola de cola quente, compre engradados de refrigerante. (Eu adoro comer biscoitos na cama enquanto leio e jogo no celular, daí o nome do exercício.) Quando analisamos a lista nos lembramos das pequenas coisas que renunciamos em nome do relacionamento – e provavelmente enfrentamos o desprezo e a raiva do narcisista por causa delas. Talvez, ao começar a viver como quer, você perceba os padrões tóxicos com mais clareza e isso estimule a aceitação radical. Se você manteve o relacionamento, pode elaborar uma lista de coisas que se dará permissão para fazer, então é importante reservar um tempo para fazê-las, talvez quando o narcisista não estiver por perto, para evitar brigas. Quando nos dedicamos a essas coisas, mesmo que seja apenas a elaboração de um enfeite com cara de gato para a árvore de Natal, estamos no processo de cura.

Lista de "Agora é a minha vez"

Talvez você sempre tenha sonhado fazer doutorado, redecorar a casa, viajar ou escrever um livro, mas acabou deixando esses sonhos de lado, seja porque seu parceiro sempre colocou as próprias vontades e necessidades em primeiro lugar, porque seu pai exigia tanta atenção que não lhe restou tempo para fazer aquele curso ou porque você tinha um ambiente de trabalho tóxico que não lhe permitia concretizar suas verdadeiras ambições. Faça uma lista das grandes aspirações de que você abriu mão por causa desses relacionamentos. Algumas pessoas ficam arrasadas quando refletem sobre as experiências que sacrificaram em nome do relacionamento narcisista, e essa lista pode até fomentar o luto quando vemos todos os nossos sonhos não concretizados ou deixados de lado. Mas você não precisa fazer doutorado agora. Talvez um curso numa universidade perto de casa seja suficiente. Talvez aquele livro que você queria escrever possa se transformar num blog.

Depois de fazer essa lista, escolha um objetivo e, uma vez por dia ou por semana, dê um pequeno passo para alcançá-lo. Guarde um pouco de dinheiro para a viagem, troque um móvel do quarto, veja o site de uma faculdade no bairro, escreva um parágrafo sobre algo que considera importante. Se você permanecer no relacionamento narcisista, talvez se sinta sufocado, mas mesmo assim é possível se aproximar dos objetivos. Esse processo estimula a aceitação radical, porque leva você a enxergar o contraste entre seu potencial e as limitações impostas pelo narcisista.

Enfrente a ruminação

A ruminação pode minar a aceitação radical e ser uma das barreiras mais irritantes para se alcançar a cura do abuso narcisista. Tentar combatê-la é como tentar evitar a gravidade. Não existe um exercício que nos ensine a esquecer ou parar de pensar nas lembranças ruins. Se você tentar lutar contra a correnteza da ruminação, pode se afogar. Então, pare de se debater. Fale sobre ela em grupos de apoio, na terapia, com amigos de confiança (com cuidado para não esgotá-los com o assunto), em um diário – ou seja, expresse-se de qualquer forma que considere segura e apropriada.

Encare a ruminação como aquela "cervejinha" que alguns acreditam que rebate os efeitos da ressaca. Meus pacientes se preocupam por me contarem cem vezes a mesma história, mas no fundo ela nunca é a mesma. Ao contarem a mesma história várias vezes, eles aprendem e se libertam dela. Guardar esses pensamentos dolorosos é o que torna a ruminação tão desconfortável – é como ter vontade de vomitar e não conseguir achar um lugar propício. Acredite: ao manifestar as ruminações, aos poucos você digere a experiência e, em última análise, se afasta dela.

Depois de uma das minhas experiências pessoais com abuso narcisista, uma amiga minha passou duas semanas me ouvindo falar constantemente do assunto. Não me julgou, não tentou resolver o problema nem tentou me fazer sentir melhor. Apenas ouviu e me encorajou a falar sem parar. Ao final das duas semanas eu tinha me libertado de boa parte do que sentia, e, ao tirar a experiência da cabeça, meus pensamentos e minha confusão perderam força.

Detox

A maioria das pessoas não convive apenas com uma pessoa tóxica. Quando você presta atenção, descobre que lida com mais narcisistas do que imaginava. Quando não sabemos quem são essas pessoas, corremos o risco de permitir que elas causem impacto em nós. Por outro lado, ao estabelecer limites, cortar relações, nos afastar e partir para a aceitação radical do que realmente são os relacionamentos narcisistas, começamos a estender esses limites para as outras pessoas que nos fazem mal. Dizem que arrumar o guarda-roupa traz uma alegria à nossa vida. Se isso é verdade, imagine o êxtase que sentimos ao nos afastar de pessoas tóxicas.

Para isso, o primeiro passo é analisar sua lista de contatos no celular e colocar um símbolo ou emoji ao lado dos nomes das pessoas que não lhe fazem bem. Talvez elas não sejam tão tóxicas quanto os narcisistas mais exigentes que fazem parte da sua vida, mas mesmo assim podem estar drenando suas energias. Quando uma dessas pessoas enviar uma mensagem e você vir o símbolo ou emoji, o lembrete fará com que você evite prolongar o contato. Essa técnica também serve para lembrar que é melhor rejeitar ou ignorar a chamada que você sabe que é perda de tempo e o ajuda a evitar cair na "armadilha do aniversário" – entrar em contato no aniversário de um narcisista do seu passado e com isso correr o risco de ser sugado de volta ao antigo ciclo. Provavelmente você sentirá culpa, medo e ansiedade quando começar a eliminar ou se distanciar dessas pessoas difíceis, mas ao mesmo tempo sentirá alívio e aumentará a aceitação radical, pois será mais capaz de enxergar que sua vida melhora quando você não mantém contato com pessoas invalidadoras.

Limpar o feed das redes sociais também faz parte desse detox. Configure os aplicativos de forma a evitar ver postagens vitimizadas ou passivo-agressivas de seus seguidores e amigos mais tóxicos. Impeça que certas pessoas vejam aspectos da sua vida que você prefere que elas desconheçam.

Considere deixar de seguir pessoas próximas aos narcisistas mais problemáticos da sua vida, sobretudo se você não tem mais contato com eles, para evitar qualquer chance de ver postagens delas com referências a eles. Altere as configurações dos aplicativos para não ser lembrado do aniversário de fotos e acontecimentos antigos. Mas o ideal é que passe menos tempo nas redes sociais. Elas são um poço sem fundo de pessoas em busca de validação, reclamações, comparações, postagens caça-cliques e egocentrismo, e nada disso ajuda na sua cura. Tente reduzir seu tempo de exposição a elas. Você se sentirá melhor, e isso estimulará sua aceitação radical.

Por fim, considere descartar, doar ou arquivar fotos e documentos do relacionamento (se forem fotos de família, consulte outros parentes que possam querer mantê-las e livre-se delas). Caso precise de alguns desses itens para o processo de divórcio ou outros litígios (por exemplo, mensagens de texto ou e-mails antigos), ou se quiser mantê-los na Lista de coisas desagradáveis, guarde-os. Mas você pode arquivar fotos antigas. Remover esses itens da sua vida é como espantar os fantasmas da sua casa – e do seu coração.

Múltiplas verdades

O cerne da aceitação radical é reconhecer a existência de múltiplas verdades. Releia a história de Emma neste capítulo: *Não posso me divorciar; meu marido não vai mudar; ainda amo meu marido; amo minha mãe; não posso evitar minha mãe; minha mãe é egoísta; meu marido nunca vai ajudar; minha mãe nunca vai achar suficiente o tempo que passo com ela; a tarefa de criar os filhos é quase toda minha.* Na história de Emma, tudo isso é verdade e nem todas as peças se encaixam bem.

Com a aceitação radical é possível listar múltiplas verdades, não só as coisas ruins (que já fazem parte da Lista de coisas desagradáveis), mas também o que há de bom, que, de preferência, deve ser lido em voz alta. Elabore uma lista das coisas boas e das ruins. É estranho e desconfortável (*Amo minha mãe, não quero vê-la nunca mais*), mas, quando falamos tudo junto, damos um grande passo para romper a negação e a dissonância e para estimular a aceitação.

Eu utilizo fichas para ajudar meus pacientes a fazer esse exercício, para que as "verdades" não contaminem umas às outras e para eliminar a chamada *dissonância cognitiva*, tensão que surge quando lidamos com inconsistências emocionais (*Eu o amo, ele me traiu*). Em geral, tentamos resolver a tensão da dissonância cognitiva criando justificativas para fazer as peças se encaixarem (*Ele me traiu, mas eu estava focada no nosso filho, e foi só uma vez*), mas os relacionamentos narcisistas provocam dissonância cognitiva a todo momento (a existência de dias bons e ruins). Esse exercício nos força a tolerar várias verdades dissonantes ao mesmo tempo, para que você enxergue sua situação de forma geral, holística, e não tente racionalizar o que está acontecendo. Quando as verdades contraditórias se somam, deixam claro o motivo dessa dificuldade e nos permitem simultaneamente amar uma pessoa e reconhecer as razões pelas quais precisamos nos afastar dela.

A vida é complexa, e muitas coisas que aparentemente não se encaixam podem ser verdadeiras. Não tente enxergar os relacionamentos narcisistas de forma simplista. Ao fazer isso, você descredibiliza seu processo de cura. Em algum momento você amou o narcisista – em alguns casos, ainda ama. Você pode ter compaixão pela história dele, mas pouco a pouco reconhecer que o comportamento dele lhe faz mal. Essa é uma das tarefas mais difíceis, mas que nos leva a perceber que é possível alcançar a aceitação radical e ao mesmo tempo ter empatia pelo narcisista, saber quem é a pessoa e o que ela significa para você.

Autoaceitação radical

A aceitação radical de uma pessoa ou situação que não vai mudar é fundamental para a cura, mas também precisamos aplicá-la a nós mesmos. Você se aceita radicalmente? Aceita suas falhas, seus dons, peculiaridades, personalidade e preferências? Reconhece que tudo isso faz parte de quem você é? Reconhece que pode mudar o que quiser, mas manter o que gosta e parar de se julgar? Algumas pessoas chegam a esse ponto quando envelhecem. Já viram e viveram muita coisa e por fim perceberam: "Este sou eu."

Mas não é preciso esperar alcançar a sabedoria que vem com a idade para chegar a esse ponto. Um relacionamento narcisista, sobretudo com o pai ou a mãe, pode nos impedir de praticar a autoaceitação radical porque você nunca foi visto, ouvido ou valorizado. Você aprendeu a se silenciar e certamente não ousaria praticar a autoaceitação radical. Você também aprendeu a mudar para agradar a pessoa narcisista, a se colocar em segundo plano para sobreviver no relacionamento. Descobrir quem você realmente é pode ser a mais forte das suas ferramentas, porque quanto mais você se conhece e se aceita menos se sacrifica e se submete à vontade alheia.

Isso não significa que você precisa manter uma posição rígida, e sim que vai aprender a notar quando o outro está pedindo que você mude sua essência. Você não cortaria o próprio braço porque o narcisista pediu, mas a maioria das pessoas elimina partes consideráveis da alma em nome do "amor" narcisista. Praticar a autoaceitação radical significa ser gentil consigo mesmo nos dias ruins.

Recentemente, alguém com quem tive um relacionamento complicado me mandou um e-mail maldoso zombando do meu trabalho. Quando li, senti a reação usual se manifestar dentro de mim: o desconforto no estômago, a boca seca, a sensação de nó na garganta. Sei que quando essa pessoa me provoca profissionalmente, me sinto incapaz, e ele fez isso durante toda a minha vida adulta. Mas eu realmente gosto do meu trabalho e, naquele momento, me permiti reconhecer isso. Senti tristeza por perceber que o comportamento dessa pessoa nunca iria mudar, mas também percebi claramente o que ele estava fazendo. Dessa vez não me critiquei por ser "supersensível". E em vez de reagir, mergulhei ainda mais no meu trabalho. No fim das contas não respondi ao e-mail, o que foi uma grande mudança para mim, e me senti muito melhor. Ao praticar a aceitação radical de quem sou e da situação, descobri uma nova forma de reagir e me curar. *Eu amo o que faço, ele sempre vai me provocar, não preciso responder.*

Grande parte do sofrimento do mundo está enraizado no fato de não nos aceitarmos, nos compararmos com os outros e não nos sentirmos bons o suficiente. Com a autoaceitação radical, você se dá permissão para se conhecer e se aceitar, de modo a trabalhar a partir desse ponto. Você pratica a autocompaixão, não se julga e reconhece que qualquer pessoa presa a um relacionamento narcisista provavelmente está passando pelo mesmo. Tente fazer a si mesmo as seguintes perguntas:

- Do que eu gosto em mim?
- Do que eu não gosto em mim, mas não posso ou não quero mudar?

- Do que eu não gosto em mim e posso mudar?
- Quem eu sou?
- O que é importante para mim?

No processo de aceitação radical, você pode reconhecer suas vulnerabilidades – você anseia por romance, não gosta de ficar sozinho, é sensível em relação ao seu trabalho. E tudo bem. O importante é reconhecer esses pontos como possíveis vulnerabilidades – não como pontos fracos, mas como uma parte sua que é bela e que você pode proteger. Quando você se desvaloriza ou nega quem é, não está praticando a aceitação radical mais importante: a autoaceitação.

CONSTRUIR A ACEITAÇÃO RADICAL é um processo que abre a alma e os olhos. Você deixa de lado a esperança de que o narcisista se tornará uma pessoa gentil, empática e interessada na sua vida e passa a reconhecer que a invalidação, a hostilidade e a negligência vieram para ficar. Você não vai desistir, ceder ou concordar com o comportamento abusivo, mas vai passar a enxergar a situação com clareza. Embora no início isso possa trazer desesperança ou estimular seu ceticismo, a aceitação radical é importante para a cura e para você se separar da realidade do narcisista e manter a sua. A aceitação radical provoca um luto exaustivo, único, capaz até de nos manter presos ao relacionamento narcisista. No próximo capítulo veremos como processar a sensação de perda e o luto evocados por esses relacionamentos.

6
Luto e cura após relacionamentos narcisistas

*A cura não indica que a perda não aconteceu,
e sim que ela não nos controla mais.*
DAVID KESSLER

Clare era uma mulher volátil, manipuladora e extremamente egocêntrica. Maria, sua filha, era a criança de ouro da família. Clare se vangloriava dos sucessos da filha e a criticava cruelmente quando ela não "brilhava". Maria sofria com isso, pois sua mãe sempre fazia questão de lembrá-la dos sacrifícios que tinha feito por ela. Maria não se sentia injustiçada, pois sua mãe sempre a apoiara e nunca dera atenção aos outros filhos. Maria vivia com medo de decepcionar a mãe e se culpava pelos dias ruins dela. Sentia-se constantemente em dívida, reconhecendo tudo o que Clare havia feito por ela. Além disso, não podia ignorar a difícil história de vida da mãe, uma imigrante que enfrentou a pobreza e inúmeros desafios ao longo de sua trajetória. Por isso, suportava os acessos de raiva, acreditando que a situação melhoraria se conseguisse apenas ser "boa o suficiente".

Quando Maria se formou na faculdade, Clare esperava que ela fosse sua melhor amiga e a incluísse em tudo que fazia. Vivia telefonando, esperava que a filha passasse horas ao telefone e a fazia se sentir culpada para ter mais contato e receber mais visitas (*Abri mão de tanta coisa por você, que pena que você não pode fazer uma coisinha só por mim*). Quando Maria perdia uma ligação ou não conseguia arranjar tempo para ver a mãe, sentia-se culpada pelas crises emocionais que se seguiam.

Quando Maria conheceu o futuro marido, começou a passar ainda menos tempo com a mãe, que ficou raivosa e decepcionada. Maria precisava acalmá-la com frequência. Como não conseguia equilibrar as necessidades da mãe e a presença ao lado do marido – que também era exigente, egoísta, manipulador e raramente era empático –, Maria acabou abandonando a carreira. Quando descobriu que o marido teve um caso extraconjugal, ela se sentiu culpada por ter falhado com ele e ruminou sobre o que poderia ter feito para ser uma esposa melhor. Clare pouco apoiou a filha e a culpou por não ser mais atenciosa. Poucos anos depois desenvolveu câncer e disse à filha que a causa era o estresse de ter uma filha ingrata. Maria cuidou da mãe porque não queria enfrentar o arrependimento e a irritação de decepcioná-la de novo. Sentia que havia perdido muita coisa – a carreira, um casamento saudável, uma relação normal com a mãe, seus próprios interesses. Quando aceitou a própria situação, surgiu nela um novo conjunto de problemas...

O RELACIONAMENTO NARCISISTA é uma dança complexa: o narcisista projeta a vergonha que sente em você, e você, por ser empático e responsável, talvez acolha a vergonha, se culpe por ela e, por fim, assuma a responsabilidade por viver um relacionamento tóxico, que só persiste quando está dentro dessa estrutura. O dia em que você finalmente aceita que a dinâmica narcisista não vai mudar e que ela não tem nada a ver com você é o dia em que esses ciclos mudam e o dia em que o relacionamento narcisista para de "funcionar".

O luto narcisista é singular. Esses relacionamentos giram em torno da perda de oportunidades, esperanças, aspirações, narrativas, instintos e senso de individualidade. Em última análise, para que o processo de cura seja completo é fundamental viver o luto – sem fugir dele –, fazer uma travessia dolorosa e corajosa. Quando negamos, ignoramos ou minimizamos esse processo, corremos um risco real. Como escreveu Robert Frost: "A melhor saída é atravessar." Quando processamos nossas perdas, porém, criamos um espaço no qual podemos cultivar tanto a nossa individualidade quanto relacionamentos e uma vida mais saudáveis. Este capítulo oferece as ferramentas para você começar a trabalhar no seu luto e alcançar tudo isso.

Luto após o abuso narcisista

Lauren estava na casa dos 50 anos quando uma de suas melhores amigas morreu inesperadamente. Ela enxergou o acontecimento como um chamado para a realidade de que a vida pode terminar a qualquer momento e, ao olhar para trás, ficou triste por perceber quantas oportunidades e sonhos deixou passar devido às consequências do abuso narcisista. Lauren teve um pai narcisista maligno e passou a maior parte da vida tentando agradá-lo. Pagou a hipoteca da casa em que os pais moravam e adiou a compra do próprio imóvel. Fez de tudo para que os pais a vissem como uma pessoa "boa".

O luto de Lauren se manifestou quando ela reconheceu que nunca havia recebido as lições de vida que muitos aprendem com suas famílias de origem: ser vista, ter como referência um casamento amoroso e respeitoso, sentir-se valorizada e segura o bastante para pedir orientação. Sem essas experiências, ela não se sentiu capaz de buscar um relacionamento íntimo e, em vez disso, teve uma série de namorados invalidadores e narcisistas. Ela se culpava por não ter habilidades sociais, inteligência emocional e capacidade de ter intimidade, quando na verdade é uma pessoa calorosa, tem um senso de humor adorável e profunda empatia pelos outros. Embora hoje em dia Lauren se arrisque mais na vida, ela lamenta nunca ter se casado, nunca ter formado família, nunca ter viajado e ter permanecido num emprego insatisfatório.

Lauren está de luto pelo tempo perdido; por uma infância marcada pelo medo, pela invalidação e pela ansiedade; pela esperança desperdiçada no pai e numa série de parceiros tóxicos; por uma carreira financeiramente bem-sucedida, mas vazia do ponto de vista espiritual; e por estar sempre à espera de que seus familiares tirassem os olhos de si mesmos e finalmente conseguissem enxergá-la. Ela lamenta não ter aprendido antes sobre narcisismo para poder fazer escolhas melhores.

No fundo, Lauren está de luto por si mesma.

O luto causado por relacionamentos narcisistas é uma experiência que ninguém é capaz de evitar. Não segue um cronograma – ninguém é capaz de acelerá-lo ou retardá-lo. É um processo que pode levar anos e que vai consumir o tempo que for necessário. Talvez em algum momento ele acabe, mas talvez você carregue um pouco desse luto pelo resto da vida. De certa forma, sentir luto pelos vivos é muito mais difícil do que pelos mortos. Não se trata do luto relativo ao sonho destruído de ter uma família feliz e perfeita, de envelhecer com alguém ao lado ou de dar ao filho um lar mais estável do que aquele em que você cresceu. É o luto pela sua vida, a vida que você esperava ter e não conseguiu. Superar isso é algo demorado.

Existem muitos motivos para sentirmos luto por relacionamentos narcisistas. Você pode sentir luto pelo que nunca recebeu. Se teve um pai narcisista, talvez sinta luto por não ter vivido uma infância saudável, e esse luto pode ganhar força quando você compara sua infância com a que tenta proporcionar aos seus próprios filhos. Se você se afastou de sua família de origem, talvez sinta luto por nunca ter tido um espaço seguro, um sentimento de pertencimento, uma infância tranquila ou amor incondicional. Você pode olhar para trás e se perguntar: *como minha vida teria sido se eu não tivesse vivido esse relacionamento?* É uma mistura complexa de ruminação, arrependimento e reflexões sobre a perda de identidade e a falta de amor e oportunidades.

Também é possível que você sinta luto ao pensar na janela de desenvolvimento perdida. Na vida adulta, sempre é possível se afastar de um narcisista e ter a experiência de um relacionamento adulto saudável, mas na infância não existem segundas chances. Na idade adulta, pode ser difícil decidir manter ou não o relacionamento com o pai ou a mãe narcisista, porque o convívio atual suscita o luto da infância perdida. E, como o pai ou a mãe narcisista não mudou, é possível que você volte a experimentar o luto sempre que se encontrar com ele.

Se você vive um relacionamento íntimo com um narcisista, é possível que vivencie o luto pela perda do casamento e da família, e também por ter perdido seus próprios interesses, caminhos, carreira, identidade, reputação e liberdade financeira. Talvez sinta luto por não ter um parceiro amoroso e gentil com quem possa dividir a vida e envelhecer, ou por perder aquilo que acreditava ser amor e a noção de que um compromisso de longo prazo pode ser seguro e confiável. Talvez sofra pelo que seus filhos não terão e pela confusão e ansiedade que podem vivenciar no contato com um pai narcisista. Se você está se divorciando de um narcisista, pode sentir luto pelo tempo que passa afastado dos filhos e por eles não terem a experiência de viver numa família funcional.

Durante o relacionamento, você também pode vivenciar a perda ambígua,[1] descrita como uma perda contínua, não resolvida e incerta. Ela se parece com a perda vivenciada quando um familiar ou ente querido tem demência – a pessoa está lá, mas *não* está. Da mesma forma, o narcisista está lá, mas *não* como companhia, e também não com empatia. Na verdade ele está apenas abusando emocionalmente de você.

O luto evocado pelo fim do relacionamento narcisista é confuso, porque você fica com a sensação de que deveria sentir alívio, mas ainda se sente triste. A tristeza e a perda podem levar você a pensar que cometeu um erro e a querer recuar. Sair de um relacionamento narcisista significa passar por um período de luto pelas esperanças que você nutria e pelos dias bons – que sem dúvida existiam –, mas também pelo tempo perdido e pelas partes de si mesmo que você mesmo negligenciou. Se a relação termina, o narcisista continua vivo. Segue em frente, começa novos relacionamentos, volta a se casar ou continua a atacar você, e tudo isso pode resultar numa avalanche de luto e medo (*E se ele mudar com a nova pessoa? Será que eu cometi um erro?*). Talvez você tenha a impressão de que ele está em seus melhores dias enquanto você, o sobrevivente do relacionamento, vive um cenário de dor, perda e arrependimento.

O relacionamento narcisista também leva à perda da inocência. Muitos sobreviventes sofrem por acreditarem na bondade e a verem ser substituída pelo ceticismo. Mas o ceticismo em si não é tão ruim e pode ajudá-los a se tornar mais criteriosos e, com isso, se proteger.

O luto por abuso narcisista é consistente com algo chamado *luto não reconhecido*,[2] o sofrimento que não é legitimado por outros, não é socialmente aceito e nem é considerado uma experiência de perda ou luto. É como se alguém próximo a você morresse e as pessoas a seu redor negassem a morte e dissessem que não há necessidade de sofrer. Seria no mínimo perturbador, no entanto é mais ou menos essa a experiência de alguém que está enfrentando abuso narcisista ou o fim de um relacionamento narcisista. As pessoas se negam a crer que você esteja passando por um luto, sobretudo se decide manter a relação. Quando alguém duvida ou faz pouco-caso da sua experiência de luto – ou diz que você está apenas tendo "problemas de relacionamento" –, suas experiências de vergonha, luto e autoacusação se amplificam. Como as pessoas que estão mais próximas não reconhecem que você vive um "luto", talvez você se sinta completamente só. Se você mantém a relação, amigos solteiros podem dizer: "Pelo menos você está num relacionamento." Se você termina, os casados talvez digam: "Agora você tem sua independência, que divertido poder voltar a sair com pessoas novas!"

Se você teve pai ou mãe narcisista, sempre há algum parente que minimiza o comportamento deles e diz que pelo menos você teve uma infância melhor que a dele. Se o narcisista na sua vida tivesse falecido, você receberia apoio e condolências das outras pessoas, mas, como você está passando por perdas psicológicas e existenciais, parece que não tem direito a dizer que está de *luto*. Nesse cenário, você não se sente no direito de usar a linguagem do luto e só pode dizer que tem relacionamentos complicados ou disfuncionais.

O luto pela morte de um narcisista

Até aqui focamos sobretudo nas perdas que resultam de um relacionamento narcisista – de tempo, de autoconsciência, de dinheiro, da infância, das esperanças, da inocência, de confiança, de amor, dos filhos e da família. Mas o fato é que o luto após a morte de um narcisista tem suas complicações. Ao longo dos anos, trabalhei com muitos sobreviventes que usaram o espaço confidencial da terapia para compartilhar o alívio que sentiram após a morte do narcisista e afirmaram que esse alívio trouxe uma torrente de emoções, em especial a culpa, a vergonha e a sensação de que eram pessoas ruins por terem esses sentimentos.

Quando o narcisista morre, podemos ter o mesmo espectro de reações de luto típico da morte de qualquer pessoa, mas somado aos complicados sentimentos de alívio, arrependimento, raiva, dúvida (*Eu fiz o suficiente?*) e medo. Mesmo após a morte do narcisista, a voz dele permanece dentro de você, às vezes por toda a vida. Para alcançar a cura, você precisa fazer o trabalho consciente de enfrentar essa voz distorcida, e isso vale para o relacionamento tanto com o narcisista que está vivo quanto com o que faleceu.

SUBTERFÚGIOS AO LUTO

O luto – sobretudo o relacionado ao fim de um relacionamento narcisista – é muito desconfortável, e é natural tentar evitá-lo. Mas é importante ter consciência de quando fazemos isso. Existem ações ou atividades que impedem você de se envolver plenamente no processo de luto, com o objetivo de seguir em frente com a vida. Em geral nos comportamos assim porque queremos nos proteger, mas atravessar o luto é importante e para isso precisamos estar dispostos a percorrer um caminho desconfortável. Exemplos de comportamentos aos quais precisamos ficar atentos para viver o luto:

- Manter-se ocupado ou distraído.
- Usar drogas e exagerar nas bebidas alcoólicas.
- Negar a realidade e os próprios sentimentos.
- Exibir uma positividade falsa.
- Passar o dia nas redes sociais.
- Interagir com pessoas ligadas ao narcisista.
- Tentar curar outras pessoas antes do tempo.
- Praticar a autoacusação.

Como lidar com seu luto

Todos precisamos de estratégias para lidar com o complexo cenário do luto narcisista, e muitos de nós descobrimos que as estratégias tradicionais não dão conta dessas perdas. A situação se torna ainda mais complicada quando você está no relacionamento (quando você se divorcia do narcisista, pelo menos as pessoas reconhecem a dissolução do matrimônio como uma perda; se você permanece no relacionamento, porém, as perdas são igualmente profundas, mas não são reconhecidas como tal). Assim, é fundamental estar sempre ciente de alguns princípios fundamentais para se recuperar do luto narcisista.

1. *Chame pelo nome.* Mesmo que algumas pessoas digam que isso que você está vivendo não é luto ou tratem a questão como um simples problema familiar ou de relacionamento, o luto é real. Quando identificamos essa experiência como uma perda, entendemos e vivenciamos o impacto profundo que ela causa.
2. *Envolva-se no processo.* Viva o luto com a ajuda de terapia, grupos de apoio (procure grupos específicos para sobreviventes de abuso narcisista), atenção plena, meditação e atividades significativas. Além disso, não tenha pressa: o luto leva o tempo que for necessário, portanto se permita vivenciá-lo sem fazer autojulgamento.
3. *Fique com seus sentimentos.* O luto, a tristeza e a ansiedade são emoções desconfortáveis, e, como os relacionamentos narcisistas e as perdas associadas a eles podem persistir por muito tempo, esteja preparado para ser revisitado por esses sentimentos dolorosos. Quando isso acontecer, fique com eles, não os ignore. Essas emoções são um sinal de que seu corpo e sua mente estão dizendo que você deve desacelerar e ser gentil consigo mesmo. Você pode descansar, praticar exercícios moderados, meditar, fazer exercícios respiratórios ou entrar em contato com a natureza. Paradoxalmente, quando nos desconectamos dos sentimentos podemos nos prender a eles, então pense neles como uma onda suave que você está surfando e não tente se afastar.
4. *Mantenha um diário.* Escrever sobre sua experiência permite que você acompanhe as pequenas mudanças em si mesmo enquanto, aos poucos, se liberta do relacionamento ou processa as perdas provocadas por se manter nele. Você terá dias bons e dias ruins, mas, com o passar do tempo, perceberá a melhora, e isso vai fundamentar seu compromisso com o crescimento e a individuação.
5. *Foque em você fora do relacionamento.* Após tanto tempo se definindo pelo relacionamento narcisista, o verdadeiro desafio é se redescobrir fora dessa dinâmica. Trabalhe para entender seus valores, preferências, alegrias e desejos fora do relacionamento. Após a perda é difícil se reconectar com a vida, e o abuso narcisista aumenta essa dificuldade, porque você não está apenas tentando voltar à vida, mas também tentando descobrir ou recuperar seu senso de individualidade fora do relacionamento – ou mesmo obtê-lo pela primeira vez na vida.

6. *Atente para datas de aniversário, encontros de grupo ou qualquer evento que possa atrair você de volta para o relacionamento narcisista.* Datas comemorativas, aniversários e marcos do relacionamento costumam ser desconcertantes e de partir o coração, podendo agravar seu processo de luto. É desgastante comparecer a eventos em que pessoas do seu passado estarão reunidas. Prepare-se para esses dias. Planeje atividades alternativas, encontre-se com amigos, passe um tempo sozinho ou descanse no fim do dia. Caso você não esteja preparado para esse túnel do tempo, ele pode desestabilizá-lo.

Como se recuperar das mentiras narcisistas

Você já se pegou olhando para fotos suas com o narcisista – fotos em que você está sorrindo, tiradas em dias divertidos – e se perguntou: *Isso foi real mesmo? Eu sorri para as fotos, mas estava mesmo feliz?* A necessidade de se recuperar das mentiras e traições dificulta o luto narcisista. Você começa a ruminar sobre as mentiras e se perguntar por que não as percebeu ou por que as pessoas que sabiam a verdade não se manifestaram. Você pensa: *Como fui tão idiota? Por que caí nessa?* Duvidar de seus sentimentos prejudica o luto e a recuperação.

Mas como lidar com isso? Processando as múltiplas verdades contidas nesse tipo de relação. A ruminação, consequência típica do abuso narcisista e parte fundamental do luto, costuma girar em torno do que parece ser a "grande mentira" desses relacionamentos. Ao se conscientizar disso, você reconhece a complexidade do que aconteceu e desenvolve a autocompaixão que vai ajudá-lo a se desvencilhar da sensação de ter sido enganado. Você passa a entender o que aconteceu como uma situação na qual entrou de boa-fé e que aos poucos se revelou diferente. Assim, pode enquadrá-la como um luto pelo que acreditava ser verdade e que foi perdido.

As recordações de experiências especiais, sobretudo daquelas documentadas por imagens e vídeos – fotos de viagem, vídeos da sala de parto, gravações do dia do casamento –, podem distorcer a realidade. Por isso, muitas vezes, uso essas recordações como uma ferramenta para ajudar os sobreviventes a lidar com o luto e a desconexão entre o que estava acontecendo, o que sentem agora e o que sentiam antes. As traições e distorções que os prendem na ruminação os fazem dissecar essas experiências. Minha orientação é dividir essas vivências e recordações em *episódio, contexto* e *sentimentos*.

Digamos que você tenha feito uma viagem com um parceiro narcisista e que tenha sido maravilhoso. Ao longo desses dias ele recebeu algumas mensagens de texto em horários bem estranhos, o que deixou você com a pulga atrás da orelha. Quando você perguntou do que se tratava, ele respondeu que era um assunto de trabalho que ficara pendente. Você se sentiu tolo por trazer energia negativa para a viagem e deixou aquilo pra lá (cegueira da traição). Meses depois de voltar, você descobriu que ele estava tendo um caso.

Sua ida à Itália é real – essa parte é o *episódio*. Quando você olha suas fotos sorridentes e lembra que seu parceiro tinha um caso na época, isso não elimina o episódio (você *fez* a viagem), mas o *contexto* muda. A viagem foi real, os sorrisos foram reais, mas as circunstâncias não correspondiam às que você imaginava na época em que as fotos foram tiradas.

Por fim temos a parte dos *sentimentos*. Você acreditava que tinha viajado com um parceiro amoroso e se lembra de estar feliz no dia das fotos. Tudo isso foi real. Seus sentimentos são diferentes quando você contempla as fotos hoje, mas os sentimentos naquele dia se baseavam na história do momento. Ao olhar para trás, é fácil ter a sensação de que o relacionamento era uma farsa e de que você foi enganado. Sob a influência do luto, olhamos para a situação como um todo e duvidamos de como estávamos nos sentindo ou até do que estava acontecendo. Sim, você fez a viagem. Sim, a pessoa tinha um caso. Não, você não sabia. Sim, ele fez gaslighting com você. Sim, você estava feliz. E sim, agora você se sente muito mal. Por mais doloroso que seja, para atravessar o luto é importante se abrir para a existência de múltiplas verdades.

Luto pela sensação de injustiça

Em minha experiência como psicóloga de pessoas em recuperação do abuso narcisista, descobri que o sentimento de ter sido injustiçado, algo típico nesses relacionamentos, é o que mais dificulta a cura. O processo de luto é facilitado pelo senso de encerramento, de justiça ou de significado, mas nada disso ocorre no momento em que você está sofrendo a perda, em especial nas fases mais agudas. A sensação de injustiça também alimenta o processo de ruminação. Narcisistas raramente pedem desculpas sinceras, não costumam enfrentar as consequências de seus comportamentos e não se responsabilizam nem reconhecem a dor do outro. Resultado: relacionamentos com narcisistas parecem profundamente injustos – você se magoa, sofre grandes abalos psicológicos, enquanto ele segue com a vida, mal percebendo o dano que causou. Se você acredita que a vida é justa, é perturbador e desagradável quando esses relacionamentos mostram que não é assim. O resultado é que você se culpa pelos problemas que acontecem, o que é uma manifestação da experiência interna de injustiça que dificulta o desapego e a cura.[3]

Sem justiça é difícil se restabelecer. A dor é igual em ambos os casos, mas nos sentimos reconfortados e capazes de seguir com a vida quando sabemos que quem nos fez mal será responsabilizado e sofrerá as consequências. Quanto mais o indivíduo se concentra na injustiça, mais se entranha no sistema abusivo do narcisista, vinculando sua cura a ele (*Se ele sofrer eu vou me sentir melhor*).

É comum ter fantasias de vingança, e alguns sobreviventes até as consideram úteis, mas não se atenha a elas. Quando você se desatrela do relacionamento, está dizendo que seu processo de cura é mais importante que o castigo sofrido pelo narcisista. A questão é que leva tempo para chegar a esse patamar. Há pessoas nessa situação que percebem que ler ou assistir a notícias e documentários sobre injustiças, mesmo sem ter conexão direta com elas, as faz ter emoções negativas. Uma saída para isso é limitar a exposição a notícias e postagens negativas nas redes sociais (sobretudo postagens com o narcisista que elas conhecem). Quando você ler ou assistir a algo que lhe traga esse sentimento familiar, pare tudo por alguns minutos. A aceitação radical da injustiça faz parte do processo – *Não é justo e não posso mudar o que aconteceu, mas posso seguir um curso diferente e autêntico e aprender com tudo isso.* Seja gentil consigo, respire fundo ou descanse, e reconheça que com o tempo seu crescimento e sua cura vão suplantar a injustiça, mas que agora você precisa viver o luto.

A importância da terapia no processamento do luto

Nem todos têm acesso a um terapeuta especializado em abuso narcisista, ou mesmo à terapia em geral. Um bom profissional permitirá que você fale sobre o luto e vai contextualizar esse momento como parte do processo de se desvencilhar de um relacionamento tóxico. Processar as perdas provocadas por esses relacionamentos é como liberar toxinas e nos ajuda a interromper os ciclos de ruminação. Para boa parte de meus pacientes, o trabalho de luto consistiu em repetir as mesmas histórias várias vezes até conseguir superá-las. Grupos de apoio também são fundamentais, pois possibilitam a vivência com pessoas que entendem o que você passou e que podem validar sua experiência e realidade.

A terapia também é importante nos casos em que o processo de luto se torna uma questão mais grave de saúde mental, prejudicando seu funcionamento social e profissional. Quando o luto interfere negativamente nos cuidados com os filhos, no autocuidado, no trabalho ou no funcionamento diário, é fundamental que haja uma intervenção com foco na saúde mental.

Rituais de luto

Quando as pessoas morrem, certos rituais e práticas fornecem estrutura ao processo de luto e ajudam a lidar com a perda (exemplos: comparecer ao funeral, vestir preto, cobrir espelhos, viver períodos de confinamento, etc.). Da mesma forma, rituais para reconhecer sua experiência de perda podem fortalecer seu processo de cura. Você pode realizá-los sozinho ou incluir outras pessoas. Os rituais ajudam a lidar com a dor causada pelas perdas ocorridas durante o relacionamento narcisista. A seguir, listo algumas ideias de rituais que você pode adaptar e personalizar:

- *Realize algum tipo de "funeral" ou cerimônia para se libertar do relacionamento, dos arrependimentos ou de outras perdas (por exemplo, de tempo, de amor ou de segurança).* Enterre um objeto que faça você se lembrar do relacionamento ou escreva uma lista de arrependimentos, amarre-a numa pedra e jogue-a num lago ou no mar. Sinta que está se livrando da pessoa, das palavras e dos comportamentos dela, ou da sensação de perda por tudo que não pôde ter no relacionamento.
- *Comemore o "aniversário" do novo indivíduo que está emergindo do relacionamento. Não precisa ser no seu aniversário real.* O objetivo é celebrar sua redescoberta. Quer você dê fim ao relacionamento com o narcisista ou permaneça nele, celebre o momento, afaste-se do peso

da perda e do arrependimento e permita-se sair da sombra do relacionamento tóxico. Você pode, por exemplo, sair com amigos que entendem seu momento ou até comprar um bolinho com direito a velas.
- *Faça mudanças em seus espaços.* Quando você se desvincula de um relacionamento narcisista, pequenas mudanças em seus espaços podem trazer a sensação de reinvenção. Você pode, por exemplo, pintar as paredes de casa ou de um cômodo, se livrar de objetos que lembram o relacionamento, reorganizar seu escritório ou até mesmo se mudar.
- *Descarte itens que lembrem relacionamentos, pessoas ou situações tóxicos.* Jogue fora o ingresso do show em que foi com a pessoa e ela passou a noite sem falar com você. Venda a joia que ganhou de presente antes de descobrir que a pessoa tinha um caso extraconjugal. Doe o suéter que seu pai ou sua mãe narcisista lhe deu sabendo que não caberia em você. O importante desses rituais é a intenção e a atenção plena. Não é para enfiar as roupas numa bolsa e levá-las correndo para doação, e sim para respirar e ter a sensação de se desfazer desses itens e dos sentimentos associados a eles.
- *Reconquiste lugares importantes.* É comum ter a sensação de que "perdeu" alguns lugares favoritos porque eles foram arruinados por uma briga, uma noite especialmente ruim ou outra experiência invalidadora. Podem ser restaurantes, bares, praias, parques, até cidades inteiras. Reconquiste-os. Reúna amigos, vista-se bem e preencha esses espaços com risadas e alegria, ou escolha um amigo de confiança e vá devagar. Num primeiro momento parece difícil fazer isso sozinho, mas tente permitir que o riso substitua as lembranças de abuso que preenchem esses lugares especiais.
- *Crie uma caixa de luto.* Pegue uma caixa de qualquer coisa, como de sapatos, por exemplo. Escreva as perdas do relacionamento narcisista em pedacinhos de papel – coisas de que você abriu mão, partes de si mesmo que perdeu, experiências que deixou de viver, esperanças que sacrificou – e coloque-os na caixa. Considere-a uma espécie de caixão. Saber que essas perdas cabem em um lugar pode servir de estímulo para abandoná-las de vez e abrir espaço para seu senso de individualidade em plena evolução.

A EXPERIÊNCIA DE LUTO pós-abuso narcisista é bem diferente da que costumamos associar ao luto relacionado à morte, mas nem por isso ela é menos real ou dolorosa. Enxergue o luto como um túnel que você deve atravessar como primeira parte do processo de cura.

A questão é que vivemos em um mundo onde as personalidades narcisistas proliferam, e, se você voltar a cair em um relacionamento tóxico, o luto, a vergonha, a autocrítica e a autoacusação podem ressurgir. Como evitar que isso aconteça? É possível se tornar "resistente a narcisistas"?

7
Como se tornar resistente a narcisistas

Nada como voltar a um lugar que está igual
para descobrir quanto você mudou.
NELSON MANDELA

Lin é filha única e teve que lidar com uma mãe narcisista na infância. Após anos de terapia com foco em trauma, ela aprendeu a estabelecer limites, e embora a mãe nem sempre os respeitasse ela passou a se sentir menos culpada por impor barreiras. O segundo casamento de Lin com um homem narcisista terminou em divórcio e uma custosa e dolorosa batalha pela custódia dos filhos. Ela seguiu fazendo terapia, juntou-se a um grupo de apoio para sobreviventes de abuso narcisista, leu livros e assistiu vídeos sobre o assunto e até deixou um emprego com um chefe narcisista e foi para outra empresa, recebendo um salário mais baixo, porém com pessoas empáticas que reconheciam suas habilidades e contribuições. Agora que está num trabalho melhor e conseguiu mandar o filho mais novo para a faculdade, ela pensa em voltar a namorar, mas está com o pé atrás.

O problema era que Lin se sentia solitária e seus amigos a pressionavam a sair da toca: "Vamos lá, Lin, é hora de arrumar alguém. Se esperar mais, vai acabar sozinha." Até então, porém, sua experiência com aplicativos de relacionamento tinha sido um mergulho no pântano do narcisismo. Ela acabou conhecendo um homem numa convenção corporativa. Ele era atraente, se interessava pelas mesmas coisas que ela e morava a vinte minutos de distância. Até o terceiro encontro ele só havia falado de suas dificuldades profissionais e sua frustração com o mundo. Mesmo assim, Lin refletiu: sentia-se só, não via perspectiva nos aplicativos de relacionamento, considerava-o atraente, tinha interesses em comum com ele, estava empolgada por conhecer alguém e não se importava de ouvir as queixas e os monólogos dele. Com isso, mais uma vez entrou num relacionamento confuso. Tinha trabalhado tanto para se curar da mãe narcisista e do casamento narcisista, mas acabou colocando tudo a perder.

Será que para superar o abuso narcisista é preciso passar o resto da vida só? O que Lin deveria fazer?

A CURA É UM ATO DE RESISTÊNCIA, desafio e rebeldia. Exige que você se comprometa a romper antigos ciclos de autoacusação, se afaste das narrativas existentes e acabe com ciclos intergeracionais de trauma e relacionamentos tóxicos. Alcançar a cura não é apenas superar um coração partido, um divórcio tóxico, uma alienação parental ou um chefe narcisista. Exige uma mudança em sua psique, sua visão de mundo e suas percepções.

Alcançar a cura é ter discernimento e detectar pessoas que praticam gaslighting antes que elas tentem moldar a realidade. É se dar permissão para dizer "não", e não apenas às pessoas narcisistas que já permeiam sua vida, mas também *às que você ainda não conheceu*. É impor limites: com narcisistas e os facilitadores dele e até mesmo com seus amigos saudáveis que sem querer vêm consumindo mais e mais do seu tempo. É enxergar claramente os padrões narcisistas e antagonistas e não pensar que só vai acontecer uma vez. Você aprende a cortar a conversa com educação e a se afastar. A aceitação radical se torna um reflexo. Você corta os laços de trauma e confia em seu mundo subjetivo – seus pensamentos, sentimentos e experiências. Você compreende que quanto mais se envolver com o narcisista mais vai se afastar de si mesmo. Alcançar a cura é tentar extrair lições do sofrimento, levando os aprendizados para a vida.

Quando tentamos alcançar a cura surge um medo: *E se isso acontecer de novo?* A verdade é que *vai voltar* a acontecer. O estilo de personalidade narcisista é onipresente e é recompensado pela sociedade, portanto você continuará a encontrá-lo – em possíveis namorados, amigos, colegas de trabalho ou pessoas agressivas que surgem aleatoriamente na vida. Quem alcança a cura e depois volta a se deparar com esses padrões pode ter a sensação de que as consequências do abuso narcisista vão voltar. Mas nesse momento o importante é fortalecer o músculo psicológico que nos ajuda a reconhecer essas pessoas e os padrões tóxicos delas logo que surgem e, em vez de tentar mudá-los, administrá-los. Você escuta seus instintos e estabelece limites protetores.

Este capítulo vai ensinar você a se tornar resistente a narcisistas. Vai mostrar por que seu sistema nervoso simpático detecta narcisistas melhor do que a mente racional. Vai desvendar as diferenças entre cortar relações ou criar uma barreira contra o narcisista, para que você possa escolher o que é melhor em cada caso. Por fim, vai descobrir um plano de detox de narcisismo com duração de doze meses, período no qual vai aprender a valorizar sua própria companhia, estimular sua autonomia e se reaproximar de si (ou mesmo se aproximar pela primeira vez na vida!).

Como é ser resistente a narcisistas?

O que é ser resistente a narcisistas? É ser informado, autoconsciente, autocompassivo, sábio, corajoso, perspicaz, rebelde e realista nos relacionamentos. É como atravessar um túnel. A entrada é quando você conhece alguém, o meio é quando você está no relacionamento ou na situação, e a saída do outro lado é o rompimento ou o distanciamento. A resistência a narcisistas tem aspectos distintos, dependendo de onde você se encontra no túnel. O início é a fase de triagem, conhecimento e discernimento. Nesse momento a resistência a narcisistas se manifesta como uma observação lenta e criteriosa de comportamentos que deixem você desconfortável. Nessa etapa você não vai se deixar levar por pedidos do tipo *Me dá outra chance* e em vez disso vai confiar em seus instintos. Claro, isso é mais difícil do que parece. Muitas vezes esse sistema de triagem não funciona quando nos permitimos ter pensamentos do tipo *Quem eu penso que sou?* (quando queremos estabelecer limites) ou *Talvez eu esteja pedindo demais* (quando tudo que você quer é ser respeitado ou quando sente que não tem permissão para apontar comportamentos desrespeitosos e se afastar).

Quando você não tem um plano claro para terminar ou abandonar o relacionamento, o "meio do túnel" pode ser o lugar mais difícil para exercitar a resistência. Nesse ponto, é essencial desenvolver a aceitação radical, evitar cair em provocações, reconhecer e se afastar de falsas promessas e tentativas de gaslighting. Para limitar o impacto do narcisista, é importante não assumir a responsabilidade pelo comportamento negativo dele.

Ao sair do outro lado do túnel – ou seja, no fim do relacionamento –, é possível que você ainda se sinta confuso e desvalorizado. Nessa fase, a resistência se manifesta de diversas formas: você enxerga claramente os padrões e comportamentos tóxicos, reconhece que as recordações eufóricas são distorcidas, se mantém afastado dos facilitadores do narcisista e registra minuciosamente o relacionamento para ter um ponto de referência e não se deixar enganar posteriormente.

Torne-se resistente ao gaslighting

O noivo de Celine era um homem arrogante, manipulador e que se sentia superior a ela, mas os dois tinham uma longa história – viajavam juntos, as famílias se conheciam, tinham a mesma religião. Ela não conseguia se imaginar com outra pessoa, mas o relacionamento deles sempre teve percalços. Logo no início, ele a traiu e, quando foi desmascarado, não pediu desculpas e ainda a culpou por não lhe oferecer todo o apoio de que precisava. Ele também a humilhava, acusando-a de não ter fé, e chegou ao ponto de mobilizar a comunidade religiosa para falar com ela sobre o casamento. Ao longo do relacionamento, as dúvidas de Celine sobre si foram aumentando.

Apesar dos constantes episódios de invalidação, Celine se candidatou a um cargo de liderança na empresa em que trabalhava, e, para sua surpresa, conseguiu a vaga. Passou a ganhar mais, porém também precisou aprender muita coisa e dedicar muitas horas a esse aprendizado. O noivo, que já era competitivo, perguntou:

– Tem certeza de que consegue manter esse cargo? Eles têm noção de como você é ansiosa?

– Sim, tenho – respondeu Celine, firme. – Vai levar um tempo para me adaptar, mas eu adoro o trabalho. Eu consigo.

– Certo, mas não sei bem se você consegue dar conta de planejar um casamento e fazer tudo o que precisa enquanto tenta se adaptar a uma nova função. E você já é tão desorganizada...

– Não estou preocupada, minha mãe está me ajudando a planejar o casamento, e na verdade acho que vou me sair melhor no trabalho porque vou me sentir mais feliz.

– Não sei, parece que o trabalho está em primeiro lugar para você, e sua carreira é a coisa mais importante. Pensei que nosso casamento era um compromisso com Deus. Talvez seja melhor darmos um tempo enquanto você resolve isso...

Celine se questionou se estava cumprindo com seus compromissos. Estaria sacrificando o noivado por um trabalho? O amor e a fé tinham perdido a importância? A mãe, alguns amigos e até pessoas da comunidade religiosa deles deram palpites: "Você aceita voltar a ficar solteira só porque quer trabalhar o tempo todo?"

A palavra gaslighting está na moda, mas é mal utilizada. Como já vimos, trata-se de uma forma de abuso emocional em que o perpetrador nega a realidade e desmantela o senso de identidade de uma pessoa ao negar suas experiências, percepções, emoções e, em última instância, a realidade. Gaslighting não é uma simples mentira ou diferença de opinião. É algo projetado para confundir você, abalar sua autonomia, seu senso de identidade. É um processo que existe em todos os relacionamentos narcisistas que acompanhei, uma das dinâmicas interpessoais mais maléficas. Para se tornar resistente ao narcisismo, também é preciso se tornar resistente ao gaslighting.

A melhor maneira de desativar o gaslighting é evitá-lo desde o início, assumindo sua realidade, reconhecendo-a como realidade e não abrindo mão de suas experiências e percepções, mesmo reconhecendo que as da outra pessoa podem ser diferentes das suas. Resistir ao gaslighting logo no início do novo relacionamento vai gerar frustração na pessoa que o comete, mas pode levá-la a desistir de você e ir atrás de outro alvo mais fácil de dominar. Se você já está numa relação com um narcisista e começa a mostrar resistência, é possível que haja uma escalada de gaslighting e acessos de raiva. O importante a se ter em mente é que, quando aprendemos a reconhecer o gaslighting, temos mais chances de saber quando ele está acontecendo. Ficamos conscientes da nossa realidade subjetiva em vez de começar a duvidar de nós mesmos e partir para a autoacusação.

Narcisistas gostam de dizer como estamos nos sentindo, se estamos com fome ou até coisas do tipo *Você não pode estar com frio porque esta sala está quente*. Quem vive essa realidade por muito tempo acaba desaprendendo a confiar na própria capacidade de autoavaliação e abrindo mão de suas preferências. Muitos pacientes já me disseram: "Nem sei mais que tipo de programa de TV gosto de assistir ou qual é meu prato preferido." Quando começamos a fazer uma reflexão diária como parte de uma rotina de atenção plena, passamos a confiar em nossa realidade e experiência. Para isso, pergunte-se em voz alta: *Como me sinto? Como foi meu dia? Como está meu nível de energia agora?* Tente fazer isso três vezes por dia. Quando possível, fale enquanto realiza suas tarefas diárias – enquanto se arruma de manhã, prepara uma refeição, dirige ou trabalha. Quando falamos em voz alta entramos em sintonia com a realidade e saímos do piloto automático. O gaslighting só acontece quando você não está em forte contato com o que sabe sobre si.

A todo momento pesquisas comprovam que relacionamentos próximos e saudáveis estão entre os principais elementos capazes de promover a felicidade de uma vida bem vivida. Quando você vive relacionamentos narcisistas, o "saudável" parece distante. Assim, você precisa de zonas livres de gaslighting onde possa compartilhar, receber validação, viver em uma experiência compartilhada de realidade e se sentir aceito, visto e ouvido. Esses espaços podem ser ocupados por amigos, colegas de trabalho, um terapeuta, parentes confiáveis ou grupos de apoio – pessoas que vão ouvir o que você tem a dizer, vão abrir espaço para você se expressar sem fazer gaslighting. Uma boa conversa com um indivíduo respeitoso, que reflete a realidade, pode ser mais restauradora do que você imagina.

Como consequência dessas posturas, você vai se sentir mais disposto e apto a se afastar de pessoas e sistemas que praticam gaslighting. É claro que não vai conseguir se afastar de todos os espaços tóxicos ou invalidadores da sua vida, mas pode se envolver menos com eles. Pense numa situação em que você está conversando com alguém, compartilhando uma experiência ou um sentimento, e a pessoa diz algo como "Você não tem direito de se sentir assim. Acho que você distorce tudo e faz tempestade em copo d'água." Essa é uma ótima oportunidade para manter sua posição e se distanciar dela, mesmo que tenha ficado com dúvidas. Diga algo como "É assim que me sinto". Em seguida, comece a se distanciar fisicamente. Sem gritar, sem bater portas, sem envolvimento. Confirme que é assim que você se sente, encerre a conversa e levante-se devagar. É provável que seu interlocutor siga fazendo ataques verbais – quem comete gaslighting não costuma desistir tão fácil –, mas ao passar por algumas situações do tipo você aperfeiçoa a habilidade de se desligar dessas pessoas e se afastar. É normal se sentir péssimo nesses momentos – assim como é normal sentir um esgotamento ao se afastar. Mas nessas ocasiões é importante que você se afaste e vá para um lugar onde possa ficar sozinho para se sentar, respirar fundo e voltar ao normal.

Interromper conversas que fazem mal é uma boa medida, mas também está na hora de você abandonar um hábito que aflige todos aqueles que vivem relacionamentos narcisistas: o de pedir desculpas. Pense em quantas vezes você se desculpou nesses relacionamentos – *Desculpe por estar sempre incomodando; Desculpe por não ter falado tal coisa da forma certa*. Com o tempo, esse comportamento vira um reflexo, mas comece a prestar atenção nos momentos em que acontece. Em geral criamos o hábito de pedir desculpas em resposta ao gaslighting alheio e com isso passamos a praticar gaslighting contra nós mesmos.

Encontre uma maneira de se comunicar que não envolva pedir desculpas. Desculpas são para quando você comete um erro. Não há nada de errado em ter seus sentimentos, suas experiências ou em discordar de visões distorcidas da realidade. Imagine que seu parceiro precisa levar você a uma consulta às onze da manhã, mas ele insiste que o horário certo é meio-dia e diz que você nunca se organiza e sempre confunde. Você liga para o consultório, coloca o atendente no viva-voz e ele confirma que é às onze. Então seu parceiro diz: "Que ótimo, vou ter que mudar toda a minha agenda da manhã para encaixar esse compromisso." Nesse momento diga apenas: "Obrigado por me levar à consulta." Não peça desculpas, não dê engajamento. Você também precisa se preparar para o caso de ele não querer mais levar você à consulta. Ser resistente ao narcisismo significa manter sempre expectativas realistas e estar preparado para os inconvenientes que acontecerão.

Você também pode ajudar outras pessoas a perceber que não precisam pedir desculpas. Quando vir alguém se desculpando desnecessariamente, aponte. (Todos os meus pacientes que vivenciam abuso narcisista se desculpam quando choram, e é nesse ponto que muitas vezes começamos a desfazer o ciclo de pedidos de desculpa injustificados.) Quando percebemos que outras pessoas estão pedindo mais desculpas do que deveriam, nos tornamos mais conscientes desses padrões em nossa própria vida.

Nesses casos uma boa solução é manter um "diário do gaslighting". Anote exemplos grandes ou pequenos dessas situações. Assim, com o tempo, você descobre com que frequência essas situações ocorrem e quem comete gaslighting, e essa percepção ajuda você a se sentir menos "louco". Por exemplo: *Duvidou da data do casamento da minha irmã e disse que eu sempre erro datas; Vive me dizendo que tenho paranoia e desconversa quando questiono por que ele fica até tarde no trabalho e seus colegas não precisam fazer o mesmo; Levantou a voz e disse que o passaporte estava na minha mochila, quando na verdade estava na dele; Disse que o relatório cheio de furos que enviou para a chefia estava ótimo.* Anote também que tipo de conversa ou tema costumam resultar em gaslighting.

Seu crítico interior está tentando lhe dizer alguma coisa

É possível que seu crítico interior esteja reproduzindo um ciclo interminável de pensamentos na sua mente – *Eu sou uma pessoa preguiçosa, Ninguém gosta de mim, Sou inútil, Tenho que me colocar no meu lugar, É melhor desistir de tudo*. Caso perceba que isso está acontecendo, não ignore nem descarte os pensamentos, como se fossem apenas uma falha no funcionamento do seu cérebro. Isso seria um erro.[1] Pense no seu crítico interior como uma parte sua que talvez esteja tentando proteger você (não de uma forma agradável) de se machucar ou se ferir. Exemplo: você decide ouvir seu crítico interior e não se candidata a uma boa vaga de emprego que surgiu, e automaticamente não fica triste por não ter conseguido a vaga.

À medida que você se esforça para alcançar a cura, seu crítico interior passa a parecer um algoz interior. Mas, quando você reconhece que na verdade ele tem uma função protetora (embora zelosa e equivocada), você para de enxergá-lo como parte da sua identidade (*Eu sou uma pessoa preguiçosa*) e passa a vê-lo como uma tentativa interna de evitar mais dor (*Minha voz interior pode estar tentando me motivar e estou com medo de fracassar*). Pode parecer triste, mas a verdade é que seu crítico interior está tentando se antecipar às vozes narcisistas em sua vida e atacar você antes que eles o façam, embora ao mesmo tempo impeça você de enxergar a situação com clareza e estimule a autoacusação. Converse com seu crítico interior. Pode ser apenas por pensamento, mas, se tiver privacidade, faça isso em voz alta: "Ei, crítico interior, eu entendo, você está tentando me proteger. Muito obrigado, mas sou adulto, consigo lidar com esse problema." Pode parecer bobo, mas, quando você começa a enxergar essa voz como uma tentativa de sua psique para manter você em segurança no relacionamento narcisista, é possível passar a ser mais gentil consigo mesmo.

Para compreender seu sistema nervoso simpático

Christina tinha a sensação de que seu relacionamento era uma montanha-russa constante. Sentia o coração bater mais rápido quando recebia uma mensagem de texto da esposa dizendo que estava a caminho de casa. Quando a esposa de Christina chegava depois de um bom dia e era amorosa e calorosa, Christina relaxava, quase esquecendo como as coisas costumavam ficar ruins. Mas ela sabia de antemão que os ombros de sua mulher ficariam tensos assim que ela abrisse a geladeira e percebesse que seu vinho favorito havia acabado. Quando isso acontecia, Christina sentia um nó na garganta e começava a suar.

Duas semanas após começar em um novo emprego, ela conversou com um novo colega que se mostrou bruto e arrogante. Resultado: nó na garganta, coração acelerado e tensão no peito, sensações que já conhecia. Nas semanas seguintes, ela percebeu que esse colega era extremamente indelicado e competitivo, e se espantou com o fato de seu corpo ter funcionado como um sistema de detecção precoce.

Tal como acontece com outras formas de trauma relacional, as consequências do abuso narcisista se refletem no corpo. Feche os olhos e visualize seu relacionamento narcisista mais doloroso. Enquanto respira e reflete sobre ele, preste atenção em que partes do corpo esses sentimentos são experimentados e quais são eles. Em geral essas sensações surgem quando você encontra pessoas tóxicas que têm comportamentos que lembram seus relacionamentos narcisistas do passado. Respostas físicas ao medo e à ameaça são comandadas pelo sistema nervoso simpático (SNS).

O SNS é seu sistema de luta, fuga, paralisia e submissão. Ele é acionado quando você sente medo, para mantê-lo seguro. A maioria das pessoas conhece a reação de luta ou fuga: a vontade de gritar, lutar ou fugir quando ameaçado. Quando você vivencia algo que seu cérebro e corpo registraram como ameaça, seu SNS entra em ação e reage a essa ameaça, e você sente o coração bater rápido, a boca ficar seca, a respiração acelerar ou outros sintomas. Esse sistema é muito útil quando a ameaça que você está percebendo é um perigo claro e presente, como um cão rosnando, um incêndio ou um agressor. O problema é que estímulos que não são uma ameaça real à vida – por exemplo, quando alguém ignora ou grita com você – também estão associados a medo, ameaça e pavor e levam o SNS a entrar em ação. Estímulos interpessoais como o afastamento do narcisista após uma discussão não representam de fato uma ameaça de morte, mas a percepção da perda de amor e apego, bem como o medo da reação dos outros, é um estressor que interpretamos como uma ameaça, gerando uma resposta fisiológica. As reações do SNS são reflexivas. Você não "escolhe" tê-las; elas ocorrem de forma rápida e automática em momentos de perigo e risco.

É muito comum que, no início do relacionamento com o narcisista, você entre em um conflito e tenha a reação de luta, porque não sabe bem com o que está lidando. O problema é que em geral essa reação não funciona num relacionamento narcisista. É mais fácil socar o focinho de um tigre furioso do que ganhar uma discussão com um narcisista. O problema é que as respostas do SNS são involuntárias e não se relacionam com aquilo que funciona melhor em um relacionamento. Se sua resposta à ameaça é lutar, o relacionamento narcisista será muito volátil, e as pessoas a seu redor podem achar que você é cúmplice porque vive em conflito com o narcisista.

Na resposta de fuga, nos afastamos para evitar danos. Talvez não seja possível fugir literalmente do narcisista, mas é possível psicologicamente, terminando o relacionamento ou ignorando a pessoa. No entanto, a forma de fuga mais comum é se distanciar ou se dissociar das suas emoções ou de si mesmo enquanto mantém o relacionamento (com isso, você passa a sentir uma gama mais estreita de emoções; deixa de expressar suas necessidades; tem a sensação de que está apenas assistindo ao relacionamento sem realmente ter qualquer conexão com ele; usa o trabalho, a comida ou bebidas alcoólicas para se anestesiar). Também é comum nos desligarmos mentalmente quando o narcisista passa a ser agressivo, mas ao fazer isso você começa a se desconectar não só do seu senso de identidade no mundo, como também de relacionamentos mais saudáveis. Você passa a se distrair com facilidade e se torna emocionalmente sufocado. A reação de fuga é normal entre sobreviventes, e eles fazem isso não só para evitar o narcisista, como também os próprios sentimentos.

A paralisia ocorre quando algo ameaçador vem em sua direção e você não consegue se mover nem encontrar as palavras certas para dizer ou gritar.[2] Diante de pessoas dominadoras, arrogantes, críticas ou com comportamentos grandiosos, você fica sem palavras e não sabe o que fazer. Ao final da interação, pensa: *Eu devia ter dito isso* ou *Eu devia ter feito aquilo*. A reação de paralisia que ocorre hoje pode ter relação com algo que aconteceu na sua infância, por exemplo, com um pai narcisista raivoso – algo muito comum nessa época, em que a criança não é capaz de ter as reações de luta ou fuga. A reação de paralisia pode gerar sentimentos de vergonha e autocrítica, pois você pode ficar com a impressão de que é parcialmente responsável por ela, de que decepcionou a si mesmo ou aos outros, ou de que foi tolo ou fraco por não reagir. No entanto, é importante lembrar: você não *escolhe* paralisar. O inaceitável é o comportamento do narcisista, não a sua reação natural.

Na resposta de submissão,[3] abrimos mão das próprias necessidades para agradar ou manter a conexão com um indivíduo ameaçador. Isso costuma se manifestar em pessoas criadas em ambientes abusivos. Alguns comportamentos típicos dessa resposta: assentir com os olhos arregalados, sorrir ou elogiar quando o narcisista tem um comportamento invalidador ou agressivo. Você pode continuar tentando conquistá-lo ao longo de sua relação com ele. Trata-se de uma tentativa de manter o apego numa situação psicologicamente insegura. Indivíduos que reagem de forma submissa costumam se sentir envergonhados, acreditando que são fracos ou estão sendo cúmplices do narcisista. Mas, no fundo, essa é uma caracterização prejudicial de uma reação esperada a ameaças e adversidades. Algumas pessoas bajulam o narcisista para obter algo ou suprir uma necessidade. Submissão não é isso. Submissão é uma reação reflexiva à invalidação e ao desconforto provocados por um narcisista e impulsionados pela necessidade fundamental de segurança, apego e conexão.

Aprendendo a gerenciar o SNS

Para suportar o abuso narcisista, em especial na infância, é preciso passar a maior parte do tempo em alerta. Você vive num estado de tensão crônica, esperando pela explosão de raiva, a manipulação ou as ameaças de abandono, e essa tensão persiste mesmo após o fim do relacionamento. Permanecer em constante estado de excitação psicológica faz mal à saúde e nos leva a adotar padrões de "sobrevivente", que nos mantêm em segurança mas podem ser prejudiciais a longo prazo: pisamos em ovos, deixamos de expressar nossas necessidades, nos distraímos com facilidade, nos sentimos desregulados e, nos piores casos, experimentamos sintomas de pânico.

Assim, como podemos lidar com as reações do SNS? Recorrendo ao *sistema nervoso parassimpático* (SNP). Enquanto o SNS controla reações a ameaças, o SNP cuida dos estados de relaxamento, repouso e digestão. Garantir que o corpo se recupere e se rejuvenesça é essencial para equilibrar os efeitos negativos de ter um SNS sempre ativado, mesmo quando o narcisista não está por perto. Comece usando todas as técnicas de gerenciamento de estresse que você andou lendo durante anos – respiração profunda, contato com a natureza, exercícios físicos, meditação e qualquer coisa que sirva para acalmar e relaxar. Costumo pedir que meus pacientes se esforcem para ter boas noites de sono. Quem lida com as consequências do abuso narcisista nem sempre tem facilidade para dormir, mas quando estabelecemos uma rotina simples para esse momento – escovar os dentes, lavar o rosto, praticar exercícios de respiração, talvez ler algo agradável, desligar os aparelhos eletrônicos – temos a sensação de autocuidado, necessária para a maioria das pessoas, e ao mesmo tempo passamos a contar com uma prática diária que nos acalma e dá ao corpo a chance de repousar para encarar o dia seguinte. A cura é uma lenta evolução provocada que ocorre quando entramos em harmonia com o corpo, compreendemos que ele vem tentando nos manter em segurança o tempo todo e introduzimos deliberadamente práticas de relaxamento no dia a dia.

Ao longo dos anos muitos sobreviventes me relataram sentir uma série de reações físicas quando ouviram o chacoalhar das chaves do narcisista se aproximando da porta de casa. Escute o SNS. Nem sempre é fácil, porque o sistema é projetado para nos tirar do perigo, e não para ficarmos parados, cogitando o que vai acontecer. Quando sentir que ele foi ativado, pergunte-se: *Qual é a ameaça?* Talvez esteja praticando gaslighting contra si ou se patologizando (*Estou uma pilha de nervos*), mas no fundo seu corpo está sentindo a verdade da situação. Quando conhecer alguém, pergunte-se: *O que está acontecendo?* Encare suas reações como sinais de que precisa ir mais devagar, com atenção. Muitas pessoas que vivem relacionamentos narcisistas percebem que não reagem bem a críticas e rejeições, mas com o tempo você vai reconhecer que as críticas no trabalho não são iguais à rejeição cruel de um pai ou parceiro narcisista. O problema é que o SNS não enxerga a diferença entre as duas situações. Assim, é importante ter capacidade de discernimento para identificar quando de fato há uma ameaça real.

O SNS se comunica por meio do corpo, por isso você precisa se conectar com o corpo. Quando sentir o coração disparar, localize seu pulso no punho, no peito ou no pescoço e conte as batidas. O coração desacelera quando você se conecta com o corpo de forma deliberada. Se quiser dar um passo além, abrace a si mesmo. Esse tipo de conforto físico acalma. O medo nos leva a respirar mal, aumentando a sensação de pânico. Assim, em momentos de calma, pratique a respiração profunda. Escolha um número: 5, 6, 7 ou 8. Se você escolheu 5, por exemplo, inspire contando até 5, segure a respiração fazendo o mesmo e por fim expire contando até esse número. Faça isso nos sinais vermelhos, a cada hora ou antes de entrar numa reunião. Ao respirar melhor regulamos o corpo. Leve a mão ao peito ou ao ventre enquanto respira e solte o ar para sentir a vibração, conectar a respiração ao corpo e se manter regulado.

Você também pode se ancorar colocando os pés firmemente no solo e sentindo a conexão do corpo com o chão ou visualizando diferentes sensações, como a de uma brisa ou de água fluindo por suas mãos.

Conversas difíceis podem provocar uma enxurrada de reações do SNS, mas o simples ato de pensar nelas pode fazer o mesmo. Com isso em mente, vale a pena ensaiar essas conversas com um amigo ou terapeuta – certificando-se antes de que o amigo ou terapeuta seja capaz de representar as dinâmicas tóxicas para que você se sinta mais preparado. Se possível, use anotações para ajudá-lo a conduzir a conversa. Se na hora da verdade você travar, pelo menos poderá recorrer a seus pensamentos organizados. Antigamente eu não acreditava que esses ensaios davam resultado, até que comecei a praticá-los com meus pacientes. Preparávamos mediações de divórcio, conversas com amigos invalidadores e interações em eventos. Em geral, meus pacientes me disseram que os ensaios os ajudaram a não se sentir tão chocados e surpresos na hora H. Uma delas chegou a me dizer: "Tive que conter o riso quando meu marido fez exatamente o que você disse que faria. Por isso, não fiquei surpresa com o comportamento dele e fui capaz de ter a conversa sem demonstrar vulnerabilidade."

Lembre-se: as respostas do SNS refletem nossas histórias. Seu coração pode disparar quando surge um conflito em um grupo, quando você presencia alguém se tornando o bode expiatório em uma reunião ou mesmo quando vê alguém se comportando mal em público (por exemplo, gritando com um garçom). Reflita sobre como sua narrativa está ligada à situação e se pergunte: *O que acho que vai acontecer se eu falar? Essa pessoa é perigosa? Ela já me invalidou no passado?* Nessas horas, tire um minuto, respire e conecte sua narrativa ao seu SNS e à percepção de ameaça.

Como posso apoiar alguém que está passando por abuso narcisista?

A maioria de nós conhece alguém que também está vivendo ou se recuperando de abuso narcisista, e é comum termos dúvida sobre como apoiar essa pessoa. A boa notícia é que, ao se disponibilizar para ajudar, você facilita a cura, mas há pontos de atenção que precisam ficar claros.

Não é bom abordar a pessoa que está passando por abuso narcisista e dizer com todas as letras que a fonte da dor que ela sente é um narcisista. Esse assunto é complexo, e muitas vezes essa tática leva a pessoa que não entende o que é narcisismo a ficar na defensiva e justificar ainda mais o relacionamento. Em vez disso, diga que está ao lado dela, incentive-a a fazer terapia, explicando que essa é uma ferramenta útil para todos (e se você mesmo está fazendo terapia, talvez valha a pena revelar que o tratamento tem ajudado bastante). Se você presenciar um momento difícil, não intervenha na hora: dê um tempinho e só depois procure a pessoa. (*Só queria saber como você está. Fiquei preocupado depois de ouvir aquela conversa entre vocês dois.*) Ao fazer isso, tenha cuidado para não passar a impressão de que está acusando o abusador de ter um comportamento tóxico. Em vez disso, procure apenas plantar na pessoa a semente da dúvida, para fazê-la abrir um pouco mais os olhos dela. Ao apoiar pessoas que estão presas a relações narcisistas, evite forçá-las a adotar seu ponto de vista. Em vez disso, esteja presente para validar a experiência dela.

A Dra. Janja Lalich, especialista em cultos, oferece uma técnica para familiares de pessoas que foram atraídas para seitas e que também pode ser útil para apoiar quem está em um relacionamento narcisista. Ela sugere compartilhar lembranças de um tempo mais feliz: "Lembra como você adorava quando fazíamos viagens de pesca?" "Você se lembra daqueles quadros incríveis que costumava pintar?" É um processo lento, mas fazer a pessoa reviver tempos mais felizes ou se lembrar das alegrias e habilidades talvez esquecidas pode fazê-la se abrir.

Por fim, um artigo de Jancee Dunn no *The New York Times* oferece uma orientação simples, mas muito válida: ao falar com alguém que está numa relação narcisista, pergunte do que ela mais precisa: "de ajuda, de um ouvido amigo ou de um abraço."[4] Às vezes, ao ouvir o que a pessoa tem a dizer, validar a experiência dela e oferecer um sorriso gentil estamos ajudando muito mais do que imaginamos.

Como construir resistência

Até aqui aprendemos a reconhecer quando estamos sendo alvo de gaslighting ou tendo uma resposta do SNS a uma pessoa narcisista. Aprendemos o que nosso crítico interior está tentando nos dizer sobre nossas inseguranças e nossos desejos mais profundos. Aprendemos a respirar e nos reconectar com nós mesmos, e a reconhecer que essas reações fortes se relacionam com uma percepção de ameaça que pode ser revisada e reformulada. Seu radar narcisista está em alerta máximo. Como evitar ficar ainda mais preso na teia do narcisista ou impedir que outro deles entre em sua vida?

Corte relações

Quanto mais contato você tiver com o narcisista, pior se sentirá. Cortar contato é exatamente o que parece: parar de procurar a pessoa e, ainda mais importante, de responder a ela. Não atenda ligações, não responda mensagens de texto, não se dirija a ela. Desapareça da vida do narcisista. Você pode bloquear o número de telefone, o e-mail ou as redes sociais dele, ou até mesmo buscar medidas judiciais protetivas. Cortar relações é uma ferramenta pesada, mas eficaz, para acabar com ciclos tóxicos.

Ao cortar relações, prepare-se para uma "chuva tóxica". O narcisista vai alternar entre comunicação raivosa e agressiva e manipulação por intermédio do *hoovering* (ver página 72), sobretudo se você ceder e responder às tentativas de contato ou se ele perceber que a raiva não está funcionando. Se você não reagir ao *hoovering*, ele vai voltar com a comunicação raivosa. O número de tentativas de comunicação também pode aumentar se você não bloquear a pessoa – esteja preparado para dezenas, ou até centenas, de mensagens de texto, e-mails e chamadas telefônicas que vão se tornar mais raivosas com o passar do tempo. O narcisista é capaz de fazer diversos tipos de ameaças: avisa que vai fazer chantagem, que vai difamar você ou até que vai contratar um advogado. Com o tempo é possível que as ameaças fiquem mais pesadas até que você entre em contato. O narcisista pode stalkear você. Se o stalking ganhar força – ou seja, se ele ficar rondando a sua casa, se o número de mensagens aumentar demais, se ele for até o seu local de trabalho –, consulte um advogado ou um centro de atendimento a vítimas de violência doméstica para saber que medidas legais pode tomar (infelizmente, não há tantas opções – os sistemas legais atuais deixam a proteção do sobrevivente em segundo plano).

Na maioria das vezes não é possível deixar de falar com o narcisista, e há casos em que essa medida pode até criar mais angústia. Por exemplo, essa medida não funciona se você tem guarda compartilhada de filhos ou se trabalha com o narcisista. Também nem sempre funciona em sistemas familiares complexos, em que você quer ter acesso a determinados parentes próximos do narcisista ou se você tem filhos que se relacionam com primos ou avós narcisistas. Algumas pessoas se sentem desleais ao cortar relações, e se o rompimento em si já é bastante doloroso, sempre é possível que terceiros fiquem chateados com sua decisão. Em última análise, muitas estrelas precisam se alinhar para que você consiga colocar essa opção em prática com sucesso.

Quando é preciso voltar a ter contato

Esse é um problema comum em famílias. Talvez você esteja orgulhoso por passar vários anos sem fazer contato com o narcisista, até que surge uma situação – alguém adoece ou morre, ou acontece algum evento importante que obriga você a restabelecer contato com a pessoa ou o sistema narcisista. Se você não vem tendo contato, talvez sofra por não saber como proceder e se sinta num dilema: é melhor sentir o desconforto de não manter contato em meio às novas circunstâncias ou o medo de voltar a ter contato com o narcisista e permitir que ele pense que venceu ou que você está cedendo? Nesse caso é preciso pesar, por um lado, o fato de que você passou muitos anos sem contato e que isso o ajudou a alcançar a cura; por outro, você deve se permitir refletir sobre a situação, ser flexível e considerar o contexto. Talvez você precise rever sua posição diante de questões maiores, considerar que há casos em que seguir evitando o contato pode gerar arrependimento. Por exemplo, se você quer dar apoio a um parente querido que está morrendo e ele é muito próximo da pessoa narcisista, talvez precise ter contato com ela.

Firewall

Certa vez eu estava conversando sobre relacionamentos narcisistas com uma pessoa que trabalhava na indústria de tecnologia e ela sugeriu brilhantemente que talvez precisássemos de *firewalls* contra narcisistas. *Firewalls* protegem redes e computadores e também suas informações com senhas. Em relacionamentos narcisistas, o *firewall* estabelece limites e barreiras ao seu redor para impedir que os "vírus" entrem e acessem informações delicadas que possam ser usadas contra você.

Primeiro, vamos falar sobre os dados que entram, porque é nesse ponto que está o maior perigo. Narcisistas aparecem, fazem gaslighting, mexem com sua cabeça e fazem você duvidar de si. Você pode se proteger com seu conhecimento sobre o narcisismo e o abuso narcisista. Nesse ponto, o reconhecimento e a aceitação radical ajudam a estabelecer limites e a desacelerar o avanço do narcisista na sua vida, para impedir que alguém com esses padrões passe a fazer parte do seu convívio muito rápido. Essa é uma medida fundamental porque, muitas vezes, narcisistas encantadores – tal como os arquivos aparentemente inofensivos que você executa no computador – parecem uma pessoa qualquer e podem até ser mais atraentes que a média. Para se proteger, vá devagar e descubra quais são os comportamentos prejudiciais que levam você a permitir que essa pessoa entre na sua vida.

O *firewall* também protege no momento em que seus dados saem. É importante evitar fornecer informações ao narcisista. Você quer compartilhar informações sobre si, mostrar suas vulnerabilidades, se abrir, mas é perigoso fazer tudo isso com pessoas que vão usar essas informações contra você ou que tendem a humilhar ou zombar de você. Eu gostaria que nosso *firewall* nos avisasse quando estamos prestes a compartilhar informações vulneráveis com a pessoa errada (*Tem certeza de que quer compartilhar seu maior medo com essa pessoa?*).

Gatekeeping

Uma pessoa com quem conversei certa vez me disse que um dos maiores avanços em sua recuperação foi que, sempre que possível, ela faltava a eventos sociais e profissionais em que sabia que teria contato com indivíduos e situações tóxicos. Para ela, essa decisão foi um divisor de águas. Ela me explicou que isso lhe dava a sensação de que estava praticando o autocuidado e de que não só se protegia de possíveis problemas como a impedia de fazer coisas que se sentia obrigada a fazer para subir no conceito de pessoas narcisistas. Como resultado, ela se sentia mais livre e completa. Assim como cuidamos do que comemos, bebemos e vestimos, ser criterioso com quem você permite que faça parte da sua vida é uma decisão fundamental.

Ser criterioso, aqui, é se sentir confortável para às vezes recusar convites que vão aproximar você de pessoas tóxicas, se recusar a trabalhar em lugares dominados por narcisistas, abandonar conversas ou eventos familiares em que você sofre provocações, dizer não a um segundo encontro e sorrir educadamente antes de bater em retirada. Isso é praticar o *gatekeeping* – controlar o acesso de pessoas nocivas à sua vida.

Compreender a atuação dos facilitadores

Para se tornar mais resistente a narcisistas, é preciso entender que existe um coro de vozes que os apoia e encoraja – os facilitadores, pessoas que estão ao seu redor, sempre ponderando e relevando as ações dos narcisistas. Pode ser sua família ou comunidade religiosa, humilhando você por não perdoar o narcisista; uma sociedade inteira que diz que você não pode "desistir" do relacionamento; pessoas que minimizam seus sentimentos ou recorrem a clichês como "Você também não é perfeito", "Ele não quis fazer mal", "Eu nunca tive problemas com ele" ou a declaração típica do facilitador: "Ele fez o máximo que pôde." Alguns facilitadores são "macacos voadores", passam o tempo todo atazanando você com a retórica do narcisista, essencialmente "cumprindo ordens". Essas vozes validam e dão desculpas para o comportamento do narcisista e com isso minam os instintos do alvo dos narcisistas, que conclui que tantas pessoas dizendo a mesma coisa não podem estar erradas, então o errado deve ser ele – ou seja, ele conclui que o consenso vale mais que sua experiência subjetiva.

Imagine uma narcisista que provoca o irmão e faz gaslighting com ele. Para se proteger e evitar essas interações, ele estabelece um limite e opta por não participar de alguns eventos familiares. A narcisista conta à família que lamenta a ausência do irmão e que está magoada. Ela se comporta muito bem no grupo da família, mas é bastante cruel no relacionamento direto com o irmão. Numa situação dessas, a família apoia a irmã narcisista porque quer que os encontros aconteçam, e, quando o irmão que sofre abusos se expressa, a família entende que ele é o problema e diz: "Sua irmã só quer que você faça parte da família."

Ou seja, facilitadores não são necessariamente narcisistas e podem ser pessoas que você quer manter em sua vida, mas para permanecer resistente a relacionamentos narcisistas você também precisa se conscientizar de como eles podem estar estimulando o narcisista a manter o status quo. Ser criterioso e consciente em relação aos facilitadores é tão importante quanto ser criterioso e consciente dos padrões narcisistas.

O detox de doze meses

Se você está saindo de um relacionamento abusivo narcisista, recomendo fortemente uma desintoxicação de um ano. Nesse período, você deve permanecer solteiro. Talvez esteja pensando: "*O quê?* Fiquei solitário por tanto tempo. Quero namorar, me apaixonar, fazer sexo." Entendo o argumento, mas a verdade é que o relacionamento narcisista sequestra você. Um período sozinho – oficialmente sozinho – permite que você se familiarize com sua própria pessoa. Após passar anos tendo seus interesses e preferências invalidados, pisando em ovos e se ajustando às necessidades do narcisista, você precisa de tempo para se reorientar, voltar a ser quem é. Por mais tentadora que seja a ideia de ter um relacionamento de recuperação, de receber atenção, carinho e amor, você corre grande risco de colocar suas necessidades em segundo plano com o novo parceiro e de sucumbir outra vez aos padrões de trauma. (Além disso, tenha em mente que, nos períodos de transição, existe um alto risco de entrarmos num relacionamento narcisista.)

No período de detox, você se familiariza com seus ritmos, preferências e necessidades e traz à tona seu "eu" autêntico. Você aprende a ficar sozinho e a não ter que ceder à realidade de outra pessoa. Uma das únicas maneiras de desmontar vínculos traumáticos é tolerar o desconforto causado por algo a que não estamos familiarizados. Nesses doze meses, faça coisas que o assustem, o alimentem, o encantem. Passe aniversários, feriados e datas festivas sozinho; reescreva suas narrativas (em vez de usar as de outra pessoa); reconheça suas capacidades. Quando sentir que não vai conseguir cumprir os doze meses, pare e recupere o controle. Pense nos piores dias do relacionamento narcisista, lembre-se de quanto desejou ter um descanso e conscientize-se de que está vivendo esse momento. Aproveite-o e sinta a alegria de não estar sendo desestabilizado pelo relacionamento. Nesse momento, também vale a pena voltar às listas de "Biscoitos na cama" ou "Agora é a minha vez" como um lembrete do que fez você terminar o relacionamento.

Os princípios da desintoxicação também podem ser aplicados a situações narcisistas na família ou no local de trabalho. Ao longo desse ano longe do relacionamento narcisista abusivo, dê a si mesmo tempo e espaço para alcançar a cura. Nesse período, procure nutrir suas preferências e estabelecer novos rituais e rotinas. Lembra daquela reunião tóxica de equipe toda segunda-feira às duas da tarde ou dos jantares humilhantes de domingo? Faça algo relaxante ou recompensador nesses horários para experimentar o contraste entre como era e como pode ser a partir de agora.

Ao fim dos doze meses você se sentirá mais apto a exercer suas preferências e seus padrões. Assim, se no futuro alguém tentar invalidar sua opinião sobre um assunto que considera importante, falar mal do seu gato, desdenhar do seu gosto por *reality shows* ou do emprego que você ama, você estará mais apto a recuar e, com toda a calma, dizer: "Não, obrigado."

O poder da solidão

Encontrar refúgio na solidão é importante para se curar do abuso narcisista e desenvolver resistência ao narcisismo. Antes que os mais extrovertidos reclamem, vamos entender melhor como funciona. Muitas vezes, o poder do narcisista vem do fato de sentirmos medo de ficar sozinhos. O narcisista estabelece vínculos traumáticos, e a autoacusação e a confusão que nascem do relacionamento fazem com que a vida em solidão seja muito difícil. Mas o fato é que a solidão é um espaço fundamental de cura. Solidão, aqui, não é se isolar do mundo, e sim reservar um espaço para si e, por um momento, deixar em segundo plano os cuidados com o outro, os compromissos unilaterais e a autocensura. Na solidão encontramos nossa voz.

Tive uma paciente que travava verdadeiras batalhas contra os períodos de solidão causados pelo fim de um casamento de quarenta anos com um narcisista, até que juntas descobrimos uma nova perspectiva para encará-los. Ela aprendeu a perceber que não passava mais o tempo todo tensa ou decepcionada porque, mais uma vez, o marido não tinha voltado para casa e o jantar que ela havia preparado com todo o cuidado foi parar no lixo. Passou a perceber como era ótimo não se sentir julgada por gargalhar vendo TV. Aos 65 anos, foi nos momentos de solidão que ela descobriu quem era e do que gostava, porque não estava mais colocando as necessidades de outra pessoa em primeiro lugar. Ela entendeu que a negatividade em torno da solidão era provocada por amigos e familiares que a alertavam sobre as desvantagens de "envelhecer sozinha". Mas, ao comparar com a alternativa, ela parou de enxergar a solidão como algo ruim.

Para se tornar resistente ao narcisismo, é necessário perceber que o narcisista não é fundamental na sua vida e que sem ele você vai recuperar as partes de si que perdeu no relacionamento. Quando você se sente à vontade na solidão, torna-se mais criterioso em relação às pessoas com quem passa seu tempo. Por um lado, quando o narcisista passa anos moldando sua identidade, é assustador pensar em si mesmo sem esse ponto de referência. Por outro, quando a solidão se torna uma boa alternativa, as pessoas tóxicas perdem espaço na sua vida.

Aceite o bom o suficiente

Dizem que o ótimo é inimigo do bom, e essa é uma verdade incontestável no relacionamento narcisista. A maioria dos sobreviventes de relacionamentos narcisistas usa o perfeccionismo como uma estratégia de defesa e enfrentamento, na esperança eterna de que tudo vai melhorar caso possam se aperfeiçoar ou aparar as arestas do relacionamento. Mas o perfeccionismo também pode ser uma forma de autossabotagem que resulta em procrastinação ou atrasos (*Só posso entregar o trabalho quando ele estiver perfeito*). Ao tentar alcançar a perfeição, você está tentando alcançar as projeções e expectativas grandiosas do narcisista. Tente buscar o "bom o suficiente", um lugar onde você reconhece que o que fez é o bastante. A roupa pode estar lavada, mas não passada; o escritório pode estar bagunçado, mas as contas foram pagas; os cupcakes podem ser comprados na loja. Buscar o "bom o suficiente" é a chave para a cura. Ao alcançar a aceitação radical e perceber que não está mais tentando fazer tudo perfeito para o narcisista, você se afasta desse padrão nocivo.

Pratique a atenção plena

Quando você conhece gente nova, respira com calma e vive o momento presente, torna-se mais criterioso com tudo à sua volta, porque sua mente não fica a mil; você vivencia plenamente o que está acontecendo. Quanto mais presente estiver, mais será capaz de discernir padrões nocivos e se proteger.

Não é difícil praticar a atenção plena. Faça o seguinte exercício: identifique 5 coisas que pode ver; 4 coisas que pode ouvir; 3 coisas que pode tocar; 2 aromas que pode sentir (mantenha óleos de aromaterapia ou uma vela perfumada perto, se quiser); 1 coisa que pode saborear.

Durante o exercício, respire fundo. Ao realizá-lo uma vez por dia, você desacelera a mente, e ele pode ser especialmente útil para quem está vivendo ou saindo de um relacionamento difícil. Recorra a ele sempre que precisar recuperar o foco.

Outro exercício útil de atenção plena é descrever detalhadamente o espaço em que você se encontra. Preste atenção na luz, nos sons, nos cheiros, nos objetos – onde estão, como são. Você também pode realizá-lo em tempo real, caso esteja se sentindo desconfortável durante uma interação com uma pessoa difícil (e, se você estiver preso em um carro com um narcisista furioso, um exercício bastante útil é observar atentamente a paisagem pela janela).

Acolha a alegria

Se você viveu um relacionamento narcisista por muito tempo, talvez nem se lembre de como é sentir alegria. Normal, pois relacionamentos narcisistas roubam nossa alegria – impedem a felicidade, a segurança e o conforto na relação, e fazem você gastar a maior parte da sua energia psicológica tentando evitar ameaças, em vez de notando momentos de beleza. A alegria só existe nos termos do narcisista, e, se ele estiver tendo um dia ruim, todos ao redor também terão. Mas, quando você se permite vivenciar a alegria, está realizando uma forma eficaz de resistência ao narcisismo. Nesses momentos, você não está transmitindo uma positividade falsa nem listando motivos pelos quais deveria se sentir grato. Em vez disso, está se permitindo saborear os pequenos momentos de alegria que surgem.

Como você passou muito tempo monitorando cada mudança de humor e necessidade do narcisista, para se tornar resistente ao narcisismo é preciso aprender a extrair o máximo dos períodos de alegria que surgem pelo caminho. Quando temos pequenas alegrias – como assistir ao pôr do sol, tomar um sorvete, ouvir uma bela música, ver beija-flores na sua janela – e elas não são roubadas, somos lembrados de que há vida fora do relacionamento e mais beleza e esperança do que o imaginado. Resistir ao narcisismo significa desfrutar esses momentos de forma privada, tendo em mente que, se compartilhá-los com o narcisista, ele vai fazer pouco-caso ou desvalorizá-los.

De início você pode sentir "culpa pela alegria", ao considerar fazer algo tão proibido quanto sentir prazer fora do relacionamento narcisista ou após uma vida inteira sendo humilhado apenas por rir ou sentir felicidade. Há também o "arrependimento pela alegria", que se manifesta quando você percebe quanto tempo perdeu após anos tentando garantir sua segurança e sobrevivência. Encontre esses momentos de encantamento, alegria e bondade, permita-se vivê-los e se envolver. Com o tempo, esses momentos de alegria roubada podem voltar a formar uma vida rica e colorida. Pergunte-se se vale a pena manter um "diário da alegria" para anotar essas experiências positivas diárias. Quanto mais você perceber esses momentos, mais eles acontecerão.

Se você sofre o abuso narcisista, vivenciar a alegria é um desafio. Ela foi tirada de você por tanto tempo que comparo esse gesto a deixar a luz entrar no quarto após dormir no escuro: você precisa forçar a vista por um minuto, mas aos poucos começa a enxergar melhor e aprende a desfrutá-la quando a encontra. É como se sua alma despertasse após um longo período de sono e você descobrisse que ainda é capaz de sentir o que é bom, e não só o peso da ruminação constante.

10 MANEIRAS DE DESENVOLVER RESISTÊNCIA AO NARCISISMO

As ferramentas a seguir podem ajudar você a fechar a porta para um próximo narcisista e talvez manter a sanidade ao lidar com aqueles que já fazem parte da sua vida.

1. Tenha segurança da sua verdade e da sua realidade. Isso funciona como um repelente contra o gaslighting.
2. Pare de se deixar levar pelo carisma e pelo charme.
3. Não se deixe enganar por qualidades superficiais, como inteligência, educação, aparência, riqueza e sucesso.
4. Observe como a pessoa trata outros indivíduos (e não justifique o comportamento dela).
5. Observe como a pessoa se comporta em condições de estresse, frustração ou decepção.
6. Respire fundo e vá devagar.
7. Afaste-se dos facilitadores.
8. Pare de dar segundas chances.
9. Cultive uma rede social mais saudável. Ter pessoas saudáveis no seu círculo social é um dos maiores antídotos contra narcisistas.
10. Comece a se sentir à vontade em trilhar os caminhos menos batidos. Tenha em mente que, ao se tornar resistente ao narcisismo, você pode ganhar a fama de pessoa crítica, superexigente ou mesmo difícil.

RESISTIR AO NARCISISMO tem a ver com o passado, o presente e o futuro: você começa a romper os laços traumáticos, está presente para identificar comportamentos nocivos e evita cair nas mesmas armadilhas. Resistir ao narcisismo é saber quem você é, se manter firme para afirmar sua realidade, estabelecer limites reais, entrar em novos relacionamentos aos poucos e com cautela. Quando sua mente começar a inventar desculpas e seu corpo se sentir estranho, preste atenção e ative suas defesas, como o *firewall*. Você foi ensinado a se desvalorizar por tanto tempo que talvez nem perceba como sua companhia é maravilhosa.

O ato de se afastar de relacionamentos tóxicos é essencial para a cura, mas o que fazer com aqueles em que você já está e não pretende sair? Como alguém pode alcançar a cura mantendo a relação?

8

A cura e o crescimento quando você mantém o relacionamento narcisista

As coisas não mudam; nós é que mudamos.
Henry David Thoreau

Pauline percorreu um longo caminho para chegar à aceitação radical. Lida com um filho adulto narcisista, se mantém num trabalho com um chefe narcisista porque precisa dos benefícios e ajuda a cuidar do pai narcisista e da mãe, uma mulher bondosa mas facilitadora, que nunca se afastou do marido e tem uma saúde frágil. Pauline está exausta, reconhece que não é capaz de mudar nada disso e enfrenta um sentimento diário de luto, mas ama seu emprego, encontra consolo em ficar sozinha com seu amado cachorro e gosta de praticar jardinagem.

Pauline também sente que, depois do que aguentou em vários relacionamentos narcisistas, não é capaz de se envolver com outras pessoas com frequência. Fica chateada porque inveja a vida de outras pessoas, com famílias felizes, relacionamentos amorosos com filhos adultos e viagens de férias, e descobriu que, por mais que ame seus amigos, não socializa tanto quanto poderia, justamente para se proteger. Saiu das redes sociais há muito tempo pelo mesmo motivo. Sabe que não pode se afastar dos relacionamentos narcisistas a que está presa, então nem considera essa opção, mas se irrita quando recebe conselhos superficiais sobre como gerenciar essas situações (*Dê-se ao respeito e saia do relacionamento!*, *É só cortar relações*). Seu superpoder é encontrar alegria nos pequenos momentos: uma caminhada com seu cachorro, um belo pôr do sol, uma planta florescendo, um seriado para maratonar. Pauline encontrou propósito e sentido nas coisas que é capaz de controlar e descobriu que a cura, a aceitação e a tristeza vão variar a cada dia.

A realidade é que muitos de nós têm dificuldade para sair dos relacionamentos narcisistas e quase todo mundo tem pelo menos um que não consegue romper. É muito simples dizer a si mesmo: *Esse relacionamento é tóxico, então vou sair dele*. Na prática, porém, talvez você precise ficar por causa dos filhos, porque necessita do emprego ou porque não consegue se imaginar longe dos pais ou dos familiares, por mais tóxicos que sejam. Você pode sentir que precisa do amigo, por mais que ele seja narcisista e que isso lhe cause desgaste. Sejam quais forem os motivos que levem você a manter o relacionamento, para alcançar a cura as regras vão ter que ser outras. Não dá para seguir acreditando que o relacionamento vai mudar ou que você só tem que se ajustar. Permanecer significa se manter no relacionamento de uma forma que não seja tão nociva e permita que a cura aconteça.

Existem diferentes níveis de permanência. No mais intenso, você se mantém em longos casamentos ou relacionamentos tóxicos, mantém contato regular com pais narcisistas ou continua trabalhando com sócios ou colegas antagonistas de longa data. Esses relacionamentos têm uma longa história e são complexos por natureza, o que não só torna o abuso narcisista mais impactante como nos impede de sair deles. No extremo mais brando da permanência, você pode terminar o relacionamento, mas optar por manter contato. Você pode manter esse tipo de relação com amigos difíceis que não vê com frequência, colegas invalidadores com quem não trabalha tão de perto ou parentes que raramente visita. Talvez você não queira cortar os laços porque essas pessoas fazem parte de grupos sociais maiores que são importantes para você, porque seu contato com elas não é suficiente a ponto de fazer diferença (mas quando ocorre é desagradável) ou porque não vale a pena ter esse conflito.

Este capítulo mostra como se equilibrar na linha tênue que é permanecer no relacionamento ou manter contato com o narcisista sem reforçar os padrões ou se culpar. Nele, ensino técnicas e truques essenciais para a sobrevivência nessas situações. Para alcançar a cura e o crescimento sem terminar o relacionamento você precisa ter consciência do que está acontecendo, estar preparado para as conversas e saber se recuperar delas, sempre mantendo expectativas realistas para lidar com as decepções e tristezas. Os exercícios deste capítulo vão ajudar você a permanecer fiel a si mesmo e aos seus objetivos, a evitar conflitos e a construir soluções alternativas sem permitir que a invalidação limite seu potencial.

O principal obstáculo para alcançar a cura e ao mesmo tempo permanecer na situação tóxica é o fato de que o narcisista não quer que você se cure. Não é que ele ligue para a sua cura em si, mas se isso acontece ele sofre uma queda no suprimento narcisista. Quando alcança a cura, isso significa que você está se tornando independente, o que representa um desafio às expectativas de dominação e controle dele. Relacionamentos narcisistas são como sacos de areia no seu balão de ar quente: enquanto você tenta voar, eles tentam mantê-lo preso ao chão. Este capítulo mostra como cortar as cordas dos sacos de areia. Mesmo que você se mantenha no relacionamento narcisista, seu espírito pode ganhar asas.

Pare de sentir vergonha por permanecer no relacionamento

É normal sentir que você está fazendo algo "errado" ao manter o relacionamento ou o contato com o narcisista. Mas as razões são suas, e esses relacionamentos já são tão carregados de vergonha que continuar se invalidando por permanecer nele vai prejudicar seu processo de cura.

Talvez você tenha feito essa escolha por esperar que haja mudanças ou que uma sequência de dias bons seja um sinal de que a maré virou.

Talvez você tenha feito essa escolha porque teme a solidão ou envelhecer sozinho, ou por sentir pena e culpa por se afastar do narcisista e obrigá-lo a tentar se cuidar sozinho, uma dinâmica muito comum em relacionamentos com narcisistas vulneráveis.

Todos nós somos naturalmente atraídos pelo que consideramos familiar. Mesmo quando é algo tóxico, as rotinas e a sensação de familiaridade do relacionamento acabam transmitindo uma falsa sensação de conforto.

Talvez você tenha feito essa escolha por questões práticas, como filhos, dinheiro e moradia.

Talvez você tenha feito essa escolha devido a pressões culturais, a um senso de dever e obrigação, ou ao fato de não gostar da ideia de divórcio, afastamento familiar ou fim de relacionamentos.

Você pode permanecer em um relacionamento narcisista devido às limitações dos sistemas existentes – leis relativas ao direito de família, sistemas de recursos humanos ou estruturas de justiça civil e criminal –, que oferecem poucas alternativas, e se você sair pode enfrentar um risco ainda maior. Esse risco é amplificado se você tiver menos poder social devido a fatores como etnia, gênero, sexualidade ou classe social.

Permanecer na relação é uma escolha, e quando enxergamos dessa forma temos poder. Existe uma razão para essa decisão. É preciso tê-la sempre em mente. Se você permaneceu por causa dos filhos, seja o melhor pai do mundo: esteja sempre presente para eles, ofereça toda a empatia, o que é fundamental quando o outro pai da criança é narcisista. Se você vai se manter num ambiente de trabalho tóxico, tenha sempre em mente o que pode obter por meio do emprego, como networking, habilidades técnicas, benefícios ou planos de aposentadoria. Quando utilizamos a astúcia nos sentimos menos passivos e mais estratégicos, obtemos o máximo possível de cada situação. Você pode até usar o tempo livre para se desenvolver ou trabalhar num projeto paralelo mais agradável. Se você permanece na relação narcisista já precisa lidar com o abuso narcisista contínuo. Por isso, não adicione suas próprias críticas.

Barreiras para a cura

A cura não se limita a sair do relacionamento – esse é apenas um tijolo na parede da recuperação –, mas tentar alcançar a cura *enquanto* permanece no relacionamento narcisista é como nadar contra a corrente. Talvez você queira permanecer por achar que, se mantiver contato, um dia ficará saudável a ponto de se sentir obrigado a dar fim à relação. Talvez você queira permanecer por medo de que a cura funcione como combustível para o gaslighting da sua família ("Sua infância não foi tão ruim, veja como você está bem").

À medida que melhora, talvez você comece a perceber que não se encaixa mais no sistema narcisista, por isso não há motivos para permanecer nele. Mas a cura pode ser impedida pela dissonância cognitiva, situação em que você justifica verdades desconfortáveis da relação para não ter que encarar a inconsistência (é mais fácil dizer "Ele está com raiva porque vem tendo um momento difícil no trabalho" do que "Meu parceiro é raivoso e eu vivo um casamento carregado"). Quando você justifica o comportamento do narcisista, se encaixa melhor no relacionamento disfuncional do que quando enxerga a realidade com clareza. Esses fatores podem criar uma espécie de resistência subconsciente à recuperação.

A verdade, porém, é que *alcançar a cura é mais importante do que dar fim à relação*, e é possível se curar sem terminar o relacionamento, cortar relações ou virar a vida do avesso. Alcançar a cura é recuperar seu poder, permanecendo ou não no relacionamento. Quando você se torna mais resistente ao gaslighting, encontra sua voz e para de aceitar a versão da realidade imposta pelo narcisista, ele pode perder o interesse em você. Você só serve a ele como uma fonte de suprimento, um adereço ou saco de pancadas. Quando você deixa de exercer esses papéis, o narcisista perde o interesse em você, não quer mais tê-lo por perto. Esteja preparado para essa possibilidade, porque o medo de ser abandonado pode fazer você querer pôr uma trava na cura e na individuação, de modo que o relacionamento continue.

Odeio admitir, mas ainda amo essa pessoa

Não falamos o suficiente sobre essa situação porque temos a sensação de que o relacionamento narcisista é prejudicial – de que temos que dar o fora dele quanto antes! Mas o amor e o apego são forças poderosas. Por mais traiçoeiro, doloroso e prejudicial que seja o relacionamento, é possível que você ame o narcisista em sua vida e não se sinta pronto para se afastar dele. Muitos pacientes já me disseram: "Eu gostaria de odiá-lo, tudo seria bem mais fácil." Você pode aprender a lidar com os vínculos traumáticos e ao mesmo tempo amar a pessoa narcisista, e esse conflito pode provocar vergonha, partir seu coração, fazer você se sentir um tolo. Mas para alcançar a cura é preciso parar de julgar seus próprios sentimentos. Não há erros nesse processo, apenas lições a se aprender. Não se envergonhe por isso, é normal – e não, não é só um vínculo traumático, é algo muito real para você. Para alcançar a cura é preciso se afastar da ideia de que só existem preto ou branco e abraçar o complicado espectro de tons de cinza.

Talvez você acredite que o caminho da cura é enxergar o narcisista como um indivíduo nocivo, mas para isso você terá que mentir para si mesmo, o que não funciona. Não há nada de errado em amar o narcisista. Na verdade, reconhecer a complexidade das suas emoções e da história do relacionamento, mesmo amando o narcisista, pode ajudá-lo a se sentir mais honesto consigo. Você se lembra do conceito de múltiplas verdades? É no amor que elas mais se manifestam – *Essa pessoa faz gaslighting comigo, me manipula, mas nós temos uma história, eu a amo e gostaria que fosse diferente.* Esse complexo ato de equilíbrio requer que você recupere o fôlego nos dias bons, mas não baixe a guarda nem jogue o guarda-chuva fora, e seja honesto consigo mesmo sobre seus sentimentos. Não é fácil, mas é possível, e ninguém tem o direito de lhe dizer que é melhor deixar de amar alguém. Você tem suas razões para se manter no relacionamento ou permanecer em contato, e os dias bons reforçam essa ideia. Só não deixe que esses dias o impeçam de enxergar o relacionamento ou o comportamento como ele realmente é, porque isso reinicia o ciclo de dor e decepção.

O que acontece comigo quando decido ficar – e o que fazer a respeito?

Aqui não vou dourar a pílula: viver ou interagir regularmente com um narcisista é como morar com um fumante. Mesmo que você use filtros de ar, deixe as janelas abertas e faça uma limpeza impecável na casa, ainda há o risco de adoecer com o tempo.

Na maioria dos casos, quem escolhe continuar no relacionamento não tem como "trabalhar a relação" com o narcisista. É preciso buscar soluções alternativas, enfrentar campos minados e muita tensão. Nunca será fácil. Por um lado, o narcisista não vai mudar, e por outro seu corpo e sua mente não vão se ajustar ao impacto do relacionamento. É importante reconhecer esses limites porque, do contrário, você poderá cair novamente nos padrões de autoacusação e pensar: "Nem me curar direito eu consigo." Acredite, você está indo bem. A questão é que está havendo uma mudança de status quo: o relacionamento narcisista permanece o mesmo, mas você está mudando.

Para permanecer no relacionamento é preciso ter consciência, expectativas claras e autocompaixão. Vejamos como funciona.

Esgotamento

A partir do momento que compreende e aceita a pessoa narcisista pelo que ela é de fato, talvez você enfrente situações em que precise lidar com as consequências do comportamento dela: crianças chateadas, parentes irritados, colegas de trabalho frustrados, planos desfeitos. Tudo isso esgota, mas ao mesmo tempo pode nos obrigar a utilizar estratégias como o apaziguamento e a evitação. Você reflete sobre como lidar com o narcisista e pensa: *Não posso falar desse assunto; Não vou dar essa boa notícia; Não posso deixá-lo saber que precisamos consertar esse erro.*

A escassez também esgota:[1] por anos você tem vivido sem a compaixão, o respeito, a empatia ou o equilíbrio em pelo menos um relacionamento importante. Com isso, tenta sobreviver e focar nas necessidades de curto prazo. Se a comida é pouca e você está com fome, todo o seu foco vai para a comida; você não pensa no processo de individuação ou em objetivos de vida. Um processo muito semelhante acontece quando você está em um relacionamento narcisista: comportamentos saudáveis e respeito mútuo são raros, e os dias se resumem a tentar sobreviver, o que dificulta focar no crescimento pessoal ou em outros relacionamentos e pode até culminar em burnout e doenças.

Para reabastecer, você precisa realizar o que chamo de *autocuidado realista*. Não se trata de ir a spas, receber massagens ou fazer afirmações positivas, e sim de reconhecer quando você está esgotado – exibindo sinais de fadiga, *brain fog*, exaustão física, autoconfiança abalada, dificuldade para tomar decisões – e reservar um tempo para si. Talvez isso signifique adiar a resposta do e-mail, pedir o jantar em casa, passear, dormir mais cedo, deixar os pratos na pia ou ligar para um amigo. Também pode significar cuidar do sentimento de escassez – buscar espaços de empatia, racionalidade e bondade na sua vida. Quando você os encontra, sente-se recarregado e capaz de seguir em frente. A tentação dos relacionamentos narcisistas é querermos seguir em frente porque é o que sempre fizemos. Nesses momentos, porém, é melhor fazer uma pausa, respirar, se recalibrar e reconhecer sua experiência.

A sensação de não ser mais a mesma pessoa

Em geral não gostamos da pessoa que somos quando estamos acompanhados do narcisista, nem do que acontece conosco quando escolhemos permanecer no relacionamento. Os pensamentos do dia a dia são incômodos. Você inveja pessoas que não estão rodeadas de narcisistas – que vivem casamentos felizes, têm bons pais ou trabalham em ambientes colaborativos e saudáveis. A empatia lhe causa fadiga, você se torna insensível. Pode ter pensamentos maldosos ou vingativos que não são normais para você (por exemplo, é comum desejar que o narcisista morra ou que o negócio dele fracasse). Esses sentimentos não condizem com sua autoimagem de uma boa pessoa.

Para evitar isso, o primeiro passo é ter em mente que esses narcisistas exigem que você redefina sua identidade para sobreviver à relação, assim como é importante saber que sua identidade foi moldada por esses relacionamentos desde o primeiro dia. Depois, é hora de reduzir suas autocríticas, e nesse ponto é importante voltar à ideia das múltiplas verdades. É possível ficar feliz por um amigo e ao mesmo tempo invejá-lo – procure explorar esses sentimentos nos seus relacionamentos mais seguros ou na terapia. Enxergue o perigo da palavra *deveria* (Eu *deveria* estar feliz pelo casamento bom da minha irmã. Eu *deveria* estar feliz por ver que meu amigo tem uma família tão unida. Eu não *deveria* desejar o mal a ninguém.). *Deveria* apontar para um ideal, mas ninguém é perfeito, e sentimentos ruins são normais. Preste atenção, reconheça que essas frases são causadas pelo seu desejo de resgatar seu senso de normalidade e saúde, e pratique a autocompaixão.

Ser cruel consigo mesmo

Caso escolha manter a relação com o narcisista, reflita sobre como você fala consigo mesmo e como se enxerga. Tenha em mente que está permanecendo numa situação em que é desvalorizado. Se por um lado seu objetivo é se valorizar e alcançar a cura, por outro você vai continuar num relacionamento no qual pode ser ridicularizado pela pessoa narcisista e por outras que fazem parte do sistema. Talvez você descubra que é mais cruel consigo mesmo do que o próprio narcisista. Ocorre que ser cruel consigo mesmo é uma forma de fazer as peças se encaixarem – você sustenta a ideia de que é "ruim" e ela é reforçada pelo tratamento que você recebe das pessoas.

Este exercício é um choque de realidade e tem o objetivo de ensinar você a mudar a forma de falar consigo e a se tratar com bondade e acolhimento. Encontre uma foto sua quando criança e imagine-se dizendo a ela que você é tolo, sensível ou problemático. Perceba como não é fácil dizer isso a uma criança. Tenha em mente que seu espírito atual é o mesmo de quando criança – quando você fala mal de si hoje, é como se estivesse falando com a criança (e talvez essa criança tenha sido tratada da mesma maneira). Quando você olha para uma foto sua quando criança, é natural sentir autocompaixão. Assim, quando tiver palavras depreciativas para si, olhe para a foto. A maneira como você fala consigo molda sua realidade, e quando você diz que é uma pessoa problemática ou estúpida, está incorporando essa identidade. Salve essa foto no celular e, quando quiser falar mal de si, olhe para a imagem. Os narcisistas vão continuar tentando invalidar você, mas chegou sua hora de aprender um novo vocabulário e parar de fazer o trabalho sujo por eles.

O que fazer para permanecer na relação?

Se você não pode abandonar o relacionamento narcisista ou não quer se distanciar da pessoa, como vai se proteger do impacto do abuso narcisista e ao mesmo tempo tentando alcançar a cura? Existem vários rituais e técnicas que podem ajudar você a lidar com esse relacionamento complicado e tóxico para alcançar a cura e crescer.

Estabeleça limites

A ideia de estabelecer limites parece boa a princípio – "É só estabelecer limites!" –, mas o que ela significa de fato? Tem a ver com você ter clareza do que considera aceitável. O problema é que, após anos suportando abusos narcisistas, talvez isso não esteja tão claro.

Em um relacionamento saudável, você estabelece limites. Quando alguém os viola, você comunica e, aos poucos, o outro reconhece e muda de comportamento. Mas nos relacionamentos com narcisistas o estabelecimento de limites é um exercício de hipocrisia. Narcisistas esperam que você respeite os limites deles, mas não respeitam os seus. Ainda assim, se sua intenção é permanecer num relacionamento desse tipo, você vai ter que estabelecer limites, uma tarefa que não se completa da noite para o dia. Limites trazem segurança, algo que falta em relacionamentos narcisistas.

Estabelecer limites é uma ação paradoxal, pois se trata de assumir um comportamento novo e mais saudável com foco na segurança, mas que, a curto prazo, pode nos incomodar. O importante dele é lembrar que se trata de um trabalho interno. Você não pode esperar que o narcisista respeite seus limites – é você quem vai defini-los e se comprometer a mantê-los. Para isso, você precisa saber o que considera aceitável. Depois, num processo lento, aos poucos você deixa de compartilhar coisas importantes sobre si com o narcisista: evita expor sentimentos, emoções, aspirações ou momentos de negatividade. Você também precisa deixar claro o que é inegociável. Para alguns é a infidelidade; para outros, é a violência física. Se o narcisista ultrapassa a linha do inegociável, talvez você se sinta capacitado a estabelecer limites mais claros ou mesmo a cortar relações. A questão é que narcisistas moderados muitas vezes não cruzam essa linha. Eles não cometem um "grande" erro (não traem, não são presos), mas no dia a dia cometem várias indignidades menores que se acumulam com o tempo. É mais difícil estabelecer limites em circunstâncias mais sutis.

Casada com um narcisista, Mariana estabeleceu duas "regras" – sem traição e sem abuso físico – e prometeu a si mesma que, caso uma delas fosse violada, pediria o divórcio. Dez anos depois do casamento, descobriu que ele havia sido infiel e o deixou. Logo depois, a mãe de Mariana morreu, ela mesma adoeceu, ele voltou e prometeu que nunca mais a trairia (mas voltou a trair). Quando isso aconteceu ela o deixou de vez.

Quando saiu de casa e passou a morar sozinha, Mariana focou nos amigos e na família, e com isso começou a notar padrões que não havia registrado antes: amigos que desrespeitavam seu tempo, pessoas que faziam pedidos de última hora. Seu grande primeiro passo foi dizer "Não" à irmã que ligou com uma hora de antecedência pedindo que ela corresse até a escola para buscar seus filhos, e depois tolerar as acusações de que ela nunca ajudava, embora tivesse feito de tudo inúmeras vezes ao longo dos anos.

Em outro caso, ela planejou um fim de semana com uma velha amiga que vez ou outra tentava mudar planos de última hora. Quando a mulher disse que queria levar o marido e alguns amigos dele na viagem, Mariana disse: "Não, eu planejei um fim de semana só de meninas." Ela ficou genuinamente surpresa, mas feliz quando a amiga disse: "Tudo bem, obrigada por me avisar. É verdade, nossos planos eram outros. Me desculpe por ter tentado mudar."

De início Mariana se sentiu mal por estabelecer um limite com a amiga, temendo que ela ficasse irritada ou cancelasse a viagem, mas ela havia aprendido a reconhecer as próprias necessidades e a valorizar seu tempo, por isso conseguiu estabelecer o limite.

O processo de aprender a se proteger foi demorado, mas ao mesmo tempo Mariana percebeu que se uma pessoa comete um leve deslize com os limites alheios não significa necessariamente que é narcisista. Embora Mariana não se sentisse à vontade para estabelecer limites, aos poucos ela foi percebendo que era possível fazer isso sem perder o relacionamento ou sem ter que encarar um ataque de raiva.

Para aprender a estabelecer limites como parte da cura do abuso narcisista é preciso ter clareza quanto a seus medos. Pergunte-se: *O que eu temo que aconteça, caso estabeleça um limite?* Meu medo é de que a pessoa tenha um ataque de raiva, termine o relacionamento, comece a me ignorar? Tenho medo de me sentir culpado? Já trabalhei com diversos pacientes que conheciam seus limites, mas o medo de serem humilhados ou de terem que encarar um ataque de fúria era avassalador; outros eram tomados pelo desconforto interno da culpa e pelo medo de decepcionar ou ferir sentimentos alheios. Ao entender seus medos você aprende a reconhecer suas barreiras, em vez de simplesmente presumir que não sabe criar limites.

Para estabelecer limites também é preciso conhecer seu nível de tolerância à reatividade do narcisista. Caso ele seja muito raivoso e isso lhe cause um grande impacto psicológico, talvez você se sinta incapaz de estabelecer limites, e tudo bem. Se você quer dar continuidade ao relacionamento e quer trabalhar na cura, é importante parar de se importar com o que as pessoas pensam, embora nem todo sobrevivente consiga ser indiferente. Em relacionamentos narcisistas, a melhor maneira de gerenciar limites é evitar se envolver, discutir, disputar ou aceitar provocações.

Ao estabelecer limites no relacionamento narcisista você revela muito da forma como mantém limites em suas outras relações. Para os sobreviventes, o estabelecimento de limites costuma ser um aprendizado de uma vida inteira, e muitos pensam: *Meu medo é de estabelecer um limite e a pessoa me rejeitar ou ficar com raiva de mim.*

A verdade é que isso pode acontecer. Mas é assim que se descobre do que são feitos seus relacionamentos – se você impõe limites e por isso "perde" ou precisa lidar com reações passivo-agressivas ou raivosas, isso expõe uma verdade desconfortável sobre a relação. Talvez você não queira estabelecer limites por temer a perda de suporte social enquanto lida com o processo de cura. Mas atente para as verdades desconfortáveis que você aprende sobre os outros. Talvez você perceba que um relacionamento que você acreditava ser "saudável" só funciona porque você não estabeleceu limites.

Por fim, aprenda a reagir com firmeza quando seus limites forem desrespeitados e descubra o seu "não". Com narcisistas, o ato de estabelecer limites não é colaborativo. Você deve ser seu próprio guardião. Alguns dizem que você precisa insistir em estabelecer limites e segui-los à risca até que a outra pessoa entenda, mas com narcisistas isso não funciona. Esperar que o narcisista entenda e respeite seu limite é como esperar que um submarino apareça em um ponto de ônibus. Nesse sentido, encontrar seu "não" e reconhecer que isso é um processo interno pode transformar o estabelecimento de limites em um processo de empoderamento, em vez de ser um esforço inútil. Pratique isso em seus relacionamentos mais saudáveis também. Neles você terá experiências bem-sucedidas e verá que seus vínculos respeitosos crescem e florescem enquanto você se expressa.

Contato limitado

Quando Jessica descobriu que a irmã continuava espalhando fofocas e calúnias sobre ela mesmo após pedir várias vezes que parasse com isso, passou a encarar o relacionamento de outra forma. Parou de buscar qualquer contato com a irmã que não acontecesse nos encontros familiares. Começou a fazer apenas perguntas burocráticas sobre os filhos da irmã, o clima e a reforma da casa, depois se afastava para evitar mais conversas. A aceitação radical a levou a entender que as calúnias e difamações constantes da irmã continuavam doendo porém não a chocavam mais, e ao limitar o contato Jessica passou a ter outros relacionamentos importantes dentro da família, evitando as manipulações da irmã.

Ao limitar o contato você pode aparecer para alguns jantares de família por ano ou ver o ex apenas quando os filhos vão participar de algum evento na escola. Quando precisa conversar com o narcisista, você se atém a assuntos neutros, como o clima ou a cafeteria que abriu no bairro. Você se afasta antes de as emoções aflorarem. Não é tão fácil quanto parece, porque o narcisista pode fazer provocações (ele coloca o dedo na sua ferida com o intuito de causar uma reação) e os facilitadores podem fazer pressão (*Ah, seu irmão não é tão ruim* ou *Pare de ser tão frio, relaxe um pouco*). Limitar o contato é não ceder quando o narcisista trouxer um assunto sensível à tona ou quando você for pressionado a mudar de postura. Muitas vezes, limitar o contato é uma forma de diplomacia, porque permite que o sistema familiar continue funcionando com sua presença, que a equipe de trabalho siga operando, que as crianças se sintam um pouco mais à vontade e que os grupos de amigos permaneçam inclusivos.

Quando você passa a executar essa estratégia, nem todos têm o mesmo tempo de interação com você. Com algumas pessoas você vai falar uma vez por semana; com outras, uma vez por ano. Esse contato será premeditado: acontecerá quando você se sentir à vontade ou for importante (por exemplo, você se separou de uma pessoa narcisista, e o filho de vocês vai participar de uma apresentação); ou porque você precisa falar com o narcisista para ter acesso às pessoas que realmente lhe importam; ou em situações das quais é fácil escapar, mesmo que seja dando uma volta no quarteirão; ou em momentos em que você acha que consegue lidar com a situação ou se sente apoiado.

Ao limitar o contato você tem conversas superficiais, mantendo um limite, e se retira assim que começa a se sentir desconfortável. Conheço histórias de pessoas que usaram essa estratégia para ir ao casamento do filho sabendo que teriam contato com ex-parceiros narcisistas, para ir a funerais com membros tóxicos da família ou para ir a convenções profissionais em que precisariam lidar com antigos colegas manipuladores e narcisistas. (Aliás, aqui vai uma boa dica de limitação de contato: sempre que possível, evite ficar a sós num carro com um narcisista, porque nessa situação você está "preso", precisa escutar o que ele tem a dizer e não pode se afastar facilmente.)

Pedra cinza e pedra amarela

Se você já leu sobre abuso narcisista, talvez tenha se deparado com o termo *pedra cinza*. Nesse método, você *é* a pedra cinza, no sentido de que vai se mostrar tão desinteressante quanto uma pedra cinza: vai dar o mínimo possível de respostas, não vai demonstrar qualquer emoção e vai ter apenas reações simples. Esse é o máximo que se pode alcançar de cortar relações com o narcisista sem de fato fazer isso. Ao agir assim, em essência você deixa de ser uma fonte de suprimento narcisista. O método da pedra cinza pode ser usado em conversas cara a cara, mensagens de texto e e-mails. Você não vai mais compartilhar sentimentos, apenas fatos, vai responder apenas sim ou não, e vai demonstrar da maneira mais sucinta possível que captou a mensagem. O método da pedra cinza é uma forma de comunicação sem qualquer envolvimento. Você não transmite emoção, é raso e breve, fala só o necessário e não demonstra vulnerabilidade.

De início o narcisista pode ficar com raiva, porque você deixa de alimentar a necessidade de discussões, drama, validação e admiração. O desafio é aguentar a reação inicial: quando ele perceber a mudança, vai começar a pressionar mais, provocar mais, multiplicar os insultos. Você provavelmente ouvirá coisas como "O que você está fazendo? Você se acha bom demais para falar comigo agora? O que é isso, está fazendo terapia agora? Seu terapeuta mandou você agir assim?" Esteja preparado – você precisa aguentar firme essa experiência –, mas saiba que vai chegar o lindo dia em que o narcisista vai se cansar e desistir. Claro, isso pode ativar seus próprios medos de abandono ou solidão, mas não desista – no fundo eles são apenas reflexo dos seus vínculos traumáticos.

No entanto, essa técnica nem sempre é viável se você divide a guarda dos filhos, trabalha em um lugar onde precisa ser simpático ou é próximo de alguns parentes, mas não de outros. Nesses casos, você pode optar pelo método da pedra amarela, que se baseia no método da pedra cinza e infunde mais emoção e boas maneiras no relacionamento. O termo foi criado por Tina Swithin,[2] coach e defensora de sobreviventes de narcisistas que entende que manter um estilo de comunicação frio e seco não é ideal quando você divide a guarda dos filhos e não cai bem em ambientes como tribunais ou mediações. Os filhos precisam ver certo grau de civilidade entre os pais e podem se sentir perturbados se virem um pai usando o método da pedra cinza com outro.

Assim, o método da pedra amarela é uma forma de ser você mesmo enquanto entende as armadilhas da comunicação narcisista. Nele, você demonstra calor, se obriga a permanecer no aqui e agora (não traz à tona tópicos e mágoas antigos) e ainda é conciso. Considero esse método uma solução bem melhor em quase todas as situações, porque, para quem observa de fora, ele parece mais "normal" e invalida o argumento do narcisista de que você está se distanciando. Você não abre mão de seus limites, permanece educado e civilizado, demonstra calor e emoções que refletem quem você realmente é e mantém expectativas realistas, o que é sempre um ponto positivo.

E como funciona? Vejamos um exemplo. A mãe de Gloria sabia que ela estava com dificuldades financeiras, mas mesmo assim fez questão de perguntar, durante o jantar de família, se ela havia se lembrado de parabenizar a irmã pela nova casa. Nesse momento Gloria poderia responder secamente: "Sim" (pedra cinza). Mas Gloria preferiu responder com algum tom de afeto: "Sim, falei com ela ontem quando vi uma foto da casa." Esse é o método da pedra amarela.

Não entre na dança!

Callie tem um irmão exigente e depreciativo. Recentemente ele a colocou contra a parede e perguntou:

– Callie, por que não veio à nossa festa de aniversário de casamento? Era muito importante para a minha esposa, e você só chegou no fim.

Callie explicou que teve que fazer hora extra no hospital para pagar contas.

– Você gosta da piedade dos outros, não é? – retrucou ele.

– Primeiro foi o ar-condicionado que quebrou, depois, meu carro deu problema – disse Callie, tentando se explicar. – Foi um mês complicado.

– Você sempre quer ser o centro das atenções; sabia da festa há meses. Minha mulher fazia questão da sua presença.

– Eu sei. Fico muito feliz por vocês. Vinte e cinco anos é um grande marco! Como posso compensar? Tem algo que eu possa fazer? Que acha de levar vocês para jantar?

– Não, obrigado, provavelmente você vai cancelar também – respondeu o irmão e saiu furioso.

Callie chorou e disse à amiga:

– Sou uma pessoa horrível. Falei que iria, mas cheguei tarde.

Quantas vezes uma conversa sua com uma pessoa narcisista já saiu dos trilhos porque você tentou conversar e achou que ela estava ouvindo? Para sobreviver em um relacionamento narcisista é preciso deixar de lado seu manual de comunicação habitual, do contrário vai entrar numa dança tóxica. A *técnica DEEP* oferece uma maneira rápida para você se lembrar *do que não deve fazer* com o objetivo de se proteger e evitar gaslighting, provocações e invalidações. É uma boa ferramenta para evitar conversas frustrantes e se culpar. Com ela, você corta o suprimento narcisista e preserva a energia mental. Com essa técnica você *evita*:

- se defender (*defend*)
- explicar (*explain*)
- engajar (*engage*)
- levar para o lado pessoal (*personalize*)

Não se defenda. Defender-se é o erro mais comum que cometemos diante de um comportamento narcisista. Quando alguém nos acusa de algo que não fizemos ou diz algo de que discordamos, é natural querermos nos defender. Mas lembre-se da regra mais importante do narcisismo: o narcisista não está ouvindo. Então evite se esforçar, porque isso dá a ele muito suprimento narcisista e leva a discussões desnecessárias em que você vai passar o tempo todo se defendendo. Claro, é complicado ouvir o narcisista falar mal de você para os outros, mas nessas situações é melhor falar com as pessoas que ouvem as críticas, e, se elas preferirem acreditar no narcisista, isso diz mais sobre elas do que sobre você. Se o narcisista difamou você e isso resultou em danos profissionais e financeiros, contrate um advogado. *Não se defender* não é ser um capacho; é não desperdiçar energia em um esforço inútil.

Não explique. Narcisistas são manipuladores, e às vezes você vai se sentir na obrigação de se explicar quando eles distorcerem a realidade. O problema é que eles também vão distorcer sua explicação, e quando você vai ver já está se defendendo. Talvez você pense que se o narcisista apenas ouvisse seu ponto de vista, a situação melhoraria – mas não vai melhorar. Costumo pedir que meus pacientes se expliquem para mim por escrito ou durante a consulta, da maneira como preferirem. Faço isso para dar a eles a chance de desabafar e não desperdiçarem energia se explicando para o narcisista. Quando alcançam a aceitação radical, eles reconhecem que se explicar para o narcisista é como explicar para a chuva por que está chovendo: a chuva não se importa e vai continuar caindo.

Não engaje. Aqui é onde entram o método da pedra cinza, da pedra amarela e o *firewall*. Evite argumentar com o narcisista. Se ele diz algo, mostre que ouviu e siga em frente. Não entre em conversas porque, na maioria das vezes, elas terminarão mal. Não dê feedbacks nem orientações, e não faça críticas – deixe o narcisista fracassar por conta própria. É muito difícil conviver ou ter contato regular com alguém sem manter grande interação ou engajamento, mas um bom exercício é imaginar toda a conversa antes de abrir a boca. Se você conhece bem a pessoa narcisista, verá que mesmo sua "conversa imaginária" vai terminar em gaslighting, raiva ou invalidação. Com esse exercício você vai perceber a importância de evitar engajar.

Não leve para o lado pessoal. Essa regra é difícil de seguir, porque o comportamento do narcisista *parece* pessoal – e é, porque você está magoado e tem emoções reais. Em geral pensamos: *Acho que o problema é comigo, é por isso que ele está me tratando assim.* Mas lembre-se: o problema não é você! Você não é o único a ser tratado assim pelo narcisista. Ele não está desvalorizando você, porque na verdade ele nem sequer presta atenção suficiente em você. Na verdade ele está desvalorizando seu fornecimento narcisista, porque é isso que você – ou qualquer outra pessoa – representa para eles. Os sobreviventes têm dificuldade de aceitar isso, porque passaram anos se culpando e pensando que, claro, o problema é com eles! Mas não é, e quanto mais puderem se afastar dessa crença mais fácil será desengajar.

Embora a técnica DEEP seja útil, nem sempre o caminho é tranquilo. Uma paciente compartilhou comigo que certa vez usou essa técnica e se desengajou, mas seu companheiro narcisista reagiu dizendo que não tinha interesse em estar em um relacionamento "educado" e se comportou ainda pior. A técnica costuma mostrar a verdade desconfortável do relacionamento narcisista, o que pode impulsionar a aceitação radical, mas ainda dói, sobretudo se você se mantém no relacionamento.

Pare de fazer com que tudo gire em torno do narcisista

O maior desafio de permanecer nesses relacionamentos é que o narcisista continua na sua vida, como parte importante do seu contexto. Antes de compreender o narcisismo, você vivia em função do narcisista (*Espero que ele concorde com isso; Eu ficaria bem melhor se ele estivesse feliz*). Em dado momento você começa a aceitar radicalmente que o narcisista não vai mudar, mas mesmo assim é possível manter seu bem-estar psicológico atrelado a ele (*Vou me curar só para mostrar que ele não tem poder sobre mim; Quero conseguir essa promoção só para jogar na cara dele; Tomara que ele descubra que estou namorando outra pessoa*).

O problema é que com isso o narcisista continua sendo um ponto de referência – você está se curando para demonstrar algo a *ele*, quer ter sucesso para afetá-lo. No entanto, alcançar a cura é tirá-lo de cena completamente. É focar no seu crescimento, sucesso e felicidade, independentemente do narcisista. À medida que você se recupera, ele perde importância na sua história. Para manter a relação e alcançar a cura você vai precisar se importar cada vez menos com o que acontece com o narcisista. Dá trabalho chegar a esse ponto (sobretudo para pessoas que gostam de consertar e salvar outros indivíduos). Você pode ter a impressão de que está agindo com frieza à medida que se desapega. Talvez você não consiga se tornar totalmente indiferente a alguém que fez tanto mal na sua vida, mas você pode se esforçar para afastar sua história da do narcisista.

Lidar com as autoacusações

Para lidar com as autoacusações é preciso se monitorar: ter consciência de quais palavras, pensamentos e comportamentos as alimentam. Comece falando sobre o que está acontecendo no relacionamento, seja na terapia ou com pessoas de confiança. Aqui, a transparência é a melhor solução, acaba com o véu da vergonha e da culpa e quebra esses ciclos nocivos. Tente perceber com que frequência você diz "sinto muito", "desculpe", etc., porque pessoas que estão sempre se desculpando em geral têm um diálogo interior que estimula as autoacusações.

Escrever em um diário ou caderno de reflexões também é uma ferramenta útil. Recomendo uma espécie de fluxograma, como no exemplo a seguir, onde os asteriscos destacam os padrões de autoacusação e as setas mostram o fluxo de um comportamento, de um acontecimento ou das palavras para a próxima resposta ou reação:

Meu parceiro gritou comigo porque esqueceu as pastas que deveria ter levado para o trabalho. Disse que se eu tivesse arrumado melhor a casa, se lembraria delas. → Eu me desculpei* e comecei a limpar freneticamente a casa. Coloquei uma mesinha perto da porta da frente para coisas que ele precisava levar para o trabalho.* → Ele berrou comigo por colocar a mesa perto da porta. → Eu me desculpei* por fazer isso, mas não me senti segura para perguntar a ele o que funcionaria melhor. No dia seguinte, querendo acertar, sugeri que ele conferisse se estava levando tudo de que precisava para o trabalho.* Ele ficou com raiva de mim por tratá-lo como idiota.

Quando você registra essas sequências, percebe onde, quando e como cai nesses ciclos. Talvez mesmo assim ainda pense: *O que mais eu poderia ter feito?* Mas o fato é que qualquer coisa que fizesse levaria o narcisista a reagir com raiva e a jogar a culpa em você. Assim, você passa a simplesmente reconhecer que o esquecimento das pastas deve ter sido um transtorno e deixa o narcisista se irritar sozinho. Da próxima vez, você terá mais clareza e evitará o ciclo repetitivo de pedidos de desculpas e tentativas de consertar a situação. Caso cometa um erro, pode reconhecê-lo – *Opa, deixei a comida queimar no fogão* ou *Peguei o caminho errado* – sem enquadrá-lo como uma falha sua como ser humano.

Encontre seu Norte Verdadeiro

Aldo havia deixado de cair nas provocações da mãe; estava orgulhoso de ter conseguido se afastar dela, e desde então raramente conversavam. Um dia, porém, ela começou a implicar com Aldo. Como ele não reagiu, ela passou a criticar os filhos dele. "Notei que Mariela está engordando, e hoje no almoço eu disse a ela que era melhor comer verduras e talvez não pegar a lasanha." Aldo não aguentou e disse que ela havia passado dos limites e que Mariela estava atravessando um momento difícil. Pegou o casaco, saiu furioso da casa da mãe e foi repreendido pelos outros parentes por ter "uma reação exagerada". Aldo ficou chateado consigo mesmo por ter mordido a isca, mas se recusou a não proteger a filha, mesmo que ao fazer isso reforçasse a narrativa da mãe, que dizia que ele era desatento e menos bem-sucedido que o irmão.

Infelizmente, a realidade é que nem sempre dá para manter distância das pessoas. Como reagir quando o narcisista começa a dizer coisas terríveis sobre alguém ou algo que você considera importante, como seu filho, sua família, suas crenças religiosas? E se ele diz coisas racistas ou intolerantes? O que fazer se for preciso se envolver com ele num assunto muito importante, como uma questão financeira ou jurídica que afeta parentes de quem você gosta? Nessas horas talvez não seja possível evitar o envolvimento. As coisas pelas quais você está disposto a lutar, a entrar na jaula do tigre, são o seu *Norte Verdadeiro*. Pode ser seu filho, um parente, o trabalho, uma ideologia ou crença. Por exemplo, é comum pais ou mães narcisistas que compartilham a guarda do filho culpabilizarem ou zombarem da criança. Numa situação dessas, se você é o outro pai, sua tentativa de distanciamento pode ir por água abaixo e você se veja obrigado a defender o filho.

Quando você só engaja com o narcisista no momento em que precisa defender seu Norte Verdadeiro, o impacto de sua ação pode ser maior, porque quando você resolve se impor é porque não se trata de um assunto qualquer, portanto você conservou sua energia para as batalhas importantes. Mas isso também significa que o narcisista vai descobrir qual é o seu Norte Verdadeiro e usar isso para provocá-lo. Se isso acontecer, volte à técnica DEEP para saber o que não fazer ou faça uma análise séria da relação.

Preparação e liberação

Dove descobriu que, para conseguir lidar com um colega de trabalho especialmente tóxico, só precisava antes se sentar sozinha no carro, respirar fundo cinco vezes e lembrar a si mesma de não engajar ou personalizar. Após as reuniões com esse colega, em que sofria invalidação, Dove marcava de se encontrar com um velho amigo no caminho de casa e tentava dormir cedo.

Quem se exercita costuma fazer aquecimento antes dos treinos para evitar lesões, para deixar os músculos preparados para o esforço, e depois faz alongamento para evitar as cãibras. Esse é um bom modelo de como interagir com narcisistas. Da mesma forma, quando você se prepara para essas interações e depois relaxa, fortalece o músculo da aceitação radical e tem a chance de se recuperar ao final. Assim, nunca comece essas interações sem estar preparado. Mesmo que seja apenas por um momento, feche os olhos, respire fundo e lembre-se de evitar o DEEP. Só depois comece a interagir.

Ao final ocorre o que eu chamo de liberação. Após interagir com narcisistas, reserve um tempo para si. Nele, você pode simplesmente respirar fundo outra vez, talvez se apoiando no mantra "O problema não sou eu". Se a interação foi especialmente difícil, quando possível, não siga direto para o próximo compromisso do dia. Faça uma pausa, dê uma caminhada, tome uma xícara de chá, ouça um pouco de música, tome um banho, converse com um amigo, faça exercícios, veja TV – faça algo para se recalibrar, para se recuperar da interação e para dar à sua psique um minuto para reiniciar.

Evite chamar o narcisista de narcisista

Quando finalmente descobrimos que o nome do padrão de relacionamento em que estamos é narcisista, queremos que o narcisista saiba que descobrimos o que ele é. *Mas não o chame de narcisista.* Você deve estar pensando: *Por que essas pessoas deveriam escapar impunes? Não é justo!* Concordo, não é. Mas, se você chamar o narcisista de narcisista, ele vai reagir de forma raivosa falando coisas sem sentido e vai começar uma tempestade de gaslighting. Ao final, a situação não vai ter mudado em nada. Não vale a pena fazer isso mesmo depois de terminar o relacionamento – e, se você não vai terminar, nem pense nessa hipótese. Quando compreendemos a estrutura e o funcionamento desse estilo de personalidade, temos em mãos uma ferramenta de orientação. Compartilhar seus conhecimentos com o narcisista não vai facilitar sua cura, quer você mantenha ou não a relação.

Procure terapia e apoio

Se você vai se manter na relação ou não vai cortar relações com o narcisista, fazer terapia se tornará crucial, mas é importante entender que não há milagres no processo. O abuso narcisista contínuo afeta a saúde mental, e nesses casos a terapia é extremamente útil. A terapia em grupo também pode ser, sobretudo se for focada em sobreviventes de relacionamentos tóxicos, e costuma ser mais acessível do ponto de vista financeiro. Grupos de apoio podem ajudar, mas não substituem a terapia, pois nem sempre contam com a presença de um profissional de saúde mental.

Nem todos podem pagar uma terapia, por isso pessoas com menos recursos sociais e econômicos são mais vulneráveis ao abuso narcisista. A falta de recursos nos mantém presos a esses relacionamentos, pois não temos a opção de sair de casa, contratar advogados, pagar as custas de um divórcio ou deixar um emprego. A falta de recursos financeiros por si só torna a vida bastante estressante, mas, quando isso se soma ao abuso narcisista, a vida pode parecer insuportável. Indivíduos com menos recursos são marginalizados e sofrem mais gaslighting e invalidação oriundos de sistemas de todos os tipos, como os de saúde e de justiça. Embora eu recomende a terapia em todos os capítulos deste livro, infelizmente sei que não é uma possibilidade para grande parte das pessoas – talvez até para a maioria da população.

Muitos terapeutas ainda estão aprendendo sobre o que é o abuso narcisista e como ele funciona. Assim, embora o ideal seja encontrar um profissional especializado na área, alguém que seja bem versado em narcisismo e estilos de personalidade antagônicos, trauma ou abuso doméstico também pode ajudar bastante. O mais importante, porém, é escolher um terapeuta com quem você se sinta ouvido e seguro; que não o culpe nem o humilhe; que não fale que você tem uma parcela de culpa no comportamento da pessoa narcisista; que não repreenda quando você se perguntar se alguém na sua vida é narcisista, tóxico ou comete gaslighting; que não sugira que você dê mais segundas chances ou permita que seus limites sejam respeitados; e, acima de tudo, que nunca faça a pergunta: "Por que você não sai dessa relação?" Um terapeuta que não faça juízo, saiba como funciona o trauma narcisista e conheça o funcionamento do narcisismo é essencial para o trabalho com sobreviventes, sobretudo quando estes ainda estão no relacionamento narcisista.

A terapia de casal também é uma possibilidade – na verdade é uma ótima opção, mas quando envolve um narcisista pode ser complicada. É preciso ir com os olhos bem abertos e contar com um terapeuta muito bom. Se o terapeuta não sabe como funciona o narcisismo, pode se deixar levar pelo charme, pelo carisma e pela confiança do narcisista. Se, por outro lado, o terapeuta tenta responsabilizar o parceiro narcisista pelo que faz, é provável que o narcisista desista da terapia. Tenha em mente que parceiros narcisistas costumam manipular a terapia e agir com compostura enquanto você está emocionalmente destruído e compartilhando frustrações e sentimentos fortes.

Se você souber de um ótimo terapeuta de casal, também estiver fazendo terapia individual e puder interromper a terapia de casal caso não se sinta seguro, então talvez valha a pena fazer uma tentativa cautelosa. Mas se a terapia de casal parecer um lugar em que a culpa está sendo perpetuada ou que seu parceiro narcisista está usando o processo terapêutico como arma, é melhor reconsiderar. Também tenha cuidado quando sua empresa sugerir mediação para resolver um conflito com um colega ou chefe tóxico. Se o mediador não sabe como funciona o narcisismo, o processo vai parecer mais gaslighting e invalidação contra você. Buscar terapia fora do local de trabalho é essencial para atravessar essas situações. Por fim, conforme venho falando ao longo do livro, o suporte social além da terapia – de amigos, parentes, colegas – é crucial, caso você se mantenha na relação. Pessoas, relacionamentos e experiências validadoras, respeitosas, empáticas e compassivas são essenciais para o processo de cura.

Distanciamento da alma

Sei que não parece bom nem autêntico, mas é possível estar num relacionamento e deliberadamente tentar manter a alma fora dele. Trabalhei com uma paciente que costumava contar boas notícias ou novas ideias ao marido narcisista, que invariavelmente ouvia sem prestar atenção e perguntava quanto a "ideia maluca" lhe custaria ou dizia que ela precisaria ter sorte para alcançar o sucesso. Ela não queria deixar o casamento por uma série de razões, mas trabalhamos para torná-lo menos opressivo. Com o tempo, ela aprendeu a evitar ir primeiro a ele quando queria compartilhar algo bom. Reconheceu que dividir as boas notícias parecia uma resposta de submissão, uma tentativa de conquistá-lo, assim como ela tentava conquistar os pais quando criança.

Quando distancia sua alma, você protege suas vulnerabilidades, seus sonhos e suas esperanças. Fica ciente do comportamento narcisista e do impacto que ele exerce sobre você, e com isso muda sua abordagem – passa a engajar e compartilhar menos, a não cair em provocações, a se abrir mais com pessoas que retribuem, que fazem uma troca. Um bom exercício de distanciamento da alma é se imaginar sentado em uma nuvem de luz, uma espécie de barreira diáfana entre você e o comportamento invalidador. O simples ato de se imaginar tranquilo dentro desse espaço estimula a experiência de distanciamento da alma.

Nem sempre existe a opção de dar fim ao relacionamento com o narcisista ou de se afastar dele, mas mesmo mantendo a relação é possível alcançar a cura, adotar uma nova perspectiva, buscar autonomia e se recuperar do abuso narcisista. Existem pequenas e grandes medidas que você pode adotar para se proteger, entre elas usar seu conhecimento sobre o comportamento narcisista para se afastar dele e se permitir crescer mesmo numa situação limitante e tóxica. Ao fazer essas pequenas calibragens e mudanças, você aprende a lidar com narcisistas, a proteger as pessoas com quem se importa e a se permitir explorar e ocupar seu verdadeiro senso de identidade. Com o passar do tempo talvez você descubra que pode alcançar a cura permanecendo no relacionamento narcisista, e isso vai levá-lo a terminar a relação, mas dentro de um cronograma que você considere confortável.

9
Reescreva sua história

Contamos histórias a nós mesmos para poder viver.
Joan Didion

Quando Luna reflete sobre a vida que levou, se enxerga como um "robô esperançoso". Ela cresceu em uma família de imigrantes vinda de um país com uma cultura tradicional e patriarcal. Seu pai é narcisista e sua mãe passou a vida inteira tentando agradar um marido que a invalidava. Luna era a criança de ouro, a salvadora/reparadora e a reveladora de verdades. Enquanto ela era uma excelente estudante, seu irmão era o bode expiatório, e o tratamento preferencial que às vezes recebia do pai narcisista maligno e vulnerável a fazia se sentir assolada pela culpa. Ele só notava a filha quando ela o agradava, indo bem na escola e jogando tênis. Negligenciava a mulher e os filhos, que passaram a maior parte da vida pisando em ovos, temerosos. A família estendida enxergava o pai como um titã e costumava fechar os olhos para seus comportamentos nocivos.

Luna era uma mulher ambiciosa e inteligente, mas era afetada pela confusão da mãe – resultado do trauma narcisista – e pela postura do pai, que a criticava, não demonstrava interesse por ela como ser humano e fazia comentários duros relacionados ao fato de ela não ter entrado numa universidade de elite. Com isso, Luna não recebeu muita orientação na vida e por isso nunca desenvolveu autoconfiança suficiente para buscar mentores e se defender. Por ser naturalmente inteligente, conseguiu entrar numa boa faculdade e se formou em medicina.

Luna teve uma carreira sólida como médica comunitária e tinha as habilidades e a ambição para ser uma líder em sua especialidade médica, mas preferiu não seguir esse caminho, influenciada por uma barreira formada pela retórica que havia internalizado na infância, pela forte crença arraigada de que não era boa o bastante e pelo medo de fracassar – e com isso ser desprezada e ridicularizada. Acreditava que seria incapaz de corresponder às expectativas das pessoas e de lidar com um fracasso tão grande. Sua narrativa nunca esteve aberta à possibilidade de sucesso, só à do desastre que o fracasso provocaria. Luna se via presa entre a fantasia de querer provar que o pai estava errado e acabar com a minimização e a ridicularização, e o fato de acreditar que era uma profissional medíocre e ridícula por querer ir mais longe.

Em geral, Luna escolhia se relacionar com homens realizados, mas que a tratavam com desdém. Acabou conhecendo e se casando com um médico experiente da área dela, dez anos mais velho. Tiveram filhos. Com o tempo, ele foi se concentrando cada vez mais na própria carreira, o que impedia o desenvolvimento dos talentos e das ambições de Luna. Com frequência ele a menosprezava, até que a carreira dela estagnou. Ela trabalhava em uma clínica comunitária mal gerida, comandada por gestores invalidadores, e não recebia o reconhecimento merecido.

Com o tempo seu marido também se revelou um homem manipulador, raivoso e controlador, e sempre que os dois discutiam ele dava um jeito de convencer Luna de que havia algo errado com ela. Luna se sentia presa e, na terapia, admitiu que chegava a fantasiar sobre como seria se seu marido morresse e ela finalmente se libertasse. A terapeuta perguntou: "Em vez de fantasiar a morte dele como forma de se libertar, você já pensou em sair desse relacionamento?" Luna respondeu: "Não sei se tenho força para isso."

Luna seguiu na terapia, conversou com amigos de confiança e acabou percebendo que, se pedisse o divórcio, perderia junto a família de origem – seu pai acreditava que o divórcio traria vergonha para a família – e se colocaria em uma posição financeira arriscada com os dois filhos. Por fim, porém, decidiu que a separação era a melhor opção e se mudou para um pequeno apartamento. Ela e o ex-marido acordaram guarda compartilhada.

O divórcio foi complicado, e por diversas razões complexas Luna acabou com menos recursos do que esperava, mas não se preocupou. Pensou: *Estou livre. Finalmente posso ir atrás dos meus sonhos e fazer o que quiser!* Mas nem tudo aconteceu como ela esperava. Ela recusou algumas boas oportunidades porque achou que estaria "colocando o carro na frente dos bois" e que não era boa o suficiente. Durante o casamento ela havia cedido o controle financeiro ao ex-marido porque ele costumava repreendê-la quando o assunto era dinheiro, e agora precisava correr atrás para começar a entender de finanças. Como o pai de Luna achava que mulheres não precisavam entender de dinheiro, ela também não recebeu orientações financeiras dele. Luna começou a se afundar em dívidas, mas sentia que, pelo menos, os erros eram seus, e isso ainda parecia melhor do que viver desolada com o ex-marido ou com a família de origem.

O tempo passou, e Luna voltou a namorar, porém se envolveu com mais narcisistas. Entrou em novos tipos de relacionamentos invalidadores com homens que cometiam abuso emocional e, se por um lado seu ex-marido tinha sido fiel, agora ela estava vivenciando a dor da infidelidade narcisista. Luna deu fim a esses relacionamentos mas ficou psicologicamente exausta. Também manteve limites firmes com sua família. Mesmo quando a situação ficava difícil, todos os dias Luna lembrava a si mesma que viver sozinha e ser solteira ainda era melhor do que a maioria dos dias nesses relacionamentos.

Por fim, um negócio fundado por Luna começou a dar frutos. Ela sofreu invalidação a cada passo do desenvolvimento – e, embora tenha enfrentado diversas barreiras, não desacelerou. A resiliência e a flexibilidade que cultivou após anos de relacionamentos narcisistas lhe fizeram bem. O novo negócio cresceu o bastante para se tornar um trabalho em tempo integral, e, embora siga crescendo e recebendo ótimos feedbacks, as vozes internas invalidadoras permanecem dentro da cabeça de Luna, e todos os dias ela se pergunta se tudo vai por água abaixo. Ainda assim, segue firme.

Com o tempo, Luna percebeu que, embora tivesse se distanciado e estabelecido limites com o ex-marido e a família narcisista, as vozes continuariam em sua cabeça. Ela se viu no ciclo de querer fazer o negócio dar certo para provar que eles estavam errados ou deixá-los orgulhosos. Na terapia, fazia um trabalho contínuo para se conectar com seus sentimentos, descobrir quem era e o que queria, e para se afastar da visão que os narcisistas tinham de sua vida. Ela aprendeu a nem sequer falar com eles sobre o que fazia e, aos poucos, passou a se importar menos com o que pensavam dela como pessoa ou profissional.

Em suas palavras, Luna está feliz. Diz que a vida tem sido bastante difícil e dolorosa, mas agora enxerga tudo com mais clareza. Lamenta ter vivido uma vida ineficiente e o fato de ter levado quase sessenta anos para estar onde finalmente deseja. Mas agora vive em aceitação radical. Seu círculo social se reduziu a um pequeno grupo de pessoas empáticas e compassivas, e ela não concede seu tempo a pessoas que a fazem se sentir esgotada.

Nos dias em que não está bem, Luna admite se perguntar como teria sido ter pais que se amavam – um pai amoroso, uma mãe feliz –, ter sua própria história de amor, ter sido encorajada e apoiada. Em outros dias, reconhece que não seria quem é sem a luta que travou e trava. Ela se orgulha da resiliência que alcançou. Enquanto outras pessoas a seu redor reclamam das coisas que não saem como querem, ela é grata pela liberdade alcançada a partir de suas expectativas e pelo fato de que anos de convivência com pessoas tóxicas a ensinaram a pensar rápido e fazer mudanças de última hora.

Luna está preparada para as decepções da vida e deixou de personalizá-las. Foi salva pela alegria e pela gratidão que sente quando as coisas dão certo. Sente-se agradavelmente surpresa nos dias bons. Aprendeu a identificar narcisistas logo de cara, não se envolve mais com eles nem se importa mais com a opinião dos facilitadores. Ainda carrega um luto provocado por certos aspectos de sua vida – e que se manifesta, por exemplo, quando ela vê ou ouve falar de pessoas com casamentos felizes e duradouros, que têm segurança financeira na velhice –, mas esses momentos são rápidos, vão embora como um espasmo psicológico. Luna ama a liberdade que conquistou, quando tem um bom dia com os filhos, quando leva a mãe para passear, quando pensa na sua carreira. Apesar da dor, passou a cuidar do pai quando ele adoeceu. Não esperava nada em troca e, ao refletir sobre o motivo de ter aceitado a tarefa, concluiu que não era por ele, e sim por ela mesma. Luna simplesmente é do jeito que é.

Não era esse o caminho que Luna queria originalmente, mas foi o caminho que trilhou. Ela finalmente se entende e consegue enxergar com clareza o que as feridas e os abusos da família e dos relacionamentos anteriores fizeram. Reconhece que não existe uma borracha que apague essas cicatrizes. Está ciente de quem é e vive de acordo com essa autopercepção e com os valores que defende. Enfim sente que pode expressar seu verdadeiro "eu" sem medo e está reescrevendo sua narrativa. Entende a diferença entre uma vida perto de pessoas que cometem gaslighting e outra longe delas. Não tem mais tolerância para pessoas insensatas. E há um ano conheceu alguém. É um homem compassivo, que respeita seu trabalho e não é controlador. Ela segue procurando sinais de alerta e insiste em ir devagar no relacionamento. Ele não enxerga o comportamento de Luna como um problema e a trata com gentileza, reconhecendo seus talentos, sem fazer bombardeios de amor. Luna está se apaixonando, mas reconhece que sempre terá dificuldade para confiar.

Ela abre um sorriso e diz: "Finalmente, depois de viver uma vida inteira chupando limão com sal, minha vida é um caramelo. E o salgado e o azedo realçam a doçura."

É NECESSÁRIO TANTO ESFORÇO para entender narcisistas e aprender a sobreviver a esses relacionamentos que você esquece que o resto da sua vida acontecerá enquanto você alcança a cura, evolui e se afasta dos narcisistas, mental ou literalmente. Esses relacionamentos podem nos ensinar a enxergar nosso potencial, nos lembrar de que vale a pena lutar por nós mesmos, que somos dignos de amor, temos uma identidade fora do relacionamento e podemos abandonar os contos de fadas e reescrever nossas narrativas. Os relacionamentos narcisistas nos impedem de responder à simples pergunta "Como você está?" porque não recebíamos permissão para ter sentimentos ou experiências fora da pessoa narcisista – e essa é uma constatação impactante. Esses relacionamentos são um eterno dilema: falar a verdade e ser invalidado ou ceder e sentir vergonha por não ter sua própria identidade? À medida que você se recupera e alcança a cura, o objetivo a longo prazo passa a ser reivindicar sua soberania pessoal sem se sentir culpado por isso.

Não é uma tarefa fácil. Afastar-se, desapegar, cortar relações, declarar que você "superou": tudo isso não passa de perfumaria, a menos que você esteja realmente disposto a fazer uma profunda investigação pessoal. Os últimos passos para se curar de um relacionamento narcisista exigem que você reconheça que grande parte da sua autopercepção foi distorcida pela perspectiva do narcisista – como se ele tivesse feito você usar um par de óculos distorcidos –, e agora você precisa aprender a se enxergar sem eles. A cura é um processo que dura a vida inteira, uma jornada de luto que dá lugar à individuação e a um futuro mais esperançoso. Apesar de tudo, você precisa descobrir uma forma de superar a dor e buscar a alegria. Enquanto o narcisista viver na sua mente, você provavelmente não gostará de si. É preciso expulsá-lo e se adaptar ao vazio que surge após tirá-lo da mente, do coração e da alma.

Até aqui, muitas das estratégias de cura foram sobre como "administrar" o impacto dos narcisistas na sua vida. Essas ferramentas prepararam você para começar o trabalho mais complexo de tirar o narcisista do papel de figura central da sua história. Em vez de ficar preso à narrativa antiga, está na hora de começar uma revisão honesta e autoconsciente, refletindo sobre as lições aprendidas com esse relacionamento difícil.

Será que crescemos – ou que *somos capazes* de crescer – depois do trauma ou das feridas profundas causadas por um relacionamento emocionalmente abusivo? A resposta é que é complicado. Em resumo, sim, é possível, e muitos conseguem. É possível evoluir, deixando os retrocessos e o medo para trás e alcançando o crescimento. Nessa jornada você aprenderá a: ser mais grato; estabelecer prioridades claras; ter mais empatia e senso de pertencimento; desenvolver interesses, a adaptabilidade e a confiança; criar uma narrativa pessoal; ter crenças mais significativas e um senso de propósito mais nítido.[1] As questões em torno do crescimento pós-traumático estão além do escopo deste livro, mas, enquanto os pesquisadores discutem terminologia e o que constitui o crescimento pós-traumático,[2] sabemos que, após o trauma, algo acontece conosco, e nem tudo é ruim.

Essa mudança interior pode ser canalizada e cultivada. Você pode e deve falar sobre ela em espaços seguros, expô-la à luz e eliminar a vergonha da sua jornada. Saia da narrativa narcisista e dê a si mesmo espaço para ser o protagonista da sua própria história. Reescreva sua narrativa e reconheça que é hora de começar a segunda parte da sua vida, uma parte que reflita o que você aprendeu. Para alcançar a cura é preciso saber gerenciar suas emoções negativas e confiar nas sensações do seu corpo, que não só carrega a dor do relacionamento, como abriga a intuição da qual você se afastou. Você não é apenas o autor e o editor da versão revisada da sua história – você se apoia nessa dor, afasta o perfeccionismo e as autocríticas negativas, e cria espaço para o sentido, o propósito e a empatia.

Somos feitos para nos curar – assim é a vida. A natureza está cheia de exemplos de organismos que se curam e continuam a crescer e prosperar. Árvores continuam crescendo mesmo depois de terem galhos cortados; estrelas-do-mar regeneram os braços; as flores e as florestas desabrocham após incêndios florestais. Você não é diferente. Sua psique pode ter sido destruída por esse relacionamento, mas, como todos os seres vivos, lembre-se de que, nos dias mais difíceis, viver é se curar.

A história contada pelos vencidos

No início do livro citei um adágio que diz que a história é contada pelos vencedores. Mas como o vencido pode contar sua história?

Para começar a reescrever e revisar sua história, você precisa entender o impacto dos relacionamentos narcisistas. Muitos de nós convivem com ele desde o início. Nossa identidade e nossa personalidade foram moldadas por uma vida inteira apaziguando, agradando e tentando conquistar o narcisista, ou apenas tentando ser notado ou reconhecido como um indivíduo que tem necessidades, experiências e desejos próprios. Estávamos vivendo na vergonha projetada do narcisista, adiando objetivos ou sonhos porque seriam desvalorizados e descartados, ou moldando-os para fazer com que deixassem de ser nossas próprias aspirações, e sim mais uma tentativa de conquistar o narcisista ou evitar a raiva e a invalidação dele. Se você deixou de desempenhar um papel na história do narcisista, é hora de começar a pensar em quem é de fato.

Nossos atos de rebeldia são uma reação ao relacionamento narcisista. Cada vez que mantemos uma opinião contrária, que expressamos uma preferência, que pintamos o cabelo da cor que queremos, estamos afirmando nossa identidade como algo separado do relacionamento ou como uma forma de ser visto pelo narcisista. Em geral essas tentativas de obter autonomia são uma forma de reagir à asfixia ou à negação narcisista. Essas relações nos ensinam que nossas necessidades não têm importância, e passamos a acreditar que as necessidades e os desejos da outra pessoa são os nossos.

Ficamos tensos até por sentir o que sentimos. Superar o abuso narcisista significa assumir e expressar suas necessidades com clareza sem se deixar levar pela confusão que rege o relacionamento. Em vez de pensar "Eu quero ser mãe e vou mostrar à minha mãe como se faz porque ela foi péssima nisso e me fez mal", nós nos conectamos com nossos desejos, independentemente do que o narcisista fazia ou de como nos enxergava. Com isso, passamos a dizer apenas "Quero ser mãe". Quando estamos no relacionamento narcisista, silenciamos tudo que está dentro de nós e que é separado do narcisista. Assim, ser capaz de identificar e expressar os próprios sentimentos é uma grande mudança.

À medida que você escreve a segunda parte da sua narrativa, é hora de refletir sobre as grandes perguntas: Quem é você? O que você quer? Do que você precisa? O que você defende? Nem sempre é fácil chegar a essas respostas, mas é necessário. Os exercícios, as informações e as sugestões deste livro são apenas parte dessa jornada fundamental cujo objetivo é permitir que seu "eu" autêntico se revele. É hora de apagar o narcisista da sua história e descobrir quem você é fora desses relacionamentos. Às vezes você acredita que excluiu pessoas da sua vida, mas elas continuam ocupando um triplex na sua cabeça porque você segue passando horas ruminando sobre esses vínculos antigos. Na história de Luna, ela se esforçava para demonstrar que o pai estava errado, em vez de perseguir os próprios interesses. O problema é que, ao fazer da sua vida um contraponto ao narcisista, você não se desconecta totalmente e segue vivendo em função dele, com quem teve uma relação familiar, embora tóxica. O verdadeiro ato de rebeldia é levar uma vida que não é uma resposta ao relacionamento narcisista, e sim uma vida como uma pessoa autêntica – com desejos, necessidades, aspirações, erros, pontos fortes, vulnerabilidades, esperanças e sentimentos só seus.

Revisando a narrativa

Sua narrativa foi moldada por pessoas que não queriam que você fosse você mesmo. Está na hora de trocar narrativas antigas por novas, que sejam libertadoras e empoderadoras. Como elas são antigas, a princípio pode parecer difícil revisá-las. É um pouco como reescrever um conto de fadas da infância tantas vezes que acaba parecendo quase impossível conceber uma versão alternativa. Imagine a Pequena Sereia dizendo ao Príncipe: "Ei, na verdade eu gosto da minha cauda, e, se você quiser aparecer no mar, passar um tempo comigo e me conhecer de verdade, me avise, mas caso contrário, não, obrigada."

O primeiro passo é identificar as narrativas antigas e distorcidas que têm impedido seu progresso. Escreva. Pode ser algumas frases, algumas páginas ou um calhamaço – o que funcionar para você. Após criar sua narrativa original, deixe-a respirar. Agora que você compreende melhor como funciona o abuso narcisista, leia o que escreveu por meio dessa lente e identifique os equívocos (por exemplo, frases como *Foi culpa minha*).

Perceba quanto da história é realmente sua e quanto pertence ao narcisista. Viver num ambiente de abuso narcisista faz com que você acabe confundindo as histórias, então primeiro reescreva as partes que você achava que eram suas. Talvez você descubra que "Eu realmente queria ser médica desde criança" se transforma em "Eu amava ciências, e meu pai queria que eu fosse médica como ele. Para mim foi mais fácil dizer que queria o mesmo, e meus pais adoraram quando fiz faculdade de medicina. É ótimo ser médica, mas reconheço que meu verdadeiro amor era a escrita, então agora estou experimentando escrever sobre o processo pessoal de ser uma profissional de saúde." Olhe para sua história com mais clareza. Histórias podem ter finais diferentes, e é hora de você escrever o seu.

Seus medos de rejeição e abandono podem ter interrompido seu processo de individuação e impedido você de assumir as rédeas da sua história. Assim, em vez de "Sou péssimo com relacionamentos e fui tolo de permanecer tempo demais nessa relação", experimente pensar "Às vezes tenho dificuldade com os relacionamentos e estou aprendendo novas maneiras de lidar com eles. Posso ir mais devagar e ser mais gentil comigo mesmo". Uma boa forma de tornar esse processo mais administrável é enfrentando um trecho ou um tema de cada vez, sempre com muita autocompaixão. Talvez você precise de tempo e de reflexão, por isso não se apresse.

Também é hora de reescrever suas narrativas sobre resiliência. Os narcisistas da sua vida negaram seus sentimentos e emoções ou praticaram gaslighting com você. Pessoas que têm menos poder na família, nas relações ou no mundo em geral aprendem desde cedo que geralmente suas emoções não são toleradas ou admitidas. Muitos de nós aprenderam ainda na infância que era preciso reprimir os sentimentos e que demonstrar força e resiliência era um ato estoico. Em muitas culturas, reprimir as emoções é considerado um ato de resiliência, mas essa ideia é equivocada. Resistência silenciosa não é o mesmo que resiliência, mesmo que seja mais confortável para aqueles ao seu redor.

Enquanto você remodela sua narrativa, conecte-se a todos os seus sentimentos e emoções e permita-se expressá-los. A verdade do seu sentimento dará vida à sua narrativa com a verdade de quem você é. Essa narrativa não é apenas uma história – são os sentimentos que há muito tempo você silenciou para se manter em segurança dentro do relacionamento tóxico.

Ao revisitar sua narrativa, evite confundir a individuação com um estilo de independência "você contra o mundo". Relacionamentos humanos podem parecer aterrorizantes após um abuso narcisista. Existe uma grande diferença entre afastar sua identidade separada da narrativa narcisista e se tornar uma ilha isolada de todos. Relacionamentos humanos podem ser seguros, e um elemento importante de sua nova história será permitir a potencialidade de vínculos saudáveis, mesmo que demorem a se desenvolver.

Em última análise, revisar a narrativa não é um atalho para alcançar o bem-estar. É uma jornada que vai acontecer aos poucos, em estágios. Não adianta achar que é possível sair de "Não sou bom o suficiente" para "Sou ótimo" de uma hora para a outra, nem ficar repetindo algum mantra superficial sobre amor-próprio. O importante é eliminar a mentira do "Não sou bom o suficiente", reconhecer de onde ela vem e constatar que sua história de vida está lhe dizendo o contrário.

Atendi uma paciente que tinha mãe, marido, irmão, ex-chefe e ex-melhor amiga (que foi sua madrinha de casamento) narcisistas. No início, ela evitava fazer esse exercício, sentindo que era impossível reescrever qualquer coisa – e após tantos anos de convivência e história com essas pessoas ninguém se importaria. Mas no fim ela teve boa vontade e concordou em fazê-lo. Enquanto analisava suas narrativas antigas e se abria a novas, descobriu que havia aprendido a lidar com a imprevisibilidade, não era "irracional" como tinha sido levada a crer, tinha capacidade de coordenar grandes projetos e uma tremenda empatia. Também percebeu que sabia estabelecer limites (antes ela se enxergava como um "capacho") e pedir quando necessário. Ao longo do tempo ela ouviu as mesmas mentiras tantas vezes que havia passado a acreditar nelas. Ela não mudou porque um coach disse que ela era ótima – ela viu com os próprios olhos o que estava fazendo com sua vida. Após revisar sua narrativa, ela mudou a forma de falar consigo, se distanciou da mãe e parou de se enxergar como um capacho. Um ano depois, se separou do marido, saiu da casa onde morava com ele e começou a florescer na carreira.

Sua narrativa revisada é dinâmica e pode mudar à medida que você aprende mais sobre si. Você entende que a narrativa que nasce de seus relacionamentos narcisistas era uma ficção. A história contada por você é a verdade. É a história contada pelo vencido.

As armadilhas do perdão

Parece que todo livro de autoajuda, prática terapêutica e religião fala do valor do perdão. Da Bíblia a Gandhi, passando pelos influenciadores do Instagram, todos nos vendem a ideia de que o perdão é divino, o caminho dos virtuosos. Por isso, sei que é no mínimo estranho eu vir aqui dizer que perdoar talvez não seja uma boa ideia. Pesquisas apontam o valor do perdão, e em relacionamentos saudáveis ele tem grande importância. Mas os relacionamentos narcisistas não são saudáveis, então toda a sabedoria convencional sobre o perdão é inválida nesses casos.

Em algumas situações o ato de perdoar está ligado a deixar de ter ressentimento pelo agressor. Bem, se você não tem mais ressentimento por quem lhe fez mal, sinta-se à vontade para perdoar. Mas se você vai tentar perdoar enquanto ainda se ressente, talvez esteja fazendo apenas o que o narcisista quer, não é um processo autêntico. O que aconteceu quando você perdoou o narcisista em sua vida? Na maioria das vezes ele não reconheceu o perdão como um presente, um bem que você fez, e não mudou de comportamento. Pelo contrário: é provável que tenha visto o perdão como permissão para continuar agindo da mesma forma. O perdão é um suprimento narcisista, um elemento que encoraja o senso de direito adquirido do narcisista, e você pode ficar sentindo raiva de si por perdoá-lo, sobretudo se não é a primeira vez que acontece. É raro perdoarmos o narcisista na hora em que ele erra. Quando o perdão acontece, em geral é muito depois do fim do relacionamento, quando já estamos longe da pessoa, em segurança.

Diversos estudos sugerem que o perdão não faz bem a quem perdoa quando o ato não é seguido de uma tentativa de fazer as pazes ou de promover a segurança no relacionamento. Quando você perdoa alguém que erra repetidamente, seu bem-estar é afetado de forma negativa. Outros estudos também descobriram que parceiros menos conciliadores são mais propensos a reincidir após serem perdoados e não se sentem pressionados a mudar de comportamento porque acreditam que o outro não vai ficar bravo caso voltem a errar.

Podemos chamar isso de *efeito capacho*, que acontece quando perdoar um parceiro menos conciliador afeta negativamente o amor-próprio de quem perdoa. A maioria do que é escrito sobre as virtudes do perdão não leva em conta o narcisismo e o antagonismo. Quando levamos em conta infratores reincidentes e personalidades desagradáveis, as pesquisas sugerem que, para o seu bem-estar, é melhor não perdoar.[3]

Pessoalmente, não perdoei todos os narcisistas que cruzaram meu caminho. Eu me desapeguei, segui em frente e não lhes desejo mal, mas vejo claramente que eles me prejudicaram e, de certa forma, me transformaram e nunca assumiram a responsabilidade pelos danos causados. Ainda passo tempo com alguns deles, mas sempre me sinto pior depois do contato, e por causa desses relacionamentos me tornei uma pessoa mais vigilante, mais temerosa e menos confiante. Aceitar minha escolha de não perdoar contribuiu significativamente para minha cura e diminuiu a intensidade da minha raiva. Ao separar o ressentimento do perdão entendi que perdoar é me manter presa a algo que me atrasa. Eu crio uma tensão interna, o que não me transmite nenhuma sensação de cura. Algumas pessoas me disseram: "Ramani, você seguiu em frente, deixou os narcisistas para trás, simplesmente perdoe." Mas não considero a falta de perdão como um peso que carrego, e sim como uma avaliação realista da situação. Por anos, segui perdoando – ou pelo menos acreditando que estava perdoando –, tentando entender as múltiplas verdades para encontrar sentido. *Essa pessoa me fez mal, eu a amava, por isso tentei perdoar, mas ela voltou a me trair, então parei de confiar nela e as críticas dela ainda me apavoram.* Para seguir em frente não basta perdoar e desapegar. Não é tão fácil.

Parte dessa dificuldade vem do fato de que existem certas coisas que chamamos de *perdão* mas não são bem isso. Deixar pra lá, seguir em frente, relevar o comportamento do narcisista ou simplesmente esquecer que ele aconteceu são atitudes que podem ser úteis para quem deseja se libertar, mas não são o mesmo que perdão, que é um processo mais ativo. Quando ruminamos sobre o perdão (ou sobre o não perdão) permanecemos mentalmente ligados ao relacionamento narcisista, mesmo quando ele já não faz mais parte da nossa vida. O equilíbrio está em trabalhar as emoções negativas provocadas pelo relacionamento e reconhecer que superá-las não é o mesmo que perdoar – é apenas criar um distanciamento entre você e essas ruminações.

O importante é que o perdão, caso aconteça, seja autêntico, e não uma encenação. Algumas pessoas dizem: "Ao perdoar o narcisista, reconheço como a vida dele é triste e não desperdiço energia com ódio." Nunca apoiarei o perdão como um caminho a seguir para sobreviventes de abuso narcisista. Apoiarei tanto quem escolher perdoar quanto quem escolher não perdoar – nenhum caminho é melhor ou pior, embora a ciência sugira que não é bom perdoar infratores reincidentes. Para alcançar a cura, moldar uma nova narrativa e recuperar sua voz é preciso fazer escolhas, e o perdão é uma delas. Fico chocada em ver como grande parte do discurso sobre abuso narcisista gira em torno do perdão ao narcisista. É ridículo. Há situações em que o indivíduo que não perdoa é recriminado, visto como alguém sem compaixão, quando na verdade ele está lidando com os destroços do relacionamento narcisista. Se já lhe disseram que você só vai alcançar a cura quando perdoar, saiba que isso simplesmente não é verdade.

Alcançar a cura é enxergar o que aconteceu com clareza e se permitir sentir tristeza e dor. Não é uma história que você conta apenas uma vez. Você precisa contá-la em repetidas ocasiões para conseguir enxergá-la, mas isso só é possível quando você a sente de verdade. É algo triste, doloroso, carregado de luto. Alcançar a cura é se permitir sentir sua dor e sua história de abuso narcisista lentamente, sem sentir vergonha, apenas autocompaixão. Para superar o abuso narcisista, muitas pessoas se atiram no trabalho obsessivamente ou em outras atividades, mas isso também não é cura – é distração. A curto prazo, estar ocupado pode parecer seguro, mas a longo prazo não é possível pular a etapa de sentir dor nem ocupar o tempo para se sentir melhor. Temos pressa para alcançar a cura, mas com isso frequentemente nos esquecemos de parar e *sentir*, uma etapa essencial da cura. Quando a pulamos, permanecemos desconectados da experiência e nos condenamos a ruminar sobre ela – e talvez até a repeti-la.

Às vezes, são necessários anos ou até décadas para sair de relacionamentos narcisistas adultos, e mesmo após sair você se culpa por ter permanecido nele por tanto tempo. *Como pude ser tão estúpido? Por que não percebi antes? Talvez eu não tenha me esforçado o suficiente. Até que ponto foi culpa minha? É possível que eu tenha criado esse monstro.* Perdoe-se por não ter percebido, por confundir empatia com permissividade e por criar desculpas pelo narcisista. Você não sabia. Ninguém nos ensina a lidar com esses comportamentos, você não tinha como saber.

Perdoar-se é se libertar da narrativa do narcisista. Talvez você pense que decepcionou a si mesmo, seus filhos, seus colegas e funcionários. Mas você só queria ser amado, valorizado e protegido por seus pais; só queria se apaixonar por alguém e ser tratado com gentileza, compaixão e respeito; só queria ser tratado de forma justa e respeitosa no trabalho; só queria receber empatia. Em vez disso você foi alvo de gaslighting, invalidação, raiva, desprezo, desdém e crueldade. Você não fez nada de errado. É hora de parar de imaginar que a culpa é sua. Perdoar a si mesmo é um passo crucial para atravessar o luto.

À medida que percorre sua história, você pode se sentir tentado a acreditar que ela termina com o perdão. Mas seu epílogo pode ser diferente.

Da sobrevivência ao florescimento

É possível florescer após o abuso narcisista? Sim! Florescer não é voltar a ser a pessoa que era antes – você foi transformado por essa experiência. Florescer é trazer à tona um "eu" mais sábio, autoconsciente e autêntico. Florescer não é viver a rotina diária de sobrevivente de abuso narcisista, na qual você passava o tempo todo confuso, ansioso, cheio de dúvidas e decodificando mensagens. Também não se resume a lidar com as tarefas diárias de fazer refeições e trabalhar. Florescer é começar a fazer coisas e parar de se perguntar o que o narcisista pensaria – ele deixa de fazer parte de suas decisões e experiências. Ouvi, conversei e trabalhei com inúmeros sobreviventes, e suas histórias de florescimento nem sempre são grandiosas – ou seja, nem sempre vamos florescer dizendo algo como: *Comecei um negócio, Voltei a me casar, Consegui o emprego dos sonhos*. Florescer muitas vezes se resume a: *Não ouvi a voz dele na minha cabeça nenhuma vez hoje*.

RESERVE UM MOMENTO para ver sua jornada e história com clareza. Talvez você conclua que seu crescimento, suas aspirações e até os elogios que recebe pelas conquistas são "grandiosos": *Não posso falar sobre montar uma empresa, porque soa arrogante; Prefiro não falar sobre meu crescimento e minha jornada porque vou parecer pretensioso*. Mas você passou anos sendo humilhado por querer simplesmente viver de acordo com quem é, em vez de seguir um roteiro imposto por outra pessoa, por isso preste atenção nos momentos em que decidir silenciar ou descartar suas aspirações por considerá-las "grandiosas". Isso não é humildade, é a voz do narcisista dentro de você. Seus sonhos e aspirações não são grandiosos. Você já tem humildade, agora deve aprender a florescer, prosperar e refletir sobre si sem sentir vergonha.

Se não há um desfecho, como termina a história?

A realidade é que raramente há um desfecho para relacionamentos narcisistas. É possível passar a vida inteira esperando pelo momento idealizado em que o narcisista diz que entende e se responsabiliza ou é responsabilizado pelo que faz. Talvez ele nunca enxergue sua dor ou tudo que você perdeu. Talvez nunca enfrente as consequências cármicas ou chegue ao fundo do poço – pelo menos enquanto você observa. Mas, mesmo que não alcance um desfecho, você precisa dar um ponto final à história com o narcisista. Ocorre que nem toda história termina de forma clara e bem resolvida. Para alcançar a cura e persistir, é preciso estar disposto a seguir em frente, mesmo que o fim da história do narcisista não seja o que você esperava. O verdadeiro desfecho está em você progredir, sem permitir que seu senso de identidade e propósito continue sendo roubado por ele.

Atividades para promover a cura e a recuperação

Os exercícios a seguir vão ajudar você a lidar com narrativas distorcidas, estimular sua cura, fomentar sua autonomia e sua independência da pessoa narcisista, e reposicionar seu crescimento sob uma luz mais empoderadora. Ao realizar esses exercícios, reserve um tempo para refletir sobre suas experiências e sobre como você se transformou e aprendeu com sua dor. Certifique-se de ter compaixão e gentileza consigo mesmo durante esse processo.

Reescreva um conto de fadas

As histórias infantis são importantes porque se tornam os padrões de como as histórias românticas adultas são construídas (perseguição, resgate, felizes para sempre). A maioria das pessoas é criada ouvindo contos de fada que reforçam papéis de gênero, punem a individuação e glorificam o narcisismo:

mostram bombardeio de amor, relacionamentos narcisistas forçados, perdão, obediência ao controle, grandiosidade e falsas promessas sob uma luz positiva. O exercício a seguir é ótimo se você vem de um sistema familiar narcisista – ou mesmo se não vem e essas histórias estão enraizadas em você.

Pegue um conto de fadas da sua infância e reflita sobre como ele pode ter perpetuado a justificativa de padrões abusivos dentro de sua família ou reforçado padrões em um relacionamento íntimo ou no local de trabalho em sua vida adulta (*Se eu der duro sem esperar recompensa, um monte de ratos e uma fada madrinha vão me ajudar e eu vou encontrar o verdadeiro amor*). Reescreva esse conto de uma maneira realista ou equilibrada. Por exemplo, na história dos Sapatinhos Vermelhos a garota era má e não obedecia aos pais, por isso acabou sendo punida. Enquadre-a como a história de uma garota que se importava com a beleza e a alegria e só foi punida por querer ser ela mesma. Quando você desconstrói histórias da infância, aprende a se desfazer de alguns dos pensamentos rígidos que têm permeado sua narrativa.

Reflita sobre como você se sentiu, e não sobre o que aconteceu

Quando você conta a mesma história muitas vezes, aprende a se separar das emoções que sentiu. Como terapeuta, acredito que as histórias são o "lado B" de uma sessão de terapia – a parte mais importante é como o paciente se sentiu no momento e como se sente agora. À medida que você se recupera do abuso narcisista e recria sua narrativa, atente para suas emoções. É tão comum se perder na narrativa que você acaba não percebendo o que sentiu (*Meus pais fizeram isso; Isso aconteceu no meu casamento; Meu parceiro me traiu; Meu sócio me roubou.*). O problema é que quando nos limitamos a recordar os fatos deixamos de lado a única parte da história que é toda nossa: como nos sentimos. Conectar-se a esses sentimentos rompe ciclos de ruminação, estimula o discernimento e permite que você esteja mais presente e tenha mais autocompaixão.

Reúna todas as suas peças

Talvez você sinta vergonha da pessoa que era durante o relacionamento narcisista e queira deixá-la totalmente para trás. Você pode pensar: *Não quero me lembrar de mim como aquela pessoa tola, problemática e patética que manteve o relacionamento com o traidor* ou *Não sou mais aquela criança que vivia para agradar a mãe egoísta e competitiva.* Calma. Crie um espaço seguro para si, para aquela pessoa que estava confusa, magoada, que sofria gaslighting e era desvalorizada, e que ainda assim reuniu forças para sair do relacionamento, terminar os estudos ou sobreviver a um rompimento doloroso. Quando negamos quem somos, rejeitamos nossa história e trajetória, nos julgamos com excesso de rigor e continuamos sendo seres fragmentados, com várias peças que não se encaixam. Tenha compaixão por todo o seu ser. Acolha as partes feridas, reconheça que o que parecia fraqueza muitas vezes era paciência, empatia e força. Quando reconectamos todas as nossas partes após o relacionamento narcisista passamos a enxergar nossa história inteira com gentileza, respeito e amor.

Escreva uma carta

Para ver quanto você evoluiu e tudo que aprendeu em sua jornada de cura, coloque tudo que sabe em uma carta para alguém. Esse alguém pode ser você mesmo quando ainda estava no relacionamento narcisista. Diga a essa pessoa ou à sua versão anterior o que acontece quando você decide cortar a relação. Você também pode escrever para seu "eu" futuro – por exemplo, de daqui a dez anos –, dizendo o que espera que aconteça, ou para seu "eu" criança, que precisou suportar uma dinâmica familiar narcisista.

Outra possibilidade é se dirigir a alguém prestes a se casar com um narcisista, ou que está passando por dificuldades por ter pai ou mãe narcisista, ou que se sente perdido na escola ou no trabalho por causa de professores ou chefes invalidadores. Quando escreve o que aprendeu sob seu ponto de vista, você se aproxima da cura, porque está aproveitando sua experiência e enquadrando-a como uma ajuda à outra pessoa ou a si. Depois de escrever a carta, guarde-a por alguns dias ou semanas e depois volte a lê-la. Repare que você usou uma linguagem carregada de autocompaixão e perdão, sem autocríticas, porque estava falando com outra pessoa ou não diretamente consigo. Por fim, comece a trazer essa linguagem para falar consigo mesmo no presente.

Transmita o aprendizado

Talvez você esteja pensando: *Quero ajudar outras pessoas que estão passando por isso. Quero impedir que alguém perca tanto tempo quanto eu.* Transmitir o aprendizado é uma boa forma de mudar sua narrativa, porque ao fazer isso você não só reconhece o bem que faz ao próximo, como se permite aprender com a história dele. A transmissão pode se dar de diferentes maneiras para diferentes pessoas. Alguns vão estudar para se tornar terapeutas ou conselheiros e trabalhar com sobreviventes de abusos narcisistas, enquanto outros podem se tornar coaches de divórcio. Alguns vão se engajar no combate à violência doméstica ou na reformulação da vara de família. Talvez você ainda não se sinta à vontade para falar sobre o abuso narcisista que sofreu ou queira simplesmente deixar essa história no passado, mas é possível empregar sua empatia e sua compaixão para ajudar os animais, a comunidade ou simplesmente as pessoas próximas.

Mas cuidado para não usar a transmissão do aprendizado como um *substituto para sua própria cura contínua*. Ajudar o próximo faz parte de um espectro maior de cura, mas na tentativa de ser útil você pode acabar se esgotando.

Testemunhe sua própria "jornada do sobrevivente"

Já ouviu falar da jornada do herói? Ela serve como estrutura para diversos mitos e biografias de diferentes épocas e culturas. O esquema é bem simples: um personagem heroico é chamado para uma aventura, enfrenta uma crise, muitas vezes pensa em desistir e no fim volta para casa, permanentemente transformado. Ao longo do caminho, avança em meio ao desconhecido e se depara com ajudantes, mentores, companheiros de viagem, ameaças e crises existenciais. Quando volta para casa não apenas está mudado, como também faz o bem ao próximo.

Você é o herói nesta jornada. Atingiu o fundo do poço e quis desistir, mas superou tudo. Enfrentou a invalidação e a erradicação de si mesmo no relacionamento narcisista. Seus companheiros de viagem podem ter sido amigos, parentes, terapeutas e até desconhecidos. À medida que você cresce, uma das percepções mais comoventes e por vezes mais dolorosas é que nem todos podem ir com você para onde está indo – sobretudo os narcisistas. Ao alcançar a cura e a individuação, você passa a se relacionar de outra forma com as pessoas. Não que vá abandonar relacionamentos ou mesmo romper de vez com alguém. Mas nesse ponto você cria um espaço dentro de si e está disposto a protegê-lo. Retornar para casa é retornar a si mesmo, mas essa é uma casa diferente da que você deixou, porque agora você é dono de toda ela. O importante é lembrar que, após viver um relacionamento narcisista, você está transformado para sempre – e embora tenha sido doloroso, algumas dessas mudanças em você são notáveis e profundas.

Divida sua história nos seguintes componentes:

- Qual foi seu chamado para iniciar o processo/a jornada de cura?
- Quem caminhou ao seu lado durante todo o percurso ou em parte dele?
- O que aconteceu que fez você quase desistir?
- Como foi o "retorno para casa"?

Mesmo que você não se enxergue como um grande herói, garanto que as ameaças enfrentadas por esses personagens míticos não se comparam aos demônios internos que você precisou derrotar. Ao moldar sua história no formato da jornada do herói você aprende a transformar sua percepção do processo de cura – deixa de se enxergar como alguém que está se arrastando para fora do caos e passa a se ver como uma pessoa que, com coragem, empreendeu uma viagem traiçoeira e desafiadora. Você podia ter escolhido manter as coisas como estavam, sem focar na individuação e na cura, sem tentar recuperar sua história, sem mudar uma palavra sequer. Teria sido bem mais fácil. Mas não é isso que você está fazendo agora.

A CURA CONSISTE em se desvincular da história do narcisista; em se libertar dos roteiros e da vergonha que o narcisista projetou em você; em criar uma identidade separada do abuso narcisista; em entender e sentir luto pelo que aconteceu; em ter compaixão por todas as suas feridas, seja a parte de você que não se sente boa o suficiente, a que se sente danificada, a que se sente indigna de amor, a que se sente alvo de abuso. Essas partes são suas – não as elimine; em vez disso, trate de acolhê-las e amá-las. Ao integrar essas partes ao seu "eu" autêntico maior, você se dá permissão para se afastar não só dos narcisistas em sua vida e impede que eles façam de você um mero peão no tabuleiro de xadrez deles.

Alcançar a cura do abuso narcisista é mais um processo do que um destino. É um espaço com um equilíbrio delicado, no qual você se desliga da narrativa que o narcisista criou para você e se estabelece na sua própria narrativa, que deixou de ser centrada no narcisista. Não é o perdão forçado. É um lugar de desapego e até indiferença pelo narcisista, e não pelo que aconteceu com você. É ter autocompaixão e crescer apesar da dor, das perdas e do sofrimento – ou talvez *por causa* desses sentimentos, pois eles podem evoluir e se transformar na consciência resignada de que o narcisista não escolheu fazer o melhor para você, e, embora isso tenha machucado, a culpa não é sua, o problema está nele. Após anos se enxergando como um ser problemático, você reconhecerá com tristeza, e talvez até com uma compaixão exausta, que o narcisista estava apenas projetando as próprias fragilidades, inseguranças e feridas em você. Talvez você sinta pena e simpatia por ele; talvez não. Não existe uma forma certa de lidar com isso. Em última análise, o confuso processo de recuperação é feito por tentativa e erro. O ápice dessa jornada é o desabrochar do seu "eu" autêntico, tanto em dimensões privadas quanto públicas – e esse é um presente a você, a quem ama você e ao mundo.

Espero sinceramente que este livro tenha ajudado você a começar a processar a dor do abuso narcisista e depois se libertar dele. Que ele tenha aberto um caminho para *você* – para sua força, seus dons, sua sabedoria e sua graça. Que tenha mostrado que existe um segundo ato, um segundo volume, uma sequência, uma nova página a ser escrita, uma vida nova e mais alegre que nasce da cura.

Você passou anos ou a vida inteira ouvindo que não é bom o suficiente, que está errado, que não tem direito de sentir o que sente. Sofreu gaslighting, foi manipulado, invalidado e ridicularizado. Se perguntou *O que é isso? O que estou fazendo de errado? Em que posso melhorar? Como posso melhorar?* Agora, porém, chegou a hora de finalmente reconhecer...

O problema não é você.

Conclusão

Em meus dez anos de pós-graduação, prática, estágios e bolsas de estudo, tive uma excelente educação, mas nunca aprendi sobre o que significam os termos *narcisismo* e *antagonista*. Mais de 25 anos depois, ainda não entendo por que existe uma resistência a conversar sobre como os relacionamentos narcisistas prejudicam as pessoas e como ajudá-las. Enquanto terapeutas e pesquisadores se concentram em debater o sentido das palavras e se é "certo" discutir os danos causados pelo narcisismo – ou mesmo o que é o narcisismo –, há gente sofrendo. Falei em conferências em que o palestrante na sala ao lado criticava o fato de chamarem relacionamentos emocionalmente prejudiciais de "tóxicos".

Fico arrepiada ao refletir sobre todo o potencial humano perdido por pessoas que foram culpabilizadas e humilhadas e se sentiram estagnadas e silenciadas por internalizar vozes invalidadoras que ecoaram por uma vida inteira. O narcisismo é um padrão incentivado pela sociedade ao longo de gerações. Hoje somos capazes de desenvolver ferramentas de medição e intervenções direcionadas a pessoas que vivenciam abuso narcisista. Espero que um dia elas sejam completas e fundamentais para a cura, embora na maioria dos dias eu me sinta uma herege.

Compreender o abuso narcisista é descolonizar a psicologia e combater teorias e modelos antigos que não levem em conta os danos provocados por hierarquias, disparidades, privilégios e tradicionalismo. Vi inúmeros sobreviventes caminharem nessa corda bamba – eu mesma me desequilibrei nela. Aprendemos que a cura é possível, embora caótica. As histórias dos sobreviventes se somam à minha e me lembram da tirania do abuso narcisista, mas acima de tudo me lembram da coragem de acreditar que sempre é possível mudar. Lembre-se de que o mundo precisa de você – da sua versão verdadeira, completa e autêntica –, então, por favor, não se contenha. Da próxima vez, vista o vestido roxo.

Agradecimentos

Eu não acreditava que este livro chegaria ao mundo, mas, graças a uma série de incríveis coincidências, aqui está ele. Durante a escrita, fui apoiada das mais diversas maneiras, e ele é não só um guia para a sobrevivência ao abuso narcisista, mas também um testemunho das bênçãos da comunidade que tornam a cura possível.

Primeiramente, quero agradecer aos muitos pacientes com quem tive o privilégio de trabalhar. Eles compartilharam suas histórias, exploraram e sentiram a própria dor e me permitiram compartilhar desse processo de autodescoberta. Também quero agradecer àqueles que todos os dias, semanas e meses se entregam ao nosso programa de cura para sobreviventes de abuso narcisista – vocês se colocaram numa posição de vulnerabilidade e se dispuseram a fazer perguntas, compartilhar histórias e apoiar uns aos outros enquanto dão grandes saltos e pequenos passos em direção à cura e à individuação. Essa postura me faz lembrar que tudo pode melhorar. Obrigada por sua força e por lutar mais um dia, mesmo que a batalha os deixe com o coração partido.

A Kelly Ebeling e Irene Hernandez – vocês são a alma de grande parte deste trabalho. Nada disso seria possível sem vocês – sua criatividade, determinação, flexibilidade e disposição para estar a meu lado nos dias mais difíceis permitiram que este livro acontecesse. Zaide, é um prazer tê-la em nossa pequena e determinada equipe. Todos vocês fizeram esses 22 anos valerem a pena.

A Nina Rodriguez-Marty, Meg Leder, Brian Tart e Margaux Weisman na Penguin, obrigada por acreditarem neste livro. Nina, obrigada por me conduzir com paciência, gentileza e firmeza por uma série de mudanças que fortaleceram o livro, minha voz e a mensagem dele. Lara Asher, obrigada por sua orientação editorial nos primeiros rascunhos. Rachel Sussman, obrigada por me representar e conduzir este trabalho com um compromisso sincero com a mensagem que quero transmitir. A Maria Shriver, obrigada por acreditar e acolher este livro no selo The Open Field. E muita gratidão a todos da Penguin e da Penguin Life que trabalharam e estão trabalhando em vendas, marketing e edição de texto.

Aos meus amigos (sim, estou falando com você, Ellen Rakieten), este livro só foi tão profundo devido às nossas conversas quase diárias sobre o assunto. Obrigada por serem meus "coaches" e companheiros de jornada em alguns dos dias mais difíceis de escrita e da minha vida. Obrigada a Jill Davenport, minha fã e amiga cacto desde que eu tinha 13 anos; a Mona Baird, não sei como teria atravessado aqueles meses no fim de 2021 sem você; e a todos os meus amigos – obrigada pelas mensagens, por cuidarem do meu bem-estar e por me perdoarem quando cancelei planos nos últimos anos.

Aos meus colegas e amigos neste campo de atuação – Catherine Barrett, Tina Swithin, Ingrid Clayton, Heather Harris, Lisa Bilyeu, David Kessler, Matthew Hussey e Audrey LeStrat e aos meus colegas da Associação Americana de Psicologia, do MedCircle, da Psychotherapy Networker e da PESI –, obrigada por criarem uma comunidade e me fornecerem tanto apoio e encorajamento, mesmo quando eu tive uma crise de fé. A Pamela Harmell, por me dar a tesoura para cortar os vínculos do trauma. A MP, por desenvolver o conceito de *firewalling*, obrigada. A Nelia, pela coragem única que demonstrou ao longo deste trabalho e pelas ideias incisivas sobre as melhores formas de compartilhá-lo.

A todos os convidados do meu podcast, *Navigating Narcissism*, que se dispuseram a compartilhar suas histórias com o público: sua sabedoria me permitiu repensar muitos temas deste livro. Obrigada por me confiarem suas experiências.

Richard, obrigada por sempre me dar tempo e espaço para trabalhar e por acreditar no que eu faço, me amar e me enxergar.

À minha irmã, Padma, obrigada por simplesmente me ouvir falar sobre um monte de nada, preencher as lacunas em nossas histórias, me fazer rir e servir como modelo de força para mim. E ao meu sobrinho Tanner, por me ensinar sobre a bondade.

Papai, eu cheguei aqui, e talvez isso seja o suficiente.

À minha querida gata, Luna, espero que sua alma peluda reconheça que troquei mais ideias com você do que imagina.

Às minhas filhas, Maya e Shanti – mais uma vez, vocês toleraram uma mãe ausente que parava de escrever para comer com vocês e depois voltava ao trabalho. Vocês continuam sendo o meu Norte Verdadeiro. Por favor, façam o que amam e saibam que sempre terão em mim um porto seguro.

À minha mãe, Sai Durvasula – eu vivo no milagre de que você ainda está aqui conosco, cada dia mais forte. Este livro é uma homenagem a tudo que você é e se tornou.

E à minha doce e querida amiga Emily Shagley, que o mundo perdeu em 2022. Emily acreditava em mim antes que eu mesma acreditasse. Anos atrás, seu amor e seu encorajamento me deram força para fazer minha voz ser ouvida. Serei grata todos os dias por sua presença luminosa na minha vida e no mundo em geral.

A bondade e a luz permanecem, mesmo quando perdemos os anjos em nossa vida.

Recursos disponíveis

Linhas diretas de combate à violência doméstica

Central de Atendimento à Mulher
Telefone: 180 (número nacional e gratuito)

Centro de Valorização da Vida
Telefone: 188 (número nacional, gratuito e disponível 24 horas por dia)
https://cvv.org.br/

Disque 100 – Direitos Humanos
Telefone: 100 (número nacional e gratuito, disponível 24 horas por dia)

Polícia Militar (Emergências)
Telefone: 190 (disque em caso de emergência policial)

Serviço de Atendimento Móvel de Urgência (Samu)
Telefone: 192 (para emergências médicas em geral)

Notas

Capítulo 1

1. Z. Krizan e A. D. Herlache. "The Narcissism Spectrum Model: A Synthetic View of Narcissistic Personality". *Personality and Social Psychology Review*, v. 22, n. 1, 2018, pp. 3-31, https://doi.org/10.1177/1088868316685018.
2. Jochen E. Gebauer et al. "Communal Narcissism". *Journal of Personality and Social Psychology*, v. 103, n. 5 (ago. 2012), pp. 854-78, https://doi.org/10.1037/a0029629.
3. Delroy L. Paulhus e Kevin M. Williams. "The Dark Triad of Personality: Narcissism, Machiavellianism and Psychopathy". *Journal of Research in Personality*, v. 36, n. 6 (dez. 2002), pp. 556-63. https://doi.org/10.1016/S0092-6566(02)00505-6; Janko Međedović e Boban Petrović. "The Dark Tetrad: Structural Properties and Location in the Personality Space". *Journal of Individual Differences*, v. 36, n. 4 (nov. 2015), pp. 228-36, https://doi.org/10.1027/1614-0001/a000179.
4. Emily Grijalva et al. "Gender Differences in Narcissism: A Meta-Analytic Review". *Psychological Bulletin*, v. 141, n. 2 (mar. 2015), p. 261, https://doi.org/10.1037/a0038231.
5. Sanne M. A. Lamers et al. "Differential Relationships in the Association of the Big Five Personality Traits with Positive Mental Health and Psychopathology". *Journal of Research in Personality*, v. 46, n. 5 (out. 2012), pp. 517-24, https://doi.org/10.1016/j.jrp.2012.05.012; Renée M. Tobin e William G. Graziano, "Agreeableness". *The Wiley Encyclopedia of Personality and Individual Differences: Models and Theories*, Bernardo J. Carducci e Christopher S. Nave (orgs.). Hoboken, NJ: John Wiley & Sons, 2020, pp. 105-10.
6. E. Jayawickreme et al., "Post-traumatic Growth as Positive Personality Change: Challenges, Opportunities, and Recommendations". *Journal of Personality*, v. 89, n. 1, 2021, pp. 145-65.
7. Christian Jacob et al. "Internalizing and Externalizing Behavior in Adult ADHD". *Attention Deficit and Hyperactivity Disorders*, v. 6, n. 2 (jun. 2014), pp. 101-10, https://doi.org/10.1007/s12402-014-0128-z.

8   Elsa Ronnongstam. "Pathological Narcissism and Narcissistic Personality Disorder in Axis I Disorders". *Harvard Review of Psychiatry*, v. 3, n. 6 (set. 1995), pp. 326-40, https://doi.org/10.3109/10673229609017201.
9   David Kealy, Michelle Tsai, e John S. Ogrodniczuk. "Depressive Tendencies and Pathological Narcissism among Psychiatric Outpatients". *Psychiatry Research*, v. 196, n. 1 (mar. 2012), pp. 157-59, https://doi.org/10.1016/j.psychres.2011.08.023.
10 Paolo Schiavone et al. "Comorbidity of DSM-IV Personality Disorders in Unipolar and Bipolar Affective Disorders: A Comparative Study", *Psychological Reports*, v. 95, n. 1 (set. 2004), pp. 121-28, https://doi.org/10.2466/pr0.95.1.121-128.
11 Emil F. Coccaro e Michael S. McCloskey. "Phenomenology of Impulsive Aggression and Intermittent Explosive Disorder", em *Intermittent Explosive Disorder: Etiology, Assessment, and Treatment*. Londres: Academic Press, 2019, pp. 37-65, https://doi.org/10.1016/B978-0-12-813858-8.00003-6.
12 Paul Wink. "Two Faces of Narcissism". *Journal of Personality and Social Psychology*, v. 61, n. 4 (out. 1991), pp. 590-97, https://doi.org/10.1037//0022-3514.61.4.590.
13 Schiavone et al. "Comorbidity of DSM-IV Personality Disorders in Unipolar and Bipolar Affective Disorders".
14 Kealy, Tsai e Ogrodniczuk. "Depressive Tendencies and Pathological Narcissism among Psychiatric Outpatients".
15 Jacob et al. "Internalizing and Externalizing Behavior in Adult ADHD".
16 José Salazar-Fraile, Carmen Ripoll-Alanded e Julio Bobes. "Narcisismo Manifiesto, Narcisismo Encubierto y Trastornos de Personalidad en una Unidad de Conductas Adictivas: Validez Predictiva de Respuesta a Tratamiento". *Adicciones*, v. 22, n. 2 (2010), pp. 107-12, https://doi.org/10.20882/adicciones.199.
17 Tracie O. Afifi et al. "Childhood Adversity and Personality Disorders: Results from a Nationally Representative Population-Based Study". *Journal of Psychiatric Research*, v. 45, n. 6 (dez. 2010), pp. 814-22, https://doi.org/10.1016/j.jpsychires.2010.11.008.

Capítulo 2

1   Evan Stark. "The Dangers of Dangerousness Assessment". *Family & Intimate Partner Violence Quarterly*, v. 6, n. 2 (2013), pp. 13-22.
2   Andrew D. Spear. "Epistemic Dimensions of Gaslighting: Peer-Disagreement, Self-Trust, and Epistemic Injustice". *Inquiry*, v. 66, n. 1 (abr. 2019), pp. 68-91, https://doi.org/10.1080/0020174X.2019.1610051; Kate Abramson. "Turning Up the Lights on Gaslighting". *Philosophical Perspectives*, v. 28 (2014), pp. 1-30, https://doi.org/10.1111/phpe.12046.
3   Jennifer J. Freyd. "Violations of Power, Adaptive Blindness and Betrayal Trauma Theory". *Feminism & Psychology*, v. 7, n. 1 (1997), pp. 22-32, https://doi.org/10.1177/0959353597071004.

4   Heinz Kohut. "Thoughts on Narcissism and Narcissistic Rage". *Psychoanalytic Study of the Child*, v. 27, n. 1 (1972), pp. 360-400, https://doi.org/10.1080/00797 308.1972.11822721; Zlatan Krizan e Omesh Johar, "Narcissistic Rage Revisited". *Journal of Personality and Social Psychology*, v. 108, n. 5 (2015), p. 784, https://doi.org/10.1037/pspp0000013.
5   Chelsea E. Sleep, Donald R. Lynam, e Joshua D. Miller. "Understanding Individuals' Desire for Change, Perceptions of Impairment, Benefits, and Barriers of Change for Pathological Personality Traits". *Personality Disorders: Theory, Research, and Treatment*, v. 13, n. 3 (2022), p. 245, https://doi.org/10.1037/per0000501.
6   Heidi Sivers, Jonathan Scooler e Jennifer J. Freyd. *Recovered Memories*. Nova York: Academic Press, 2002, www.ojp.gov/ncjrs/virtual-library/abstracts/recovered-memories.
7   Matthew Hussey. *Get the Guy: Learn Secrets of the Male Mind to Find the Man You Want and the Love You Deserve*. Nova York: HarperWave, 2014.
8   Patrick Carnes. "Trauma Bonds". Healing Tree, 1997, https://healingtreenonprofit.org/wp-content/uploads/2016/01/Trauma-Bonds-by-Patrick-Carnes-1.pdf.

Capítulo 3

1   Jennifer J. Freyd. *Betrayal Trauma: The Logic of Forgetting Childhood Abuse*. Cambridge, MA: Harvard University Press, 1996; Jennifer J. Freyd. "Blind to Betrayal: New Perspectives on Memory". *Harvard Mental Health Letter*, v. 15, n. 12 (1999), pp. 4-6.
2   Jennifer J. Freyd e Pamela Birrell. *Blind to Betrayal: Why We Fool Ourselves We Aren't Being Fooled*. Hoboken, NJ: John Wiley & Sons, 2013.
3   Janja Lalich e Madeline Tobias. *Take Back Your Life: Recovering from Cults and Abusive Relationships*. Richmond, CA: Bay Tree Publishing, 2006.
4   Daniel Shaw. "The Relational System of the Traumatizing Narcissist". *International Journal of Cultic Studies*, v. 5 (2014), pp. 4-11.
5   Shaw. "The Relational System of the Traumatizing Narcissist".
6   Centro de Valorização da Vida. Telefone: 188.
7   Bessel van der Kolk. *O corpo guarda as marcas: Cérebro, mente e corpo na cura do trauma*. Rio de Janeiro: Sextante, 2020.

Capítulo 4

1   Daniel Shaw. "The Relational System of the Traumatizing Narcissist". *International Journal of Cultic Studies*, v. 5 (2014), pp. 4-11.
2   Andreas Maercker et al. "Proposals for Mental Disorders Specifically Associa-

ted with Stress in the International Classification of Diseases-11". *Lancet*, v. 381, n. 9878 (2013), pp. 1683-85, https://doi.org/10.1016/S0140-6736(12)62191-6.
3   Jennifer J. Freyd. *Betrayal Trauma: The Logic of Forgetting Childhood Abuse*. Cambridge, MA: Harvard University Press, 1996.

Capítulo 5

1   Judith Herman, *Trauma and Recovery*. Nova York: Basic Books, 1992, p. 290.

Capítulo 6

1   Pauline Boss e Janet R. Yeats. "Ambiguous Loss: A Complicated Type of Grief When Loved Ones Disappear". *Bereavement Care*, v. 33, n. 2 (2014), pp. 63-69, https://doi.org/10.1080/02682621.2014.933573.
2   Kenneth J. Doka. *Disenfranchised Grief*. Lexington, MA: Lexington Books, 1989.
3   Michael Linden. "Embitterment in Cultural Contexts", em *Cultural Variations in Psychopathology: From Research to Practice*. Sven Barnow e Nazli Balkir (orgs.). Newburyport, MA: Hogrefe Publishing, 2013, pp. 184-97.

Capítulo 7

1   Jay Earley e Bonnie Weiss. *Self-Therapy for Your Inner Critic: Transforming Self--Criticism into Self-Confidence*. Larkspur, CA: Pattern Systems Books, 2010.
2   Kozlowska et al. "Fear and the Defense Cascade: Clinical Implications and Management". *Harvard Review of Psychiatry*, v. 23, n. 4 (2015), pp. 263-87, DOI: 10.1097/HRP.0000000000000065.
3   Pete Walker. "Codependency, Trauma and the Fawn Response". *The East Bay Therapist*, jan.-fev. 2003, www.pete-walker.com/codependencyFawnResponse.htm.
4   Jancee Dunn. "When Someone You Love Is Upset, Ask This One Question". *The New York Times*, 7 abr. 2023, www.nytimes.com/2023/04/07/well/emotions-support--relationships.html.

Capítulo 8

1   Sendhil Mullainathan e Eldar Shafir, *Escassez: Uma nova forma de pensar a falta de recursos na vida das pessoas e das organizações*. Rio de Janeiro: Best Business, 2016.
2   Tina Swithin, One Mom's Battle, www.onemomsbattle.com.

Capítulo 9

1. Richard G. Tedeschi e Lawrence G. Calhoun. "The Posttraumatic Growth Inventory: Measuring the Positive Legacy of Trauma". *Journal of Traumatic Stress*, v. 9, n. 3 (1996), pp. 455-72, https://doi.org/10.1002/jts.2490090305.
2. Eranda Jayawickreme et al. "Post-Traumatic Growth as Positive Personality Change: Challenges, Opportunities, and Recommendations". *Journal of Personality*, v. 89, n. 1 (fev. 2021), pp. 145–65, https://doi:org/10.1111/jopy.12591.
3. James K. McNulty e V. Michelle Russell, "Forgive and Forget, or Forgive and Regret? Whether Forgiveness Leads to Less or More Offending Depends on Offender Agreeableness". *Personality and Social Psychology Bulletin*, v. 42, n. 5 (2016), pp. 616-31, https://doi.org/10.1177/0146167216637841; Frank D. Fincham e Steven R. H. Beach. "Forgiveness in Marriage: Implications for Psychological Aggression and Constructive Communication". *Personal Relationships*, v. 9, n. 3 (2002), pp. 239-51, https://doi.org/10.1111/1475-6811.00016; Laura B. Luchies et al. "The Doormat Effect: When Forgiving Erodes Self-Respect and Self-Concept Clarity". *Journal of Personality and Social Psychology*, v. 98, n. 5 (2010), pp. 734-49, https://doi.org/10.1037/a0017838; James K. McNulty, "Forgiveness in Marriage: Putting the Benefits into Context". *Journal of Family Psychology*, v. 22, n. 1 (2008), pp. 171-75, https://doi.org/10.1037/0893-3200.22.1.171.

CONHEÇA ALGUNS DESTAQUES DE NOSSO CATÁLOGO

- Augusto Cury: Você é insubstituível (2,8 milhões de livros vendidos), Nunca desista de seus sonhos (2,7 milhões de livros vendidos) e O médico da emoção
- Dale Carnegie: Como fazer amigos e influenciar pessoas (16 milhões de livros vendidos) e Como evitar preocupações e começar a viver
- Brené Brown: A coragem de ser imperfeito – Como aceitar a própria vulnerabilidade e vencer a vergonha (900 mil livros vendidos)
- T. Harv Eker: Os segredos da mente milionária (3 milhões de livros vendidos)
- Gustavo Cerbasi: Casais inteligentes enriquecem juntos (1,2 milhão de livros vendidos) e Como organizar sua vida financeira
- Greg McKeown: Essencialismo – A disciplinada busca por menos (700 mil livros vendidos) e Sem esforço – Torne mais fácil o que é mais importante
- Haemin Sunim: As coisas que você só vê quando desacelera (700 mil livros vendidos) e Amor pelas coisas imperfeitas
- Ana Claudia Quintana Arantes: A morte é um dia que vale a pena viver (650 mil livros vendidos) e Pra vida toda valer a pena viver
- Ichiro Kishimi e Fumitake Koga: A coragem de não agradar – Como se libertar da opinião dos outros (350 mil livros vendidos)
- Simon Sinek: Comece pelo porquê (350 mil livros vendidos) e O jogo infinito
- Robert B. Cialdini: As armas da persuasão (500 mil livros vendidos)
- Eckhart Tolle: O poder do agora (1,2 milhão de livros vendidos)
- Edith Eva Eger: A bailarina de Auschwitz (600 mil livros vendidos)
- Cristina Núñez Pereira e Rafael R. Valcárcel: Emocionário – Um guia lúdico para lidar com as emoções (800 mil livros vendidos)
- Nizan Guanaes e Arthur Guerra: Você aguenta ser feliz? – Como cuidar da saúde mental e física para ter qualidade de vida
- Suhas Kshirsagar: Mude seus horários, mude sua vida – Como usar o relógio biológico para perder peso, reduzir o estresse e ter mais saúde e energia

sextante.com.br